福祉転用による
建築・地域のリノベーション

成功事例で読みとく企画・設計・運営

編著 森一彦
加藤悠介
松原茂樹
山田あすか
松田雄二

著 藤田大輔
北野綾乃
秋山怜史
八角隆介
山田信博
古澤大輔
二井るり子
高草大次郎
江文菁
吉村英祐
安藤勝信
大原一興
横手義洋
橘弘志
三浦研
西野亜希子
厳爽
松村秀一
宮部浩幸
青木茂
田中康治

学芸出版社

はじめに　福祉転用のすすめ

1　幸せなまちとは

　われわれは、高齢化と人口減少社会に相応しい新たな発想を求め、計画研究者13名のチームを作り、2014年から2017年の4か年にわたってさまざまな地域を訪ね、そこでの福祉転用の取り組みとそこで活動する人びととの対話を重ねてきた。訪問先は日本にとどまらずスウェーデン・イギリス・オーストラリアなどの異なる歴史や文化を持つエリアも含まれている。そこから見えてきたことは、「幸せなまち」とは、「子どもが生まれ育ち、高齢者や障害者を含む多様な人々が安心して生活し、そこで築かれたライフスタイルや文化が住み継がれるまち」であるという当たり前の事実であった。

　本書はその当たり前の事実の再確認を常に念頭に置きながら、国内外の福祉転用事例の実態調査と考察からわかった福祉転用計画の企画・設計・運営のあり方をまとめたものである。

2　福祉転用による建築と地域のリノベーション

　戦後から一貫して建設されてきた建物の空き家が急増する一方で、高齢者支援に加え、障害者の地域移行、子育て支援などのための福祉施設の不足が進行している。このような状況の下、新築に比べて低コストで空き家・空きビルを福祉的なサービス・機能に活用する「福祉転用」が注目されている。地域内のデッドスペースを利用者が主体となって利活用することで、地域共生や地域福祉につなげている先進的な事例も生まれている。

　そのような成功事例では、多様な世代の交流が生まれ、働きながらの子育てが実現し、障害者や高齢者の仕事や役割ができるなど新たなライフスタイルや文化が生まれている。ここに人口減少社会に向けた新たなビジョンを垣間見ることができる。福祉転用による建築や地域のリノベーションが地域再生の重要な手法の一つであることは間違いない。

3　福祉転用をとりまく齟齬と障害

　しかし一方で、われわれの調査（3-2節 福祉転用の現状とニーズで詳述）からも明らかなように、自治体は福祉転用を評価しつつも、その普及に必ずしも積極的ではない。その背景には、建築行政は「一建物一用途」を前提に制度化されたため、転用前と転用後の間にさまざまな法律上のギャップが生じ、地域資源の利活用の障害になっていることがある。その結果、既存不適格や違法建築のまま転用する事例など「劣悪な転用」も多く発生し、社会問題になっている。

　これは「一定以上の改修等を行う場合、新築と同等の性能にすることを求めながら、一方でさまざまな適用除外規定を設けている」ため、結果として新築と同等といった過大な性能を求められない「適用除外規定の範囲内の小規模な改修」を誘導しているからに他ならない。それすら難しい場合は「建築ストックの活用」を諦めさせている。まさに新築だけを考えてきた建築行政の放置が地域資源活用の障害となっているのである。

　加えて、福祉施設には福祉行政上のさまざまな設置基準がある。この基準も郊外の比較的広い土地に新築していた時代のものだと言わざるを得ない。

　その結果、福祉転用にはさまざまな課題がある。たとえば、設置基準に合わせた諸室や寸法の確保が可能か、施設の必要面積と既存建物の増築限度、手摺り設置と既存建物で可能な通路有効幅の齟齬、地域で求められる福祉施設と用途地域制による用途制限の矛盾、複合用途となることによる防火区画、スプリンクラーの設置など、問題は枚挙に暇がない。

　また福祉制度と制度外事業、空き家所有者と事業者とのマッチングなど、福祉事業や不動産経営として解かなければならない問題も多岐にわたっている。

4　成功事例に見る「必然的な偶然」

　福祉転用の成功には、「必然的な偶然」がある。

　われわれの事例調査から、良い福祉転用は、運営者や利用者の強い意志と継続的な取り組みのなかに偶然の出会いが生まれ、それが成功に導いていることがわかった。

　2章に20の成功事例の「動機」や「経緯」をまとめてお

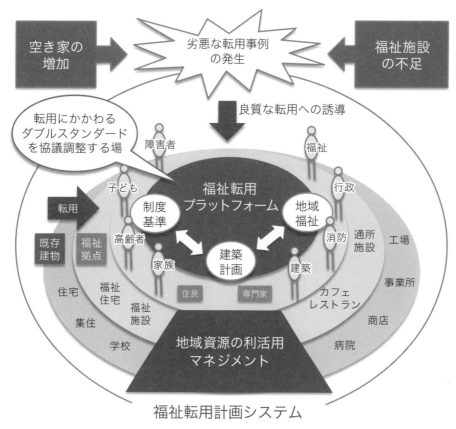

図1　福祉転用計画システム

り、そこからさまざまな成功ストーリーを読み取ることができる。障害者支援の候補地を探しているときに、児童館に通っている子の祖父から事務所兼倉庫の貸し出しの申し出があったケース、シェアハウス・シェアオフィス会社のあるビルの上階が開いたことで、そこに社員利用も含めたキッズルーム付きシェアオフィスを開設したケースなど、偶然の出会いが福祉転用事業を成立させている。固定化したプランがあったわけでもなく、コスト性能追求だけでもない、「利用者の生活経験にもとづくリアルな要求と生活の場づくり」という利用者の立場に立った協議調整によって事業展開が成立する「必然的な偶然」に注目しなければならない。解決策は一つでなく、地域のさまざまな事情やそれまで利用者の経緯に配慮しながら、相互調整していくプロセスが成功につながる。いわゆる福祉転用の相互調整のプラットフォームが成功の必要条件である。

5　福祉転用の企画・設計・運営

福祉転用は、地域の実情に合わせて一つずつ丁寧にデザインしていくことが求められる。その方法は1章の10のステップで詳しく述べている。すなわち「プロセスを知る」「必要な福祉サービスを検討する」「制度を読み解く」「体制をつくる」「空き家・空きビルを探す」「既存建物の空間利用を想定する」「建物と立地の価値を活かす」「予算と改修手法を選択する」「利用者の特性に配慮する」「地域への波及効果を考える」である。これらは、従来の建築設計者の職能の範疇を大きく超えている。建てる技術だけでない、企画・設計・運営にわたる総合的な調整能力が求められている。

*

だれもが、自分の住む地域が多様な人びとが安心して生活し、住み継がれる「幸せなまち」となることを望んでいる。その有効な事業の一つである福祉転用は、始まったばかりである。これからの半世紀の人口動向から見ても、この福祉転用事業が展開していくことは明らかで、そのための仕組みづくりはますます重要となる。本書が福祉転用を始めようとする事業者や建築に携わる専門家のみならず、地域の福祉にかかわる方、地域の再生にかかわる方、そして次世代を育成する立場にある方にも有用な手がかりとなれば望外の喜びである。

Contents

はじめに　福祉転用のすすめ　3

1章　福祉転用実現のための10のステップ　9

1-1　福祉転用のプロセスを知る ⋯⋯⋯⋯⋯⋯⋯⋯⋯⋯⋯⋯⋯ 10

1-2　地域に必要な福祉サービスを検討する ⋯⋯⋯⋯⋯⋯⋯ 12

1-3　関連する制度を読み解く ⋯⋯⋯⋯⋯⋯⋯⋯⋯⋯⋯⋯⋯⋯ 14

1-4　実現に向けた体制をつくる ⋯⋯⋯⋯⋯⋯⋯⋯⋯⋯⋯⋯ 17

1-5　適切な空き家・空きビルを探す ⋯⋯⋯⋯⋯⋯⋯⋯⋯⋯ 19

1-6　既存建物の空間を調べ、転用後の利用を想定する ⋯⋯ 21

1-7　既存建物と立地の価値を活かす ⋯⋯⋯⋯⋯⋯⋯⋯⋯⋯ 24

1-8　予算にあった改修手法を選択する ⋯⋯⋯⋯⋯⋯⋯⋯⋯ 26

1-9　利用者の特性に配慮した改修を行う ⋯⋯⋯⋯⋯⋯⋯⋯ 28

1-10　福祉転用の地域への波及効果を考える ⋯⋯⋯⋯⋯⋯ 30

コラム1「ひらかれる建築」と福祉転用　32

2章　成功事例で読みとく福祉転用の工夫　33

子ども

1　鷹巣児童クラブ ⋯⋯⋯⋯⋯⋯⋯⋯⋯⋯⋯⋯⋯⋯⋯⋯⋯ 34
最小限の改修で民家空間を使いこなす

2　ソフィア東生駒こども園分園 ⋯⋯⋯⋯⋯⋯⋯⋯⋯⋯ 36
駅前の飲食店店舗をもう一つの拠点に

3　グローバルキッズ港南保育園 ⋯⋯⋯⋯⋯⋯⋯⋯⋯⋯ 38
オフィスビルへの保育所の転用挿入

4　グローバルキッズ飯田橋園 ⋯⋯⋯⋯⋯⋯⋯⋯⋯⋯⋯ 40
オフィスビルの一棟転用

5　こそだてビレッジ ⋯⋯⋯⋯⋯⋯⋯⋯⋯⋯⋯⋯⋯⋯⋯ 42
駅前立地ビルを活かした「働く」と「育てる」の共存

6　ペアレンティングホーム阿佐ヶ谷 ⋯⋯⋯⋯⋯⋯⋯⋯ 44
大きな住宅で子育ても仕事も楽しく両立するシェアハウス

高齢者

7 サテライト松島 46
町家所有者の要望に丁寧に応えることで実現

8 タガヤセ大蔵 48
木造賃貸アパートでの不動産事業とのコラボレーション

9 ゆいま〜る高島平 50
団地再生手法としての分散型サ高住

10 ハーモニーあかさか 52
「公営住宅の福祉転用」住戸を活用した高齢者グループホーム

11 コーシャハイム千歳烏山住棟改善モデル事業 54
コンパクトな住戸動線を実現した高齢者住宅

障害者

12 まめべや 56
ビルの1室を改装した児童デイサービス

13 音・on 58
工場を転用した障害者施設による地域コミュニティー活性化

14 せきまえハウス 60
既存住宅を活用した障害者グループホーム

15 地域住民活性化ステーション結 62
寿司屋を寿司屋兼グループホームに改修し事業を複合化

16 千葉子ども発達センター 64
住民の記憶に残る小学校校舎を利用

複合

17 地域生活支援・交流ハウスふらっと 66
事務所兼住宅を転用し共生ケアを実現

18 みんなのおうち太白だんだん 68
事務所兼倉庫を共生型福祉施設に

19 北広島団地地域交流ホームふれて 70
スーパー銭湯を住民活動の拠点の場に

20 倶知安複合施設つくしんぼ 72
駅に近い診療所を転用し公益的な場をつくる

`コラム2` 空間デザインと事業性検討を同時に行い最適解を導く　74

3章　福祉転用と地域のリノベーション　75

3-1 福祉転用事業の枠組み 76
地域のリノベーション

3-2 福祉転用の現状とニーズ ························ 79
1 空き家の増加と福祉転用の意味　79
2 自治体と消防署の福祉転用への意識　79

3-3 法律と制度の考え方 ····························· 84
1 福祉転用における法適合義務　84
2 福祉転用を促進する法的緩和の動き　85
3 用途地域による福祉関連施設の立地制限　86
4 公営住宅における目的外使用の緩和　86
5 福祉転用におけるその他の課題　87

3-4 不動産と福祉の未来 ····························· 88
タガヤセ大蔵の実践から見えてきたこと

3-5 空き家を活用した多世代交流の場づくり ········· 90
地域参加のプラットフォームの形成過程

3-6 福祉転用がつくるまちの居場所 ················· 96
ケアがおりなす地域共生
1 三草二木西圓寺　96
2 居場所―誰にとっても必要なもの　98
3 コミュニティケアという考え方　100
4 西圓寺から学ぶべき点　101

3-7 福祉転用による歴史的建造物の継承 ············· 102
1 古民家の福祉転用という道　102
2 古民家活用の課題と展望　104

3-8 福祉転用による地域の「小さな文化」の再生 ····· 107
1 地域資源の福祉転用と地域文化　107
2 「ユニバーサルスペース夢喰夢叶」にみる文化的実践　110

コラム3 リファイニング建築から考えるこれからの既存ストックの利活用　113

4章　海外に学ぶ福祉転用の考え方　　115

4-1 イギリスにおけるリノベーションの計画手法 ········· 116
1 新築・改修時の計画許可方法の違い　116
2 住宅のシェアハウスへの柔軟な転用　117
3 用途変更時の行政との協議　118
4 ソーシャルミックスの取り組み　119
5 イギリスから学ぶ点　119

4-2 イギリスの福祉転用を支える組織 ················· 120
1 福祉転用を支える制度　120
2 戸建住宅を転用した高齢者住宅の支援組織　120

4-3 オーストラリアにおける福祉転用 123

1 オーストラリアの高齢者福祉　123
2 建物にかかわる規制　124
3 地域居住のための福祉転用事例　125
4 入所施設への福祉転用事例　126
5 オーストラリアから学ぶ点　127

4-4 フィンランドにおける福祉転用と地域居住 129

1 フィンランドの建築遺産保護　129
2 精神障害者の社会生活を支える地域居住　129
3 精神障害者施設への福祉転用事例　130
4 フィンランドから学ぶ点　132

4-5 スウェーデンにおける福祉転用 133

1 スウェーデンの制度について　133
2 高齢者住宅への転用事例　133
3 スウェーデンから学ぶこと　135

コラム4　ヨーロッパにおける不動産の価値向上への一考　136

5章　福祉転用を始める人への 10 のアドバイス　　137

概念 138

1 新しい価値観を持つ　138

実践手法 138

2 「福祉」を再定義する　138
3 新たな空間をデザインする　139
4 多様な人を組織する　139
5 コストと価値をマネジメントする　140
6 「まち経営」の手段とする　140

生活の風景 140

7 ケアを日常にする　140
8 生活文化を継承する　141
9 多様な役割をつくる　141

制度 141

10 地域の価値を創造する　141

活動記録　143
索引　145
おわりに　148

1章
福祉転用実現のための10のステップ

既存建物を福祉活動の場として転用する福祉転用は、福祉事業者、利用する高齢者・障害者・子ども、さらには地域にとってもさまざまなメリットをもたらす。しかし、新築で建物をつくることを推奨してきたわが国において、それを実現するには制度や習慣などにもとづく特有の壁がいくつも存在している。ここでは、それらの壁を乗り越えるために必要な知識や技術を、企画・設計・運営という福祉転用の進め方に沿って、10のステップとして整理した。

1-1 福祉転用のプロセスを知る

1 なぜプロセスが大切か

　地域にある空き家や空きビルの既存建物を、改修などを通じて福祉活動の場へと転用することを福祉転用と呼ぶ。本書は、その実践手法や工夫、考え方を紹介することを目的としている。

　空き家が増えることで生じる問題や、既存建物を地域福祉のために利活用する意味を認識していたとしても、いざ福祉転用をしようと思うと、予想もしなかったさまざまな壁が現れ、戸惑うことも多い。それらの壁に対して、多くの人の手間や知識、技術がかけられ、一つずつ乗り越えていくことで、質の高い福祉環境が実現する。しかし、残念ながら、その時間や労力が無駄になってしまうケースもある。その多くは、福祉転用のプロセスにおいて、誰が何を決めるのかの意思決定の仕組みや、事前準備が必要な事項をよく把握していないことから生じている。そのため、福祉転用に取り組む前の基礎として、典型的なプロセスを理解しておく必要がある。プロセスは、図1のように、大きな三つの段階（構想・企画、計画・設計、運営・実践）にプロセスを知ることを加えた10のステップに分けられる。

　福祉転用のプロセスには通底する特徴が三つある。

　一つは、空き家や空きビルは、福祉サービスを提供する目的では設計されておらず、その欠点を補うにも、利点を活かすにも、プロセスを通じて既存建物の状態を頻繁に細かく確認する必要がある。日本の建物は、竣工から取り壊しまで一つの用途でしか使われないことを想定して建てられている。このことは「一建物一用途」と呼ばれ、福祉転用にかかわる重大な課題となっている。本書でもさまざまな箇所で取り上げられるテーマである。

　二つめは、福祉転用では地域について考える機会が多くなることである。どこに立地し、そこにはどのようなコミュニティが形成されているのか、さらに地域の人びとがその建物に対し、どのような認識を共有しているのかなどである。福祉施設を新築する場合、施設内でケアをする側とケアを受ける側の2者の関係性に焦点を当てて計画されることが多い。しかし、空き家・空きビルという地域の資源を活用する福祉転用では、多様な関係性を持つコミュニ

ティの中で、ケアを構築することが問われるのである。

　最後は、多種多様な人がプロセスに参加することである。福祉転用は建築と福祉に携わる人が中心になって進める側面が強いが、建物の所有者、行政（建築・福祉・消防）、不動産事業者、地域の人びとも参加する。交渉過程などは新築の設計プロセスと異なる部分も多く、事前に見通しておくことが大切である。

2 企画・構想の段階

　福祉サービスを提供する事業者がケアの内容を企画し、構想を練るところから福祉転用のプロセスが始まる。

　最初に、福祉事業者が地域の未来まで見通した視座に立ち、必要な福祉サービスを検討し、事業の理念を確立する必要がある。そのためには、国や都道府県の福祉に関する施策の動向を注視することや、都市、郊外、過疎地のような人口密度や構成の違いによりケアニーズも異なることを認識することが重要である。

　次は、その実現に向けた体制をつくる。理念を確立する段階では既存建物を活用するか、新築で進めるか決めていない場合も多いだろう。しかし、プロセスが進むなかで、新築・福祉転用の選択肢を素早く検討、判断する必要に迫られることもある。そのためにも、建築士や工務店といった建築の専門職種がかかわる体制（相談相手）を早めに整えておくことが大切である。

　既存建物を活用するのであれば、この段階で関連する制度の確認も必要となる。福祉転用では主に福祉と建築に関する二つの制度がかかわる。福祉制度では種別により異なる定員、必要となる空間の広さや設備などを、建築制度では建物の安全性や快適性にかかわる事項が定められている。事前に規定を理解することで、後に続く空き家の選別のしやすさにつながるし、違反建築物で福祉サービスを計画する危険も避けられるだろう。

　このような準備を経て、福祉転用に適した空き家や空きビルを実際に探す。本書の事例を見ると、理解のある所有者と偶然に出会い、空き家が見つかるケースが目立つ。しかし、全国に空き家の増加が問題となるなかで、福祉事業

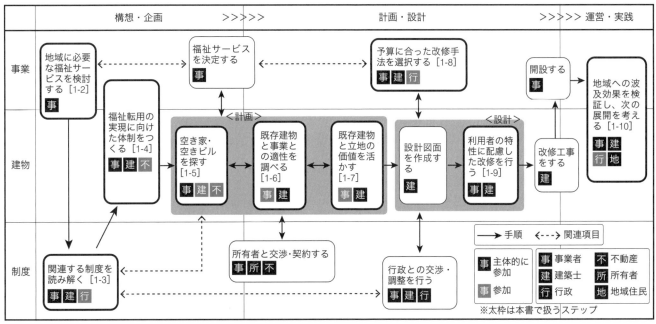

図1　福祉転用の実現に向けたステップ

者と不動産事業者や所有者が参加しやすいマッチングシステムやデータベースも構築され始めている。

3 設計・計画の段階

転用する既存建物が決まる、あるいはいくつかの候補に絞られたら、設計・計画の段階に移る。ここでは、福祉事業者と建築士などの建築専門職が連携し、具体的な改修計画を作成していく。

まずは、制度の規定を踏まえながら、既存建物と転用後の機能を整理し、空間の整合性を確認する。集合住宅や学校、オフィスなどのビルディングタイプにより、廊下の長さや部屋ごとの面積などの平面プランが大きく異なるため、既存建物の空間特性を詳細に把握、整理する。

設計には効率的な空間利用を探るほかに、建物の良さを活かすことも大切である。たとえば、温泉設備が付いていたり、立派な庭園が残されていることなどが決め手となって転用を決断することもある。その魅力を十分活かす利用計画を考える必要がある。加えて、ここでは、開設後の利用を想定しながら、地域に開かれた空間デザインを検討することも重要である。

既存建物の空間特性と魅力を把握して改修計画を進めると同時に、改修の範囲も検討しなければならない。改修できる範囲は予算との関係で決まるが、改修手法としては、増築や減築の建築工事の実施から、建物はほぼそのまま利用するような家具の変更まで数段階に分かれる。また、規定による消防用設備の設置が予算の多くを占める場合もあり注意が必要となってくる。改修を対象とした補助金や行政などのモデル事業、金融機関からの借り入れなども検討する。

この段階になると、細部にわたるまで、利用者の特性に配慮した空間を計画・設計しなければならない。車いす利用者などに対して、既存建物にある物理的バリアを取り除くことは当然であるが、見えにくい障害特性にまで配慮した細やかな工夫が求められる。そして、行政の各部署への申請や調整も終わり、改修工事が実施される。

4 運営・実践の段階

地域資源を活用する福祉転用では開設した後に、どのように地域に波及効果があったのか、またはこれから波及していくのかを考えることが非常に大切である。つまり、福祉事業所として運営しながら、地域への面的な広がりも視野に入れる。具体的には、福祉サービス以外の機能を持つ建物も整備したり、住居や小規模なケア拠点を分散して配置するなどの方法が考えられる。また、福祉転用をきっかけに地域に根付けば、次の段階として、地域の人びとのネットワークを幅広くつなげ、年齢や障害の有無にかかわらず多様な人が地域に暮らす共生社会を進めることも現実味を帯びてくるだろう。そして、まちづくりとの接点も見えてくるのではないかと思われる。

福祉転用が地域に与える影響や価値については、**3章**において先駆的な事例をもとに解説する。

（加藤悠介）

1-2　地域に必要な福祉サービスを検討する

大きな社会の流れとして、地域から隔離するのではなく「地域に住み続ける」ことが求められている。どんな人も近所付き合いやお店など地域と何らかのかかわりを持って生活している。それが断たれることなく「地域に住み続ける」ことができる福祉サービスを検討しなければならない。ひとくちに地域に必要な福祉サービスを検討するにしても、地域の状況はそれぞれである。また「いま」だけでなく「これから」も視野に入れて検討することは難しい。そこで地域に必要な福祉サービスを検討するためにその背景となる国の動向、自治体の動向、当事者のニーズ、地域の現状をみていく。

1　国の動向

「地域に住み続ける」ために「いま」は地域包括ケアシステムを整え、「これから」に向けて地域共生社会を構築しようとしている。高齢者福祉分野で進められている地域包括ケアシステムでは、安定した居住を基盤に医療や福祉、さらには自治会・ボランティアなど地域資源をネットワーク化して高齢者の地域での生活を支えることが実践されている。また各自治体が住民と協同しながら地域の特性に応じた支援体制を作り上げつつある。地域包括ケアシステムをさらに推し進めるための介護予防・日常生活支援総合事業[注1]では、生活支援コーディネーターを配置することや、民間企業・ボランティア・社会福祉法人などによる協議体を設置して、多様な主体によるサービスの提供さらに住民相互に支えあう仕組み「互助」や高齢者の社会参加が求められている。これには福祉サービス提供者だけでなく、声かけをする自治会や食材や日用品を提供する商店主なども含まれている。このように多くの人のかかわりで高齢者の生活が支えられている。また「サービスの提供」という意識で捉える必要はないが、近所の住民も日常的にあいさつし声かけし合うことも必要である。

こうした取り組みは福祉サービスを必要とする誰に対しても行わなければならない。高齢者福祉分野を例に記したが、高齢者を子どもや障害者に置き換え、またサービスの提供の種類を置き換えれば高齢者に限らずどんな人にも当

てはまる。

「これから」の重要なテーマは地域共生社会の実現である。その代表として富山県では富山型デイサービスを中心に地域共生社会の実現に向けて取り組んできた。富山型デイサービスでは、**事例17「ふらっと」**のように子ども、障害者、高齢者が同じ建物でともに過ごしている。ここで展開されていることは、彼らは一方的にケアを受ける側ではなく、ケアを提供する側にも回ることである。地域共生社会では富山型デイサービスのような取り組みを地域全体でも実現することが目標とも言えよう。骨太方針2016（2016年6月2日）では「支え手側と受け手側に分かれるのではなく、あらゆる住民が役割を持ち、支え合いながら、自分らしく活躍できる地域コミュニティを育成し、福祉などの公的サービスと協働して助け合いながら暮らすことのできる仕組みを構築する」[注2]と述べている。

このように地域共生社会の実現に向けて、福祉施設はその拠点を担う可能性がある。その場合単独のサービスだけでなくさまざまな人を対象にしたサービスや地域に開かれた場を作り、複合用途の福祉施設や狭いエリアに面的に福祉サービスを分散させたネットワークをつくる必要がある。

従来多くの社会福祉法人は単独の分野で福祉サービスを展開してきた。たとえば高齢者を対象とした社会福祉法人では高齢者対象の福祉サービスのみを提供してきた。地域共生社会では社会福祉法人など福祉サービス事業者は地域全体を捉えて地域に必要な福祉サービスを検討していく。

2　自治体の動向

どの地域でどのような福祉サービスを実施するのかを検討するうえで、これまでの地域の人口構成の推移やこれからの計画を把握し、自治体の動向を知ることが必要である。人口構成の推移は自治体のホームページで知ることができる。またこれからの計画について自治体での全体の計画を定める総合計画があり、それにもとづき社会福祉や建築・都市の各分野でさまざまな計画が具体的に策定されている。社会福祉分野では、自治体によって名称は異なるが、地域福祉計画や障害者福祉計画などが策定されていて、どのよ

うな地域にどのような分野の社会福祉サービスを計画しているのかを知ることができる。また建築・都市分野の計画、さらには最近では地方創生に関する総合戦略や、立地適正化計画注3も把握することで地域に新しい社会福祉サービスを計画することができる。

3 当事者のニーズ

近年、医療の発展による長寿命化に伴い、医療的ケアが必要な障害児、高齢障害者、認知症の後期高齢者の増加に対し福祉サービス制度の充実が図られている。また医療機器の軽量化（家庭で扱えるサイズ・操作性）も進み、医療が必要な人たちが病院ではなく自宅や地域で生活できるようになっている。このように社会の変化により、これまで公的な福祉サービスから漏れていた制度の谷間の人たちへの福祉サービスの供給が実現されつつある。2015年に施行された生活困窮者自立支援法はその一つである。

一般的に制度化されている福祉サービスだけでは利用者一人ひとりのニーズにすべて応えることは難しい。たとえば高齢者の訪問介護では要介護認定によって利用時間の制限があるように、利用者にとって生活をするのに支援が足りていないことやできないことが生じる。そのため制度化されていない福祉サービスと組み合わせて「地域に住み続ける」ことを支える必要がある。制度化されていない福祉サービスには、社会福祉法人等の独自サービスや自治体独自のサービスといったサービスがあるが、当事者・その家族の金銭的な負担は大きくなる。過度に金銭的な負担が大きくなることは、「地域に住み続ける」ことの後退につながる恐れがある。福祉サービスの充実には、自治体との相談や協働が必要であるし、医療や教育などさまざまな機関との縦割りでない包括的な連携が必要である。**事例20「つくしんぼ」**は、社会福祉法人の独自サービスとして主に自宅にお風呂がない精神障害者が無料で3階の浴室を利用できる。

4 地域の現状を知り、既存建物を使う

「地域に住み続ける」福祉サービスを展開するうえで常に「地域」とは何かを捉え、「地域」の特性を見極めることが必要である。大きく大都市、密集市街地、郊外住宅地、地方都市、過疎地（農村・中山間地・漁村）に区分されるが、それぞれの地域で求められる福祉サービスは異なり、既存建物の入手しやすさも異なる。

過疎地域では事業として成立するための「地域」が地域包括ケアシステムのいう「地域」と合致しないので、「地域」

に必要なサービスもより広い視野で考える。また中山間地ではアクセス道路が限定されるので結節点となる地域の空き家を見つけて、事業として成立するために広域的にサービスを展開することや福祉サービスだけでなく物販の購入などの日常生活の支援との組み合わせも検討しなければならない。誰に福祉サービスを提供するのか、利用者は誰かも明確にする必要がある。大都市では駅前保育所のように利用者の属性を絞っても事業が成立するのに対して、過疎地やこれから人口が減少する地方都市では子どもから高齢者まで幅広い利用者を想定しないと福祉サービスが事業として成立しない。

「地域に住み続ける」福祉サービスを行うときには比較的小規模な施設がなじみやすく既存建物を利活用することはメリットがある。まずは地域資源の利活用の点でメリットがあり、空き家を使うことが隣近所をはじめ地域全体の秩序やコミュニティの維持につながる。**事例7「サテライト松島」**では商店街に面的に施設を開設し、商店街の街並みの維持に貢献している。次に住宅のようにそれまで人が使ってきた履歴が当事者にとってなじみやすい環境を提供できる。特に認知症高齢者のように環境の変化に弱い人にとって有効である。また学校や病院のように地域のシンボルとして長年そこにある建物を福祉転用する場合、利用者ばかりか地域住民にとっても親しみがあり敷居が低く感じるようである。もちろんコストのメリットがあり、既存の躯体や設備を再利用できるので新築するよりもコストを下げることができる。

（松原茂樹）

注
1) 厚生労働省老健局振興課「介護予防・日常生活支援総合事業の基本的な考え方」厚生労働省ホームページ
2) 「経済財政運営と改革の基本方針2016」内閣府ホームページ
3) 国土交通省では立地適正化計画においてコンパクトシティ形成支援チームを設置し、「地域包括ケア及び子育て施策との連携によるコンパクトなまちづくりの推進」を支援している。

1-3 関連する制度を読み解く

1 関連する法規を知る

既存建物の転用によって、子ども・高齢者・障害者関連の施設など福祉施設を開設しようとするときには、新築と同様に開設しようとする施設種別ごとの「設置基準」を満たす必要がある。

設置基準には、その機能を定める福祉法（児童福祉法、老人福祉法、介護保険法、障害者総合支援法）、建築基準法（集団規定、単体規定）、都市計画法、消防法、があり、利用者の安全と適切な環境の保障のため、そのすべてを満たす必要がある。施設種別・自治体によっては量的規制の対象となる場合や、バリアフリー法、福祉のまちづくり条例などの対象となってその基準を満たすことも求められる。認可・開設にあたっては事前に自治体の福祉担当部署と建築担当部署、消防署との協議を行うとスムーズである。法規の遵守は、結果的には利用者や管理者、また地域を守ること、また関係各所の円滑な協力体制の構築につながる（3-3節参照）。

2 転用先用途に応じた法的対応を知る

1 福祉法からの規模と設備の把握

転用先用途を決めたら、まず福祉法（自治体の条例も含む）の設置基準をもとに、必要な所室と面積を算出する。用途によって必要面積の算出法は異なり、利用者の人数規模の制限、利用者一人あたり必要面積、最低限必要な所室と設備（多目的トイレを最低1含む複数のトイレ、キッチン、面談室、スタッフ室、など）、などが定められている。改修によってこの用件に合致させることが可能な物件を選ぶためにも、まずこの必要な規模と設備を把握する。

2 都市計画法による立地の検討

物件を探す際には、さらに開設しようとする用途が都市計画法上、どの用途地域に開設することができるかを把握する（表1）。たとえば、保育所はどの用途地域でもつくることができるが、障害者の就労の場、就労継続支援施設（A型、B型）の開設を検討する場合、その事業の内容についての立地制限がある。また、たとえば保育施設を開設しようとするとき、屋外遊技場またはそれに代わる場所（公園、遊歩道、広場、寺社境内、河川敷など）があること、という設置基準を満たすためには、物件だけでなくその周辺環境についても条件に含まれることにも留意する。

＊建築基準法等との兼ね合いでの物件選定の詳細は1-5節、物件と用途との相性は1-6節を参照のこと。

3 避難施設を確認する

子ども、高齢者、障害者等が多数利用する児童福祉施設等のうち、「居住又は寄宿の用に供するもの」に該当する木造建築物等の階で、その階における寝室の床面積の合計が100m²を超える場合には、両側に寝室がある共用の廊下の

表1 用途地域による建築物の用途制限の概要

用途の種別	用途地域内の建築物の用途制限 ○建てられる用途 ×建てられない用途 ①、②、③、④、▲面積、階数等の制限あり。	第一種低層住居専用地域	第二種低層住居専用地域	第一種中高層住居専用地域	第二種中高層住居専用地域	第一種住居地域	第二種住居地域	準住居地域	近隣商業地域	商業地域	準工業地域	工業地域	工業専用地域	備考
店舗等	店舗等の床面積が150m²以下のもの	×	①	②	③	○	○	○	○	○	○	○	④	①日用品販売店舗、喫茶店等のサービス業用店舗のみ。2階以下　②①に加えて、物品販売店舗、飲食店等のサービス業用店舗のみ。2階以下　③2階以下　④物品販売店舗及び飲食店を除く。
	店舗等の床面積が150m²を超え、500m²以下のもの	×	×	②	③	○	○	○	○	○	○	○	④	
公共施設	公衆浴場、保育所等	○	○	○	○	○	○	○	○	○	○	○	○	
	老人ホーム、身体障害者福祉ホーム等	○	○	○	○	○	○	○	○	○	○	○	×	
	老人福祉センター、児童厚生施設等	▲	▲	○	○	○	○	○	○	○	○	○	○	▲600m²以下
工場・倉庫等	パン屋、菓子屋等で作業場の床面積が50m²以下	×	▲	▲	▲	○	○	○	○	○	○	○	○	原動機の制限あり。　▲2階以下
	危険性や環境を悪化させるおそれが非常に少ない工場	×	×	×	×	①	①	①	②	②	○	○	○	原動機・作業内容の制限あり。作業場の床面積：① 50m²以下、② 150m²以下
	危険性や環境を悪化させるおそれが少ない工場	×	×	×	×	×	×	×	②	②	○	○	○	

＊福祉用途との関係が高いと思われる用途について、抜粋して表示

有効幅（手すり等がある場合は、手すりからの内法）は、1.6m以上としなければならない。さらに、一定以上の規模を有する複合用途の建築物となる場合（表2）には、避難施設（避難路となる廊下や階段、スロープ、出入り口）の規定が細かく設定される。

4　消防法の消防用設備を確認する

福祉施設でのさまざまな火災事故なども背景として、消防法が定める設備の基準が改正されている（2015年4月1日、表3）。設備系でやや大がかりな改修が必要となるのは水道配管が必要なスプリンクラーの設置で、利用者が就寝する施設では原則すべての施設に設置が義務づけられている。工期・総工費への影響も大きいため、用途と規模に対応した事前の確認が望ましい。

5　建築基準法の内装制限を確認する

共同住宅、寄宿舎、児童福祉施設等（福祉施設は一般的にこの区分）では、対象となる規模等によって、壁などの内装に制限がかかる。居室（滞在する部屋）は「壁・難燃以上（床面上1.2m以下除く）、天井・難燃以上（3階以上

表2　「特殊建築物の避難施設等」の適用の範囲

（適用の範囲）
第13条この節の規定は、次に掲げる建築物の当該用途に供する部分及びその敷地並びに当該用途に供する部分が一の建築物に2以上あり、当該部分が明確に区画されていない場合で、当該部分の床面積の合計が1000m²以上あるときの当該部分及びその敷地について、適用する。
（1）学校、博物館、美術館、図書館、病院、診療所、児童福祉施設等、公会堂、集会場又は火葬場の用途に供する建築物（集会場の用途に供する建築物については、その集会室の床面積の合計が200m²以上のものに限る。）
（2）物品販売業を営む店舗、マーケット、飲食店又は公衆浴場の用途に供する建築物で、その用途に供する部分の床面積の合計が500m²以上のもの
（3）劇場、映画館、演芸場、観覧場、遊技場、体育館、ボーリング場、スケート場、水泳場、スポーツの練習場、展示場、ホテル又は旅館の用途に供する建築物で、その用途に供する部分の床面積の合計が1000m²以上のもの

表3　社会福祉施設で設置する主な消防用設備（消防法施行令別表第一の(6)項ロ、ハに該当する施設）

	(6)項ロ（自力避難困難者入所福祉施設等）	(6)項ハ（老人福祉施設、児童養護施設等）	
	(1)（高齢者施設） ・老人短期入所施設養護老人ホーム ・特別養護老人ホーム軽費老人ホーム※1 ・有料老人ホーム※1 ・介護老人保健施設 ・老人短期入所事業を行う施設 ・小規模多機能型居宅介護事業を行う施設※1 ・認知症対応型老人共同生活援助事業を行う施設 ・その他これらに類するもの※2 (2)（生活保護者施設） ・救護施設 (3)（児童施設） ・乳児院 (4)（障害児施設） ・障害児入所施設 (5)（障害者施設） ・障害者支援施設※3 ・短期入所を行う施設又は共同生活援助を行う施設※3 （「短期入所等施設」）	(1)（高齢者施設） ・老人デイサービスセンター ・軽費老人ホーム※4 ・老人福祉センター ・老人介護支援センター ・有料老人ホーム※4 ・老人デイサービス事業を行う施設 ・小規模多機能型居宅介護事業を行う施設※4 ・その他これらに類するもの※5 (2)（生活保護者施設） ・更生施設 (3)（児童施設） ・助産施設 ・保育所 ・幼保連携型認定こども園 ・児童養護施設 ・児童自立支援施設	・児童家庭支援センター ・一時預かり事業を行う施設 ・家庭的保育事業を行う施設 ・その他これらに類するもの※6 (4)（障害児施設） ・児童発達支援センター ・情緒障害児短期治療施設 ・児童発達支援若しくは放課後等デイサービス事業を行う施設 (5)（障害者施設） ・身体障害者福祉センター ・障害者支援施設※7 ・地域活動支援センター ・福祉ホーム ・（障害者のための）生活介護、短期入所、自立訓練、就労移行支援、就労継続支援若しくは共同生活援助を行う施設※8
消火器	全部	延べ面積150m²以上	
屋内消火栓設備	延べ面積700m²以上		
スプリンクラー設備	原則全部	床面積合計6000m²以上	
自動火災報知設備	全部	全部（入居・宿泊させるもの） 延べ面積300m²以上（入居・宿泊させるもの以外）	
漏電火災警報器	延べ面積300m²以上		
火災通報装置※	全部（自動火災報知設備と連動して起動） ※火災通報装置とは、消防機関へ通報する火災報知設備	延べ面積500m²以上	
非常警報設備	収容人員50人以上		
避難器具	20人以上（下階に消防法施行令別表第一の(1)項から(4)項まで、(9)項、(12)項イ、(13)項イ、(14)項、(15)項がある場合は10人以上）		
誘導灯	全部		

(6)項ロ関係
※1　避難が困難な要介護者を主として入居（宿泊）させるもの⇒（規則5条3項）
・「避難が困難な要介護者を主として入居させる」とは、「介護保険法の要介護状態区分が3～5の者」を対象とし、その入居者が、施設全体の定員の半数以上であることを目安として判断する。
・「避難が困難な要介護者を主として宿泊させる」とは、宿泊業務が常態化し、「介護保険法の要介護状態区分が3～5の者」の割合が、当該施設の宿泊利用者全体の半数以上であることを目安として判断する。（⇒H26.3消防予第81号）
※2　(6)項ロ(1)「その他これらに類するもの」⇒（規則5条4項）避難が困難な要介護者を主として入居（宿泊）させ、業として入浴、排せつ、食事等の介護、機能訓練又は看護若しくは療養上の管理その他の医療を提供する施設。
※3　避難が困難な障害者を主として入所させるもの⇒（規則5条5項）
・「避難が困難な障害者等」とは、「障害者総合支援法の障害支援区分が4～6の者」を対象とし、定員の概ね8割を超えることを目安とし判断する。（⇒H26.3消防予第81号）

(6)項ハ関係
※4　(6)項ロ(1)（高齢者施設）に掲げるものを除く。
※5　(6)項ハ(1)「その他これらに類するもの」⇒（規則5条6項）
老人に対して、業として入浴、排せつ、食事等の介護、機能訓練又は看護若しくは療養上の管理その他の医療を提供する施設。
※6　(6)項ハ(3)「その他これらに類するもの」⇒（規則5条7項）業として、乳児若しくは幼児を、一時的に預かる施設又は業として乳児若しくは幼児に保育を供する施設。
※7　(6)項ロ(5)（障害者施設）に掲げるものを除く。
※8　(6)項ロ(5)（障害者施設）短期入所等施設を除く。

避難器具（消防法施行令別表第一）
(1)イ:劇場、映画館、演芸場又は観覧場、ロ:公会堂又は集会場、(2)イ:キャバレー等、ロ:遊技場等、ハ:風俗施設等、(3)イ:待合、料理店、ロ:飲食店、(4)百貨店、マーケット等、(9)公衆浴場、(12)イ:工場又は作業所、(13)イ:自動車車庫又は駐車場、(14)倉庫、(15)前各号に該当しない事業場

表4 建築物移動等円滑化基準（概要）

（主な出入口、扉） ・幅は90cm以上 ・車いす使用者が容易に開閉して通れるようにする。前後に段差を設けない （直接地上へ通じる出入口のうち少なくとも一つ） ・幅は120cm以上 ・扉は自動的に開閉するもので、前後に段差を設けない （主な廊下等） ・幅は180cm以上。ただし、50m以内ごとに車いすのすれ違いに支障がない場所を設ける場合は140cm以上とできる ・表面は粗面とするか、滑りにくい材料で仕上げる ・視覚障害者誘導用ブロック等で安全に誘導する （階段） ・幅は140cm以上とする。ただし、手すりがある場合は手すりの幅について10cmを限度として、ないものとみなして算定できる ・蹴上げの寸法は16cm以下とする。 ・踏面の寸法は30cm以上とする ・踊場を除き、両側に手すりを設ける ・表面は粗面とするか、滑りにくい材料で仕上げる ・踏面の端部とその周囲の部分との色の明度、色相又は彩度の差を大きくして段を識別しやすくする ・段鼻の突き出しその他のつまずきの原因となるものを設けない ・視覚障害者誘導用ブロック等で安全に誘導する ・主たる階段は、回り階段としない （傾斜路又はエレベーターその他の昇降機の設置） ・多数の利用者がいる階段を設ける場合には、階段に代わるか、併設された傾斜路またはエレベーターなどの昇降機を設ける （階段に代わり、又はこれに併設する傾斜路） ・階段に代わる場合は幅150cm以上、階段に併設する場合は幅120cm以上とする	・勾配は12分の1以下 ・高さが75cm超の場合は、高さ75cm以内ごとに踏幅が150cm以上の踊場を設ける ・高さが16cm超の傾斜がある部分には、両側に手すりを設ける ・表面は粗面とするか、滑りにくい材料で仕上げる ・踏面の端部とその周囲の部分との色の明度、色相又は彩度の差を大きくして段を識別しやすくする ・視覚障害者誘導用ブロック等で安全に誘導する （エレベーター） ・多数の利用者がいる居室、車いす使用者用トイレ、車いす使用者用駐車施設、車いす使用者用客室、車いす使用者用浴室等がある階、直接地上に通じる出入口のある階に停まるエレベーターを設ける ・かご及び昇降路の出入口の幅は80cm以上とする ・かごの奥行きは135cm以上とする ・乗降ロビーには段差をつくらない。また、その幅と奥行きは150cm以上とする （トイレ） ・少なくとも一つ、車いす使用者用便房及び高齢者、障害者等が円滑に利用できる構造の水洗器具を設けたトイレブースを設ける ―出入口の幅は80cm以上 ―車いす使用者が容易に開閉して通れる扉にする。前後に段差を設けない ・床置式の小便器、壁掛式の小便器（受け口の高さが35cm以下のもの）その他これらに類する小便器を一つ以上設ける （駐車場） ・規模に応じた車いす使用者用駐車施設を設ける （浴室等） ・1以上の車いす使用者用浴室を設ける

表5 自治体の各条例において対象となる建築行為

	対象となる建築行為	手続き	申請・届出先
建築物バリアフリー条例等	新築、増築、改築、用途変更	確認申請	建築主事（特定行政庁） 指定確認検査機関
福祉のまちづくり条例	上記に加え、 大規模の修繕、大規模の模様替え	届出	区市町村 福祉のまちくづり条例担当部署

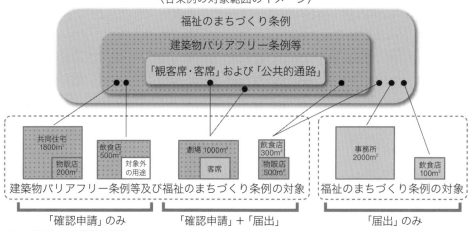

図1 自治体の各条例の関係（出典：東京都福祉保健局、福祉保健の基盤づくり、「ユニバーサルデザインの先進都市東京をめざして―東京都福祉のまちづくり条例のあらまし―」〈http://www.fukushihoken.metro.tokyo.jp/kiban/machidukuri/jourei_kisoku/jourei_all.files/machidukuri_2014_D.pdf〉参照2017.10.20）

に居室を有するものは準不燃以上）」、通路・階段等は「壁・天井とも準不燃以上」の制限がかかる。たとえば店舗など元々内装制限がかかっているので転用時にも支障ない場合がほとんどだが、内装制限がない民家からの転用の場合には、留意が必要である。

6　バリアフリー法・条例、福祉のまちづくり条例

バリアフリー法（高齢者、障害者等の移動等の円滑化の促進に関する法律）では、道路や公園、公共交通、建築物で必要な設備や配慮が定められている。主として高齢者、障害者などが利用する老人ホームなどは「特別特定建築物」として、一定規模以上の新築等（建築工事をする床面積の合計が2000m²以上となる新築、増改築や用途変更）を行う場合にはバリアフリー化のための必要な基準（建築物移動等円滑化基準、表4）に適合させる必要がある。

また、建築物の諸設備（階段の幅・蹴上げ・踏面、トイレへのベビーチェアの設置など）に加えて、都、市など自治体が設ける福祉のまちづくり条例でさらに配慮が求められる。たとえば東京都福祉のまちづくり条例では、福祉施設では規模の大小によらず「公共的通路」が配慮の対象となる。

（山田あすか）

1-4　実現に向けた体制をつくる

良質な福祉転用は各段階で多様な人びとが参加することで実現できる。図1のように各段階では主体的に参加する人びとが決まっているが、積極的に多様な人びとが参加できる仕組みをつくる。プロセスを通じて不動産事業者や地域住民などの多様な人びとが参加するために、きめ細かで多面的な調整が重要になる。ここでは実現に向けた体制をつくるために主な参加者の役割について紹介する。

1　不動産事業者・建物所有者の役割とかかわり

近年、高齢者の増加や福祉に対する理解が促進しているので、福祉サービスに理解がある不動産事業者がいる。また建物所有者のなかにも、空いている状態の建物を何とか使ってもらいたい所有者や、地域の人口減少を憂いて地域に暮らす人たちに建物を使ってもらいたいと考えている所有者もいる。これらの情報はインターネットではなかなかわからないことなので、福祉事業者は地域の不動産事業者と密な情報交換を行う必要がある。不動産事業者には得意分野がある場合や、所有者との独自の関係を築いている場合もあるので、福祉事業者は不動産事業者をいくつも訪問して不動産事業者を絞り、顔を合わせて口コミも活用するほうが建物を探し出すのに有効な場合がある。**事例19「ふれて」**は、事業の目的に適う建物になかなか巡り会えなかったが、建物を探しているということがあちこちの不動産事業者や地域住民に伝わっていくうちに現在の建物に巡り会った。

2　建築士の役割とかかわり

何でも新しく建てればよいという時代ではなくストックを活用する時代になったため、建築士には新築物の設計以外にも新しい職能が求められている。その一つに地域のニーズに寄り添い、地域にある既存建物の利活用から地域を良くしていきたいと考えている建築士、いわば「町医者」的な建築士がいる。「町医者」的な建築士の業務として、既存建物を活用するための相談や事業者のニーズに応える既存建物を一緒に探す活動がある。

福祉転用では地域と強く結びついた福祉サービスを実現

プロセス（段階）	活動内容・取組	参加者・事業者					
		福祉	建築士	不動産	所有者	地域住民	自治体
構想・企画	事業を始める動機や理念を考える	◎				○	
	事業内容（サービス・定員など）を検討する	◎					○
	建物を探す	◎	○	○			
	所有者や不動産業者と交渉する	◎	○	◎	◎		
	地域コミュニティの状況を整理する	◎	○				
	建物の活用方法を考える	◎	○				
計画・設計	建築基準法や消防法などの法的規制を確認する		◎				◎
	予算や改修範囲を検討する	◎	○				
	利用者ニーズに合わせた空間計画を行う	○	◎				
	ワークショップなどで利用者や住民に説明する				○	○	
運営・実践	地域との関係を深めるイベントを開催する	◎				○	
	利用後の空間評価を行う	◎	○				
	他の事業者との連携など今後の展開を検討する	◎				○	○

◎：主体的に参加　　○：参加

図1　福祉転用のプロセスの参加者

するため立地や建物の果たす役割が大きい。建築士が持っている建物所有者や不動産事業者とのネットワークを活用して、福祉事業者と一緒に建物を回ったり、目処がついた建物の活用方法や耐震性能を検討する。

計画・設計段階では建築士の役割が大きい。事業者の予算や必要な諸室に関する要求や利用者のニーズにあった空間計画になるよう時間をかけて何度も検討を行い、予算・事業の理念・空間計画とが折合う着地点を探しだしていく。このとき、建築士は既存建物を利活用できるよう法的な規制（建築基準法、消防法、各福祉サービスの設置基準などの法律・条例）を確認する。福祉サービスを始めるためにそれらの法律・条例を満たす必要があるので自治体の関連部署に図面や計画書を持って行き相談や確認を受けなければならない。また既存建物を福祉転用するので、そもそも既存建物が法的に基準を満たしているという検査済証の有

無を確認する必要がある。古い住宅には検査済証がない場合があるので市町村で建築確認台帳の証明書などによる確認などの手続きを行う。

実際に既存建物を使い始めてからも不具合がないかの点検や改修の相談・設計も行っている。このように福祉事業者は長期間建築士とかかわっていく必要がある。

3 地域住民とのかかわり

福祉事業者が地域住民とかかわる機会は構想・企画段階からある。地域の事情をさまざまな住民に聞き出すが、地域にはそれに精通しているキーパーソンがいることが多い。その方に出会うと地域の現状を教えてもらえるだけでなく、不動産事業者や建物所有者に取り次いでもらえる場合がある。**事例7「サテライト松島」**は、代表が所属していた有償ボランティアグループの女性との出会いから、地域の事情に詳しい所有者とつながり、その後の事業が展開していった。

事業計画が具体化される計画・設計段階で事業開始後に地域住民の参加や地域交流を行うことや、地域のニーズを拾い上げて地域での公益的な活動の実践や地域住民に積極的にかかわってもらうためにワークショップを行うこともある。**事例19「ふれて」**は、福祉事業者の担当者が活動にかかわってもらえそうな住民に声をかけ、ワークショップを通して活動（コミュニティカフェ等）の詳細を詰めて、事業開始後もコミュニティカフェの運営や地域での新しい活動を展開している。

事業開始後の運営実践段階では、地域住民とのかかわりは特に重要である。日頃からのあいさつや清掃といったインフォーマルなかかわりや自治会やお祭りといったフォーマルなかかわりが出てくる。

4 福祉事業者の企画・設計・運営での取り組み方

構想・企画段階では事業の実現に向けて福祉事業者が中心になるが、それにかかわる情報を得るために地域住民、不動産事業者、建物所有者、建築士さらには自治体とかかわっていく。まずは地域の事情を理解するために地域を歩き回り、自治会長などにインタビューをすることを通して事業の理念を考え事業内容を検討する。事業内容を検討する場合、建物の規模によって実現できることが決まってしまうので同時に建物を不動産事業者や建築士とともに探し始める。事業内容の検討と建物を探すことを往来することで地域に必要な福祉サービスの内容も深まるだろう。

自治体に相談することも事業内容を決めるうえでは必要である。地域にどのような事業者が存在しているのか、さらには自治体独自のルールやサービスがあるのか情報を得ることができる。特に後者では事前協議や審査も義務付けている場合や、独自の事業の要件や指導方針がある。さらには自治体それぞれに福祉計画があるので、福祉サービスの種類によっては制限があったり、公募によって決められている場合がある。

計画・設計段階では建築士との打ち合わせが多くなるが、建築士には設計内容について適切な説明を行う努力が求められている。福祉事業者は、予算や必要な諸室に関する要求や利用者のニーズにあった空間であるのか、何度も建築士と時間をかけて打ち合わせを行っていく。特に福祉事業者は利用者の立場にいちばん近いので、利用者の立場になって利用者の1日の過ごし方を想像し、繰り返し建築士に説明を求めていくことが必要である。福祉事業者は早く事業を始めたい思いがあるが、計画・設計段階でも時間的な余裕も持っておきたい。またこの段階でワークショップを開き、住民の意見を取り入れた福祉サービス等を検討することは地域とかかわっていくうえで効果的である。同時に建築士にも参加してもらうことで、その成果を設計に反映させることができる。

運営開始後は、地域住民や他事業者との体制づくりや建築士とのかかわりが重要である。前者では利用者の生活を包括的に支えるために地域とのかかわりをつくること、後者では福祉転用後の建物の改善に向けた取り組みである。

地域住民とのかかわりを見ると、運営開始後、自治会・町内会、あるいは商店街に立地するのなら商店会の会合に参加することが望ましい。また地域の行事に積極的に参加するというフォーマルなかかわりや日頃のあいさつや周辺の清掃などインフォーマルなかかわりを積み重ねていくことが、利用者の「地域に住み続ける」ことを支えることにつながる。自治会の行事に参加するだけでなく、事業者自らお祭りや勉強会・相談会も企画していくことが地域住民からの信頼につながり、地域でお互いに生活を支えていく基盤となっていく。

また他事業者とも利用者や地域の情報交換を行っていくことが地域で利用者を支えることの実践になる。さらには地域資源である病院や診療所、商店などとも日頃からの交流や情報交換を行うことが必要である。利用者の生活を包括的に支援するためにこれらの地域資源と連携を深めていく。

（松原茂樹）

1-5 適切な空き家・空きビルを探す

1 空き家・空きビルは多いのか

「平成25年住宅・土地統計調査」によれば、図1のように日本における空き家は増え続けており、2013年の空き家の数は820万戸、空き家率は13.5%となっている。2014年には「空家等対策の促進に関する特別措置法」も立法され、この問題が緊急を要していることがわかる。自治体の多くでは空き家の現状把握や利活用の検討が始められている。過疎地だけではなく、都市部や郊外にも空き家が目立ち始めた状況であるが、空き家の数に比べて、福祉サービスに適した建物を見つけ出すのは想像以上に難しく、福祉転用を考えている事業者にとっては、もどかしい壁となっている。

それにはいくつかの理由がある。一つは制度によるものである（詳しくは1-3節参照）。たとえば、認知症高齢者グループホームへの転用の場合、法的に定められた5人以上の定員や居室面積を満たすには、一般的な住宅では不十分で、建物の条件がかなり絞られてしまう。また、空き家利活用の選択肢が広がりつつあるのも理由の一つである。近年、特に都市部においてシェアハウスや空き家を宿泊施設として活用する、いわゆる民泊のニーズが増している。一方で地方の自治体でもUターンなど定住施策と結びつけた空き家の利活用が進められている。選択肢が増えることは望ましいが、福祉転用の価値を地域や自治体に説明し理解されなければ、利益率の高い用途のみに集中してしまうという懸念もある。さらに、不動産契約に関する習慣も壁となりやすい。賃貸で物件を探す場合は、原状復帰の義務によって、改修を伴う福祉転用が難しくなるケースも多くなっている。

多くから選択できるように見えて、適切なものが見つけにくい状況のなかで、福祉転用では、どのように取得・賃貸する方法があるだろうか。

2 地域でアンテナを張る

福祉転用の多くは建物に「偶然に」出会っている。不動産市場に流れる前に、空き家や空きビルがあることを知る。福祉事業者の関係者が所有している場合（**事例5**「こそだ

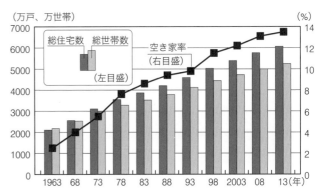

図1　総住宅数、総世帯数、空き家率（出典：総務省『平成25年住宅・土地統計調査』2014）

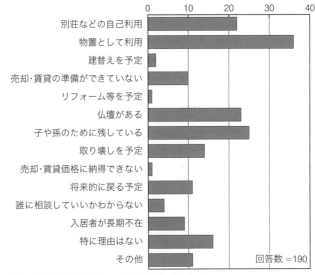

図2　空き家の売却や賃貸を考えていない理由（出典：能美市『空き家所有者意向調査　結果報告書』2016）

てビレッジ」、**事例8**「タガヤセ大蔵」）は、空き状況を簡単に知ることができるであろう。

しかし、はじめから所有者とかかわりがあることは少ない。すると、重要なのは、日頃より地域の中で空き家にアンテナを張ることである。たとえば、**事例17**「ふらっと」では、福祉事業者の普段の散歩コースにある空きビルを見つけている。また、**事例7**「サテライト松島」では所属するボランティアサークルで知り合った人の家族が空き家で困っていたことから事業がスタートしている。このように「偶然に」建物を見つけるには、地域との接点をあらかじめ持っていることが大切である。

3 所有者との交渉

空き家を不動産市場などに委ねることを躊躇する所有者

は多い（図2）。売却や賃貸を考えていない理由として、家財道具や仏壇が置いてあるなど定期的な維持管理が必要であったり、子や孫の居住のためとかなり先の計画があって手放せないことが多い。したがって見つけた物件の所有者との交渉が重要となる。

交渉では、まず所有者にケアにおける地域の役割の重要性や既存建物を活用する意義を丁寧に説明し理解してもらうことが必要不可欠である。事例1「鷹巣児童クラブ」や事例14「せきまえハウス」では、所有者の福祉活動への理解が深く、建物の提供以外にもさまざまな協力が得られている。

続いて、福祉事業者が所有者に配慮することも必要である。たとえば、事例7「サテライト松島」では、所有者が困っていた仏壇・床の間や家財道具の維持管理に関する条件を、3年かけてゆっくりと所有者との間で交渉することで賃貸が可能となった。また、所有者が将来再びその建物を使用しようと考えている場合は、賃貸や定期借家での契約となるだろう。従来の習慣では原状復帰の問題が生じやすいが、近年のリノベーションと呼ばれる建物の価値を高めるための改修手法の普及や、借り主が改修費用を負担するとともに原状復帰を不要とするDIY型賃貸契約について、国土交通省がガイドラインを示して促進するなど、所有者の理解が進んでいる状況もある[注1、2]。

4 マッチングシステムの利用と充実

一つの地域において長い期間をかけて福祉転用を計画しているなら、「偶然に」適した既存建物を見つけることができるかもしれない。しかし、地縁がない場合、福祉サービスの提供が早急に求められる状況にある場合、住宅ではなくオフィスや倉庫のような幅広い建物のなかから検討している場合は、不動産事業者などが持つデータベースから探すことが効率的であろう。

多くの自治体が整備する空き家バンクもデータベースの一つである。しかし、所有者の登録制であること、空き家の情報が公開されることへの不安などから登録件数・活用件数が伸びていない問題がある。一方で、地域住民やNPO法人、不動産事業者と空き家バンクが連携すると活用につながるケースが増える[注1]。このことから空き家の活用には、所有者の要望や活用ニーズにきめ細かく対応する「つなぎ役」が必要であることがわかる。加えて、データベースの情報にも工夫が必要であろう。たとえば間取り図や写真以外にも、所有者の意向や平面プランの特徴、改修のしやす

表1　空き家の所有者と福祉事業者のマッチングシステム例

仲介者	内容
一般社団法人かながわ福祉居住推進機構	福祉施設の基準や自治体の補助金制度に精通した仲介者が、土地オーナー・不動産事業者による情報と福祉事業者のニーズを参照してつなげていく福祉居住マッチングシステムを構築している。（http://kanaju.org）
ar-co.care（建築設計事務所）	福祉施設のための建築設計を専門とする事務所が、福祉施設として活用できそうな物件（空き家・空きビル・土地など）を探して、情報提供している。（http://www.ar-co.net/care/）
東京都大田区	地域貢献を目的とし、空き家を公益的に活用するために行政が考案したシステムで、障害者グループホームや保育に関する事業のほか、ゲストハウスやサロンなど幅広い活用を支援している。（http://ota-akiya.jp/rent/）

さなどが示されれば、より効率的に活用方法を検討できると思われる。

福祉転用では「つなぎ役」に専門的な知識が求められることが特徴である。福祉や建築に関する制度との調整が頻繁にあるため、既存建物の正確な把握と必要な改修箇所の割り出し、自治体ごとに異なる判断基準への柔軟な対応など、高度な知識や豊富な経験が必要となる。事例3「港南保育園」や事例6「ペアレンティングホーム」、事例13「音・on」は、つなぎ役として、保育や子育て、障害者の福祉制度や問題にも精通した建築設計事務所が活躍して福祉転用が実現したケースである。

このような個々の活動に頼るのではなく、たとえば、一般社団法人かながわ福祉居住推進機構のように、専門知識をベースにした福祉転用のマッチングシステムをつくり、効率的に空き家の福祉転用を進める先駆的な動きも見られ始めている（表1）。福祉事業者は、やみくもに不動産事業者をあたるよりは、専門性の高いマッチングシステムを利用するべきであろう。しかし、このような試みはいまだ少なく、物件データベースの量、行政や不動産事業者との連携、マッチングのできる能力を持った「つなぎ役」人材の確保など課題も多い。地域に合わせた福祉転用を促進するには、このマッチングシステムの充実が不可欠である。（加藤悠介）

注
1) 北村喜宣・米山秀隆・岡田博史編『空き家対策の実務』有斐閣、2016
2) 国土交通省住宅局『DIY型賃貸借に関する契約書式例及びガイドブックについて』2016

1-6　既存建物の空間を調べ、転用後の利用を想定する

1　所室配置の原則

既存建物を転用する際には、既存の空間と、転用後の空間とその使い方の対応を（具体的な改修よりも前の）物件探しや、契約の時点である程度想定されている必要がある。①活動内容に応じた、必要な場所（しばしば、設置基準で指定される「保育室」や「便所」など）、②人と物がどう移動するか、③どの部屋とどの部屋が近い必要があるか／離したいかという所室の関係、を整理する。

2　既存建物の条件と転用時の配慮点

1　利用フロア数とフロアの面積

既存物件の「広さ」は1-3節で述べたように重要な要素で、さらにその広さが1フロアでとれるのか、複数階にまたがるのかによって、昇降補助設備、スタッフ配置や時間帯ごとの利用者の活動場所の設定、などの施設や運用面が影響を受ける。たとえば小規模多機能型居宅介護を実施する事業所で、静養室をリビングと別フロアに設けないといけない場合、見守りの必要性からスタッフ配置を1名増やす必要が生じる、あるいは頻繁な行き来が必要になる、などであり、施設の継続的運用の可能性や利用者のQOLに大きくかかわる。ただし、離床センサーマットなどのIoT組み込みの道具や設備を利用することで、計画の自由度や安全性が増す可能性はある。

2　採光条件と室の大きさの変更

保育室、入居者居室、宿泊室、リビング、活動室などの「建築基準法上の居室」には採光が必要である。一般的な工夫として、法規上は窓が必要ないトイレなどの水回りや収納などを採光が取れない場所に置く。それでもオフィス、工場、店舗など一般的にフロアを広く使う用途から、転用時に室を分割する際などに、居室への採光がとれなくなる（窓がない部屋ができる）可能性があり、広い物件でも採光面積には留意が必要である。また、建物に窓があっても隣地境界からの距離が不十分なため、法規上の「採光上有効な開口部」とは認められないことがある（表2❶など）。こうした場合、法規への適合と、通風採光の確保のため、引き戸などの可動間仕切りで分割する、背の低い家具で分割する、といった手法が採用される。

3　水回りの変更

福祉用途での利用に転用する際には水回りの改修がほぼ必須であり、またしばしば水回りの増設が必要になる。たとえばブースが広いトイレの設置、トイレの分散・複数配置、浴室やシャワースペース、キッチンの設置、などである。このとき、床下配管スペースが充分に取れない場合（自然排水の場合には配管に勾配が必要なため、配管を収納するために高さが必要）には、床を上げる処理が必要になり、段差が生じるなど別の不自由さにつながることがある（表2❷など）。近年では小型ポンプを用いた給排水システムが普及しており、これを採用すると改修時の配管処理には融通が利くことが多いが、配管が下階の天井裏に収納されているような場合にはより多くの調整が必要になるため、配管の状況を事前に把握できると良い。

表1　転用前用途からみた諸室への転用しやすさ

転用前の施設		宿泊・居住系施設に必要な所室			宿泊・居住・通所系施設に必要な所室				通所－保育系		通所－高齢者系
		個室	リビング	日中活動スペース	キッチン	便所	浴室	縦動線	保育室	遊戯室（動的活動室）	活動室
住宅		不足しがち	広く使う工夫が必要		小規模施設なら○	増設が必要	浴槽の改修	階段昇降機等が必要	広く使う工夫が必要		広く使う工夫が必要
集合住宅		2以上の住戸を統合、または複数住戸を転用の事例が多い						高層なら既存EVあり			
宿泊系	ホテル	個室化しにくい△	居室を転用△	不足気味△	増設が必要				分割された室が多く通所向きではない		
	病院		デイルームを転用○								
文教系	学校		教室を転用△		配管の必要があるが天井高に余裕がある			階段昇降機等が必要	転用しやすい○	天井高に留意適した部屋があれば○	転用しやすい○
	コミュニティ施設		既存の室面積と配置による		パントリ等を転用	分散化が必要	増設が必要				
店舗						増設が必要		増設が必要な場合あり	採光に注意	天井高に留意	採光に注意
事務所			採光取りにくい△							転用しやすい○	
工場・倉庫					増設が必要						

表2 児童福祉施設への用途転用における従前用途との組み合わせによる利点と要配慮点、特徴

凡例 改修後用途の基準 改修時の確認事項と利点 ■：必要所室 □：必要面積		放課後学童クラブ	幼稚園	認定こども園	認可保育所
		■専用区画（遊び・生活の場としての機能、静養するための機能を備えた部屋またはスペース） □専用区画1.65m²/人以上 ■おやつの提供のためのミニキッチン（またはそれが可能なスペース）を設置	■職員室、保健室、保育室（学級数以上かつ原則として幼児が使う部屋は1階に設置する）、遊戯室、便所、飲料水／手洗／足洗用設備 □屋外遊技場・運動場（必須）：2学級以下▶330+100×（学級数−1）m²・3学級以上▶400+80×（学級数−3）m² □園舎：1学級▶180m²、2学級▶320+100×（学級数−2）m²	■屋外遊技場、運動場の確保（代替地や屋上の算入は原則不可） □屋外遊技場・運動場（幼稚園型は必須）：2歳以上▶保育所の基準と同様、3歳以上▶幼稚園・保育園の両基準を満たすこと 園舎：1学級▶180m²、2学級▶320+100×（学級数−2）m²	■屋外遊技場（または代替地）、運動場の確保 □屋外遊技場・運動場：2歳児以上▶3.3m²/人以上（待機児童解消のため付近の代替場所でも可と緩和）
				■保育室または遊戯室、乳児室またはほふく室、便所、調理室、医務室 □0・1歳児▶乳児室	1.65m²/人以上、ほふく室3.3m²/人以上、保育室または遊技場：2歳児▶1.98m²/人以上

	用途転用にかかわる従前用途の特徴	従前用途にかかわらず注意すべき点	放課後学童クラブ	幼稚園	認定こども園	認可保育所
オフィス	・避難路：3階建以上のもの、採光上の無窓居室を有する階、延べ面積が1000m²を超えるオフィス▶両側に居室の出入口がある廊下：1.6m以上、その他1.2m以上 ・開口部の有効面積：居室の床面積の1/20	・動的／静的活動のための空間をそれぞれ設ける ・身体を動かせる屋内外の空間を確保		・原則として幼児が使う部屋は1階に設置する。避難動線に工夫が必要 ・保育と関連した水回りの設置 ・保育室面積の確保	・全体の規模が比較的大きく配管を行き渡らせにくいが、保育の観点から低年齢児の保育室に隣接した便所の設置は優先すべき ■屋外遊技場や運動場（保育所の場合は代替地で可）の確保が困難な場合が多く、もとの物件を選択する際に留意が必要	
				・幼稚園（型）では屋外遊技場・運動場が必須		
店舗	・開口部の有効面積：居室の床面積の1/20 ・避難：3階以上の階を物品販売業を営む店舗▶各階の売り場及び屋上広場に通ずる2以上の直通階段の設置	・動的／静的活動のための空間を設ける ・屋内外の動的活動空間の確保	居室の天井高：2.1m以上	・原則として幼児が使う部屋は1階に設置する。避難動線に工夫が必要 ■水回りの設置 ・保育室面積の確保 ■屋外遊技場や運動場となる屋外空間の確保が困難	・1学級あたりの必要面積の確保 ・利用可能スペースの形状・面積に制約がある場合が多く、必要所室の取り回しが困難	□必要面積の確保 ・保育所分園など、保育所機能を部分的に担う用途（一部の保育室と関連所室など）は計画しやすい
					■屋外遊技場や運動場（保育所の場合は代替地で可）の確保が困難な場合が多く、もとの物件を選択する際に留意が必要	
小学校	□校舎の面積：1人以上40人以下▶500m²、41人以上480人以下▶500+5×（児童数−40）m²、480人以上▶2700+3×（児童数−480）m² □運動場の面積：1人以上240人以下▶2400m²、241人以上720人以下▶2400+10×（児童数−240）m²、721人以上▶7200m² ・開口部の有効面積：居室の床面積の1/5 ・避難：教室（その他児童が使用する居室）の非常口の設置は各自治体の定める設置基準による	バリアフリー： ・車いす使用者が利用しやすい多目的トイレや空間の確保 ・廊下の幅140cm以上 ・車いす使用者用駐車施設（幅350cm以上）を1以上等	・拠点面積が限られがち。30人の保育単位ごとに拠点室を確保	・原則として幼児が使う部屋は1階に設置する必要があるため計画に工夫が必要 ■水回りの設置 ・保育室面積の確保 ・校庭があるため運動場の規程はクリアしやすい	■水回りの設置 ・園舎の1学級あたりの必要面積が決まっているため面積の確保が必要	■水回りの設置 ■部分改修の場合で、本園機能を持つ場合は調理室の設置
			・動的／静的活動のための空間をそれぞれ設ける ・身体を動かせる屋内外の空間を確保	・原則として幼児が使う部屋は1階に設置する必要があるため計画に工夫が必要 ・保育室面積の確保 ■幼稚園（型）では屋外遊技場・運動場が必須。 □学級ごとに保育室面積の規定もあり認定条件が厳しい。	■調理室まわりの規模と安全性	■水回りの設置 ・分園や小規模保育所の場合は、住宅には基本的な機能が備わっており対応しやすい ・本園機能には充分な面積が必要
住宅・共同住宅	・開口部の有効面積：居室の床面積の1/7 ・バリアフリー（共同住宅の場合）：廊下等、敷地内通路幅：120cm以上 ・避難：共同住宅のその階における寝室の床面積の合計が100m²を超える▶2以上の直通階段を設置 ・出入口の幅：80cm等		・動的／静的活動のための空間をそれぞれ設ける ・身体を動かせる屋内外の空間を確保	・原則として幼児が使う部屋は1階に設置する必要がある。古民家は多くの場合平屋なので計画しやすい ・必要に応じて水回りの改修や増設	■水回りの設置 ・調理空間が広く取られている場合が多く対応しやすいが定員規模によっては大規模な改修が必要	■水回りや調理室等の設置 ・分園や小規模保育所の場合は、住宅らしい雰囲気があり対応しやすい ・本園機能には面積が不足、増築が必要
古民家	───			■幼稚園（型）では屋外遊技場・運動場が必須。 □学級ごとに保育室面積の規定もあり認定条件が厳しい。		

4 転用前の用途と転用後の諸室の対応しやすさ

以上のような、転用にかかる転用前施設の建築的特徴（小さな部屋が多い、大空間がある、など）と、福祉用途での利用時に必要となる諸室との対応しやすさは、表1のように整理できる。このとき、構造を含む大規模な改修が必要になるかどうかの判断ポイントとして、［それぞれの転用前用途に特徴的な単位空間（たとえば学校における「教室」など）の大きさ］と［避難路の設定（二方向避難、廊下幅）］に着目する。転用前用途の建物の方が転用後用途で一般的に用いられるよりも単位空間が大きい場合、各室はとりやすい。一方、無駄なく活かすためには、公倍数／公約数的な関係にある必要があり、それが該当しない、たとえば学校の教室（7m×9m＝63.0m² など）を特別養護老人ホームの個室（10.65m²）に改修する場合、本節2の採光のとり方とも関連して、工夫が必要となる。また、通所系事業では一般に「利用者が集まる」部屋が必要であり、住宅などからの転用の場合は転用前住宅のリビングダイニング（集まる用途で用いられる比較的広い部屋）の大きさや、部屋間の間仕切りの撤去が可能かどうかで、転用後の用途に問題なく使えるかや、転用後の使われ方が影響され

認可外保育所	東京都認証保育所 A型	東京都認証保育所 B型	児童福祉用途共通
■認可保育所に準じ、保育室、調理室、便所（専用の手洗い設備、幼児20人につき1以上） □0·1歳児室 ▶乳児室 1.65m²/人以上	■医務室（静養機能を有する。事務室と兼用も可）等。要綱に定める設備、面積および職員配置等の基準を満たす場合は定員を超えて保育を行える □2歳児保育室▶1.98m²/人以上		保育所の開口部の有効面積（有効採光面積）：居室の床面積の1/5以上（または1/7以上*） ＊（イ）床面上50cmにおける水平面明るさ200ルックス以上の照明設備と（ロ）床面より50cm以上の窓で、左記の有効採光面積のある場合 ・必要な開口部の有効面積がオフィス（1/20）や住宅（1/7）などに比べて大きい。壁が隣地に接していると単純に開口を設置しても法律上有効でないことがあり壁を後退させるなどの大きな改造が必要となる場合もある バリアフリー： ・車いす使用者が利用しやすい多目的トイレや空間の確保・廊下の幅140cm以上 ・車いす使用者用駐車施設（幅350cm以上）を1以上 避難：非常口は、火災等非常時に入所児童の避難に有効な位置に2か所2方向設置、児童福祉用途の居室の床面積の合計が50m²を超える場合は2以上の直通階段の設置等
	□0·1歳児▶3.3m²/人以上、屋外遊技場・運動場：2歳児以上▶3.3m²/人以上（付近の代替場所も可）で	□0歳児および1歳児 2.5m²/人以上	保育所の換気のための有効面積：居室の床面積の1/20以上。1/20未満の場合は換気設備を取り付ける ・店舗やオフィスなど、はめごろし窓になっている場合がある。また、窓の高さが低い、手すりがないなど、子どもの安全上日常的に開けることができず換気に有効な面積と見なせない場合がある ■保育と関連した水回りや調理室等の設置 ・給排水の位置変更には配管スペースのための二重床等の追加工事を伴う ・車いす利用者・オストメイト対応のだれでもトイレを設置する条例への対応
・園庭の設置義務がないため、子どもたちの動的遊びや活動が制限されがちになる	・オフィスは大きな空間で窓が少ないため保育室を配置する場合、有効採光面積や自然通風の確保が必要—❶ ・配管の位置等がプランに影響するため比較的計画に自由が利かない—❷ ・積層の場合、外部とのつながりが希薄になりがち—❸ ・空間を仕切る際には室ごとに開口の有効面積を確保 ・トイレ等の配給水設備も小さく1か所に設置される傾向にあり、給排水の位置変更には配管スペースのための二重床等の追加工事を伴う		・オフィス部分との動線を分けるなど配慮が必要 ・建物の中央部は窓のない部屋ができやすいので計画に工夫が必要 【利点】 ・アクセスしやすい立地であることが多い ・物件を選べば耐震構造や排水、空調、防火設備などをほぼそのまま活用することができる ・一棟丸借りした場合、天井高なども自由に設計することができるなど自由度が高い
・園庭の設置義務がないため、子どもたちの動的遊びや活動が制限されがちになる	・積層の場合、外部とのつながりが希薄になる ・積層の場合、ベビーカーや利用者などのためのエレベーター設置など配慮が必要 ・採光面・動線・利用可能スペースの形状・面積に制約がある場合が多く、所室配置に工夫が必要 ・空間を仕切る際には採光のための開口面積の確保 ・まちなかにある場合プライバシーへの配慮が必要—❹ ・建物の一部を改修する場合、施設との利用時間の差に配慮し専用または代替出り口の確保が必要。またそ		の場合も自然通風、採光の確保が必要 ・トイレ等が奥まった位置に設置されている場合が多く、使いやすい位置に移設する等の対応が必要 【利点】 ・小規模から大規模なものまでさまざまな物件があるためニーズに合わせて建物を選択できる ・アクセスしやすい立地であることが多い ・集客性を上げるため開口が大きい場合が多く、比較的採光のための有効面積を確保しやすい
■水回りの設置 ・低年齢児用の場合、小学生用のトイレとは寸法が異なるので入れ替えになる	・転用のために教室をさらに細かく区画する場合、空間が単調になりやすい ・トイレ、洗面、浴室等の配給水設備が集中型で教室にないことが多く、トイレ等を新たに設置する必要が生じる ・部分的な改修の場合、学校との動線が混在しない、小学校と保育の空間を完全に仕切るような配慮が必要 ・木造校舎などは構造上、大規模な改修が難しい		【利点】 ・地域の活動の拠点としての役割を持つことが多く、地域とのつながりをより持ちやすい環境となる—❺ ・校庭や体育館、プールなどの設備を共用できる ・給食室やトイレなど給排水設備を活用できる ・小学校と児童福祉施設が同じ敷地内にあることは児童や保護者にとって安全性や利便性が高い
・保育と関連した水回りや調理室等の設置 ・園庭の設置義務がないため、子どもたちの動的遊びや活動が制限されがちになる	・採光のため空間を仕切る際に、開口面積の確保 住宅：段差や廊下の狭さ、木造の防炎性能への対応 共同住宅： ・面積の拡大には防火区画壁や耐震壁の撤去や移動が必要 ・給排水の位置変更には配管スペースのための二重床等の追加工事を伴う。天井高の余裕に留意が必要 【利点】 住宅：		・一敷地全てを使えることや住宅の面積が小さいことから比較的家庭的な保育が可能 ・福祉施設としては面積的に不足する傾向にある ・増改築が比較的容易で各種課題を比較的解消しやすい 共同住宅： ・子どもに対応した設備への変更 ・多くの場合、各住戸の防火区画や給排水設備をそのまま利用できる
・保育と関連した水回りや調理室等の設置 ・園庭の設置義務がない（緩和対象）が、古民家では屋敷林や前庭空間が充分に取られている場合が多く、充分な外遊び空間を取りやすい	・建物自体が古いため継続したメンテナンスが必要 ・木造の防炎性能への対応、耐震強度の確保 ・段差や廊下の狭さとの折り合い、解消 ・給排水の増設 ・襖や障子で仕切られた田の字プランを活用し場面により面積を調整でき、隣の気配を感じつつ生活することができる		・板の間、畳の間などの空間性の違いによって用途を使い分けることができる ・開口が大きく通風採光が確保しやすい ・地域になじみのある建物であると交流拠点としての効果が期待できる—❻。周辺に対して開かれた構えを持つことが有利

る。なお、転用前の用途での各室が狭い、また簡単に連結できないために、利用者グループの小規模化が自然に生じ、落ち着いた利用につながるケースもある。

　こうした組み合わせは、建築基準法・消防法などとの兼ね合いでさらに詳細に場合分けできるが、たとえば児童福祉用途では表2のように整理できる。この表には、実際の該当組み合わせによる改修例から聞き取った利点・課題点を併せて掲載している。たとえば、積層の建築物を転用しようとする場合、児童福祉施設で重視される、外部空間とのつながりが希薄になりがちである（❸など）。また、まちなかにある建築物で、店舗はガラスを多用し中の様子を外からうかがいやすくつくられていることが多いため、転用する際にはプライバシーへの配慮が必要となる（❹など）。

　一方、転用の利点として、地域になじみのある建築物の転用は地域の交流や活動の拠点となりやすく、価値が活かせる（❺❻など）。こうした具体的な組み合わせとその特徴については、3章に詳しい。　　　　　（山田あすか）

1-7　既存建物と立地の価値を活かす

既存建物の価値を活かす場合、大きくは利用者の居心地や過ごしやすさといった空間の質と、介護のしやすい便所やコンパクトな動線といった機能面があるが、ここでは前者について触れていく。既存建物の福祉転用では、「利用の構想力」[注1]が問われる。松村は建築が「箱の産業」から「場の産業」に変わりつつあることを踏まえて、「『場』創りにおいて主要な座を占めるのは、従来のような専門的な知識・技術ではなく、『箱』をどう利用してどんな暮らしの『場』を創るのかについての、生活者の自由な構想力である」と述べている。建築の専門家なら図面だけで空間の特徴を想像できるが、建築にかかわらない人にとって図面から空間の特徴を読み取ることは難しい。しかし既存建物を福祉転用する場合、誰でも実際の空間に身を置いて、人の過ごし方を想像することができる。建築士にすべてを任せるのではなく、利用者の立場を最も考えられる福祉サービス事業所の職員が利用の構想力を発揮して空間の特徴を活かすことが大切である。そのとき、一人ひとりの居場所があるかを考えると、一見したところデメリットと思えるような空間も決してデメリットにならない場合もある。

1　居場所を確保する

一般的に福祉サービスでは、複数人が同じ空間で共に過ごす。住まいのサービスは最低2〜4人、通いのサービスは最低10人前後がいる。典型例として、共用空間に常にテーブルを囲む座席しかない施設のように、複数人を一つの単位として過ごす空間を考えがちである。本来一人ひとりの過ごす空間をそれぞれ確保することをまずは考えるべきである。日中の過ごし方は個々に異なり、求めている空間は一人ひとり異なる。また同じ人でもそのときの体調や気分で求める空間は変化する。本人がそこに居てもいいと思い、主体的に過ごすことができる居場所をそれぞれ確保する。そのためには単調な空間ではなく多様な空間を用意する。

居場所には他人とのかかわり方や物理的な環境との関係で決まる面がある。物理的に完全に遮って他人の姿が見えなかったり声が聞こえなかったりする居場所、他人と距離を置いているが様子をうかがい知ることができる居場所、他人といつでも会話ができる居場所といった具合に他人とのかかわり方を物理的環境でコントロールできる。

集団で過ごす場所でも人が居心地がよいと感じる距離には一般的な傾向がある。会話の適正距離、親密な会話ができる距離として4、5人の場合は1.5mの輪がある。それ以上に人数が増えるとその輪はやや大きくなり、3m程度まで広がる。以上のことを念頭に置いて具体的な空間の特徴をいくつか示す。

2　空間の価値を活かす

1　大きな空間と小さな空間

大きな空間として、たとえば数10m²の床面積や吹き抜けのある空間、さらには天井を除去して上階のスラブや屋根を見せて天井高を高くしている空間が挙げられる。大きな空間は集団で過ごすのに向いている。集団で過ごす場合、人の密度が高い空間は居心地が悪くなるが、大きな空間は過度に人が密集しないので居心地の良さを感じられる。ただし、大きな空間に一人で居るときは大きすぎて居心地が悪くなりやすいので小さな空間とセットで計画していくことが望ましい。

小さな空間として、数m²の床面積や天井高が低い空間が挙げられる。この小さな空間は集団で過ごすよりも一人や2、3人の少人数で過ごすのに居心地がよい空間である。定員10人の施設なら10人の利用者や、さらには数名のスタッフが一室に常に居る状態は利用者にとって不快である。一日のなかでも子どもだろうが高齢者だろうが誰もが一人きりになりたいときがある。小さな空間は一人になりたいときや集団から離れて2、3人で過ごすときに居心地のよい空間や親密な関係を築く空間になる。事例12「まめべや」では、大きな空間の中に入れ子状に設置した「小さな家」が相談室や子どもの居場所になっている。

2　明るい空間と暗い空間

既存建物を福祉転用するとき、まったく採光が確保できない暗い空間が生じる場合や、法律は満たしているけれども採光条件が他よりも悪い居室ができる場合がある。前者

は倉庫、更衣室やトイレなど人が継続的に居ない部屋として活用できる。後者はあえて暗い空間の価値を活かすことができる。たとえば近年障害者施設でよく見かけるスヌーズレンでは部屋を暗くして障害者がリラックスできる環境を整えている（詳しくは1-9節参照）。一方自然光がふんだんに入る明るい空間は、利用者が活動的に過ごすときや集団で過ごすときによい。明るい空間は開放的な空間にもなりやすいので、地域住民や初めての利用者も気軽に訪れやすい雰囲気をつくることができる。

3　居場所をつくるための柱・壁

既存建物の福祉転用では、構造的に取り外せない柱や壁によって大きな空間を確保できない場合や、耐震壁やブレースの追加によって元々は大きな空間だったのが領域分けされ空間が分節される場合がある。このことは決してマイナスではなくむしろプラスと捉えることができる。柱や壁がない大きな空間はただ広いだけの均質な空間になりがちである。利用者が一人になりたいときや少人数で過ごしたいとき、適度に空間を分けることができる柱や壁は有効である。柱が一本あるだけで空間の領域分けができる。他の利用者やスタッフの位置から見えないように柱に身を寄せることができる。事例8「タガヤセ大蔵」では、手前から奥まで見渡せる一体的な空間であるが、構造的に外せない柱によってテーブルごとのまとまりができていて、利用者が座る場所を選択できる。またあえて死角をつくることも居場所の観点から有効である。

3　立地の価値を活かす

既存建物の立地の価値を活かす場合、ハード面だけでなく地域資源を利活用した人的な支援やイベントなどソフト面も活かすことが有効である。ここでは既存建物の周囲の特徴と、徒歩圏エリアの特徴から立地の価値にふれる。

1　建物周囲の特徴

既存建物を福祉転用したが、隣家との関係から利用者が過ごす室に窓があるにもかかわらず窓を開けられないといった問題はよくある。既存建物を福祉施設として使う場合、敷地内の空地や隣地・隣家との関係には視線や音の面で配慮しなければならない。

空地に面する建物内部の空間は、集団で過ごす部屋にしたり、一人で外を眺める部屋として活用できる。福祉施設に来ると自由に外出することは少ないので、空地に面する部屋から外を眺めることで利用者の気持ちは安らぐことができる。また外の様子をうかがい知ることができるので時間の変化、天候の変化、季節の移ろい、人の行き交いを感じることができ、生活の手がかりにもなる。

前面道路からアクセスしやすい場合は、それに面する内部空間は利用者だけでなく地域住民も含めた多数の人が集まる空間にすることもできる。少なくとも利用者のプライバシーにかかわる身体介護を行うような空間は前面道路に配置することは望ましくない。地域住民にとって前面道路から直接内部が見えていると心理的に入って来やすいので地域住民と利用者とが交流できる空間として活用できる。事例20「つくしんぼ」では、前面道路に面する空間は、転用前の病院だったときには待合室であったが、転用後は喫茶スペースにし、多数の人が入って来やすいようにしている。また上階の認知症高齢者グループホームの住民が外出するときに喫茶エリアの前を通るので偶然出会った知り合いの人と会話をしている姿を見かけることができる。

2　アクセスの特徴

既存建物の立地によってその価値の活かし方は変わる。町の中心部にあるのか、商店街の中にあるのか、住宅街や集落・農村地域にあるのかによって、人とのかかわり方やアクセス面に影響する。人とのかかわり方では、圏域の人口・年齢構成はどれほどか、地域住民が参加しやすいのか、その圏域に住む人だけに利用が限定されるのかによって立地の価値が影響される。アクセス面では徒歩でアクセスしやすいのか、自家用車や公共交通を使ったアクセスになるのかによって立地の価値は影響される。

町の中心部や商店街なら近隣の住民以外にも遠方の住民も日常的に通過するので、遠方の住民にも一見で関心を引くような工夫が必要である。その点で人の行き交いが多い道路面に地域に開いた空間を設けることで立地の価値を高めることができる。またアクセスしやすいのでボランティアも確保しやすい。

それに対し住宅街、集落は特定の近隣の住民しか通過しないので、そこに暮らす住民の生活を支える福祉サービスや日常生活を支えるサービスを考えることが立地の価値を活かすことにつながる。たとえばお祭りや公開勉強会、さらには気軽に生活の不安を相談できることは近隣住民にとって有益である。

（松原茂樹）

注
1) 松村秀一『ひらかれる建築－「民主化」の作法』ちくま新書、2016

1-8　予算にあった改修手法を選択する

1　改修の種類

既存建物を福祉施設へと転用するために必要な初期費用を算出するには、建物の購入価格や賃貸料の他にも、改修内容の検討が重要である。改修には大きく四つの方法がある(表1)[注1]。すなわち、建築にかかわる改修がほとんど伴わない「内装変更・設備更新」、間取りを変更する「改築」、建物の床面積の増減がある「増築」「減築」である。内装変更・設備更新は、改修費用が抑えられることが大きな利点である。ただし、福祉事業を行う条件（1-3節参照）を満たす建物を見つけるのは難しいし、もし見つかったとしても建物自体の価格が高いものも多く、全体でかかる費用から判断することが重要である。

多くのケースでは改修が必要となる。改築／増築の選択は、施設の設置基準と建物の広さの関係から判断する。広さが十分である場合は改築を選択し、狭いならば増築を選択するのが適切である。増築では敷地に余裕があること、敷地面積に対して建物が占める面積の上限割合を示した建ぺい率も確認する必要がある。減築を選択するのは特殊なケースに限られる。たとえば、倉庫のような広い空間の転用で、1階の採光確保のために2階の床が取り除かれる場合が考えられる。また、いずれの改修を選択しても耐震壁の位置を確認する必要がある。耐震壁の位置を変更できなかったり、変更すると建物の構造的なバランスの調整や補強が必要となるためである。

2　改修レベル

予算を考える際は、改修によって既存建物の性能をどこまで向上させるかも検討する（図1）。修繕・補修により既存建物ができた当時の性能にまで戻すレベルⅠ、現在の市場に受け入れられる性能まで高めるレベルⅡ（福祉転用では、段差の解消や手すりの設置などバリアフリー改修にあたる）、利用者の生活の質の向上にも大きく貢献するような先端の性能水準にまで引き上げるレベルⅢがある。レベルⅢの例としては、階段室の集合住宅一棟をサービス付き高齢者向け住宅と一般の賃貸住宅に転用した**事例11「コーシャハイム千歳烏山」**が挙げられる。ここでは、エレベーターの設置のほかにも、多様な居住ニーズに応える住戸バリエーションを用意することや高齢者と若者が居住する多世代共生を目指して改修が行われており、建物全体の価値を大幅に高めることに成功している。

3　改修費用

改修の規模が大きくなるほど当然ながら改修費用も増えるが、新築と比較すると工事にかかわるコストは大幅に抑えられる。ただし、内装変更や設備更新であっても、工事内容と施工範囲によって費用は変化するため、見積もりの段階で施工業者とよく相談することが大切である。ちなみに、一般住宅のリフォームでは、キッチンの変更が80～100万円、床暖房（20m²ほどの部屋）の設置が100～150万円、壁紙（10m²ほどの部屋）の貼り替えが5～6万円などの目安となっている。

このような改修項目以外に、福祉転用であるために発生する項目がある。この項目は制度規定により求められるものであるが、実際には、福祉事業者が事前に把握していないことも多く、設計まではしたものの追加費用が必要とわ

表1　改修の種類と利点・課題

種類	利点	課題
内装変更設備更新	○改修費用が抑えられる	○適した既存建物を探すのが難しい ○空間性能を向上させにくい
改築	○主に共有空間の質を高められる	○床面積が不十分な場合、歪な部屋ができやすい
増築／減築	○福祉事業にあった空間をつくりやすい ○個室を整備しやすい	○関連規程が複雑になりやすい ○改修費用が高くなる

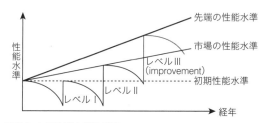

図1　再生による性能水準の変化 (出典：『設計に活かす建築計画』学芸出版社、2010を一部修正)

表2 改修工事の見積もり例

No	名称	金額
1	仮設工事	147,520
2	基礎工事	60,650
3	木工事	1,810,150
4	屋根工事	28,488
5	板金工事	134,040
6	外壁工事	134,040
7	鋼製建具工事	460,200
8	室内建具工事	210,000
9	内装工事	180,900
10	塗装工事	153,600
11	雑工事	792,000
12	電気設備工事	2,712,090
13	給排水、衛生設備工事	704,590
14	消防設備工事	2,492,420
15	解体工事	452,800
16	諸経費	837,879
17	耐震補強工事	211,092
18	設計費	500,000
	工事費の計	12,022,459
	消費税	951,797
	合計	12,984,255

かり、開設を遅らせる事態にもなりかねない。たとえば、2015年の消防法改正によって、高齢者の居住施設は原則として、床面積に関係なくスプリンクラーの設置義務が課せられている。表2は、ある事例の改修工事の項目と見積もりである。この例は既存建物120m²のうち40m²程度の範囲を改修したものであるが、改修範囲以外でも高齢者の介護事業を行うため、建物全体にスプリンクラーの設置が必要となり、消防用設備工事で総工費の約2割、250万円が計上されている。消防用設備や耐震補強などは、高齢者や障害者にとって安全な居住環境を実現するために必要な改修であり、それを踏まえた費用計算を行うことが大切である。

4 改修費用と事業計画

改修にかけられる費用を正確に算出するには、綿密な事業計画が必要である。事例8「タガヤセ大蔵」では、建物の所有者でもある不動産事業者が福祉事業者と共同で改修設計を進めることで、適切な投資額すなわち改修費用を算出している。介護事業の性質を理解することで、運営を圧迫せずに、無理なく長期間払い続けられる賃料を設定した。介護保険など制度にもとづいて運営される事業は、比較的安定していることから長期的な計画を行いやすいというメリットがあると言える。

一方で、制度の枠組みから外れる事業を行う場合は、事業計画が難しい面がある。事例5「こそだてビレッジ」は、当初想定していたサービス内容を開設後に利用者のニーズに合わせて柔軟に変更することで、事業に安定性を持たせている。社会における問題解決を目的とするソーシャルビジネスには、ニーズが読めないため、初期費用を抑えられる既存建物の転用・改修が適していることを示す例と言えるだろう。

改修費用が算定できれば、それを自己資金で支払うのか、金融機関などに融資を求めるかを判断する。長期間安定した運営を行っている社会福祉法人では自己資金で賄うこともできるが、NPO法人のような小さな組織で、初めての事業を行う場合は金融機関からの融資を受けることも多くなるだろう。融資を受ける場合は、金融機関に対して説得力のある事業計画の提出が不可欠である。

5 公的支援

福祉事業所の開設には、公的支援の有無も判断基準となろう。新築と同様に、改修であっても補助金を受けられる場合がある。たとえば、サービス付き高齢者向け住宅の整備には、改修型で用途変更にともない建築基準法などに適合させるために必要となる工事についても国の補助金交付の対象となっている。行政機関が規制を緩和する試みもある（詳しくは3-3節を参照）。たとえば、愛知県では、2014年に既存の戸建住宅を障害者グループホームへと活用する場合、一定の条件を満たせば用途変更の手続きを不要とする建築基準法上の取扱いを定めている。これにより、改修費用が抑えられ、福祉転用を断念するケースが少なくなると期待されている。

また、公的な建物を福祉転用する場合も行政機関による支援が不可欠である。大阪府営住宅をグループホームへと転用した事例10「ハーモニーあかさか」では、行政主導のモデル事業として進められることで、年金受給者や低所得者も入居できる環境を整えている。事例16「千葉子ども発達センター」は、統合・移転に伴う小学校校舎の後利用について内容を絞った事業公募を行うことで、地域に必要とされる児童発達支援センターの整備につながっている。

このように、補助金などの金銭的支援以外にも、さまざまな形で福祉転用にかかわる公的支援がある。そのため、事前に行政機関の福祉事業に関する情報や動向を確認しておくことが望ましい。

(加藤悠介)

注
1)『空き家・空きビルの福祉転用』学芸出版社、2012

1-9　利用者の特性に配慮した改修を行う

1　福祉転用と物理的バリアの問題

　福祉転用として施設設計を行う際に、まず問題になることが入り口の段差や水回り（トイレ・浴室など）の狭さなど、物理的バリアにかかわることだろう。特に、住宅のような比較的小規模の建物を転用する際には、改修しても物理的バリアを完全に解消することが難しい、あるいは改修に多大な費用がかかってしまい現実的でない、などの事が起こりうる。

　しかし、だからといって簡単に諦めてしまうのではなく、どのような利用者が、どのような方法で転用後の施設を使うのか、丁寧に考えることが重要だ。たとえば、住宅を障害者グループホームに転用する場合を考えてみよう。車いすユーザーの利用を前提とした場合、まず問題となるのが住宅の玄関の上がり框（段差）である。この段差をなくすことは難しいが、天井走行リフトを設置することで段差を乗り越えやすくすることは可能である（写真1）。他方で、トイレや浴室などの水回りは、一般の住宅のサイズでは車いすユーザーが利用することはまず困難であろう。このような場所は、改修によってできるだけ使いやすい形につくり直すことができる、と考えたい。

2　福祉転用と環境のしつらえ

　段差や狭さなどは、比較的わかりやすく、設計の際にも気がつきやすい点だ。他方で、もう少し複雑な、利用者の細かな動作や使い勝手であったり、あるいは利用者の認知にかかわるような点が、実際に建物を使用していくうえで問題になることも多々生じうる。ここでは、転用の設計を考える際に押さえておきたいポイントを、いくつか具体的に検討する。

1　設備の使いやすさへの配慮

　トイレや浴室などの水回りは、改修によってできるだけ使いやすい形につくり直したいと述べた。この「使いやすい形」は、その施設の使われ方に大きく影響するので、特に慎重な配慮が必要である。

　たとえば**事例13「音・on」**は、重度の心身障害者が利用者で、入浴のケアを提供することを重要なサービスとして位置づけている。加えて、機械浴を利用しない、スタッフの手による優しい入浴を実現しながらも、スタッフの負担低減が図られた。このため、浴室の床には利用者が寝転がることを前提とした仕上げが選ばれ、脱衣室から段差なく移動できる設計とされている。また、なるべく多くの利用者に入浴してもらうためには、浴室が誰にも使われていない時間を短縮することが必要である。そのため、2か所ある浴室のうち、1か所には脱衣室を2か所用意し、効率よく浴室を使うことができるようになっている。

　他方で、グループホームのような、住宅的な環境に求められる条件は、また異なったものとなる。**事例14「せきまえハウス」**は知的障害者グループホームであり、入居者は物理的なバリアはそれほど問題にはならない。しかし、一つの家に暮らしている以上生活時間帯がどうしても重なってしまうため、ここでは浴室を2か所設けている。トイレや洗面所なども利用の時間帯が重なってしまうことが予想されたため、できるだけ多く作られている。

2　開き方・閉じ方の工夫

　福祉転用の魅力の一つは、まったく新しい建物を地域の中に作るのではなく、すでにある程度の時間にわたり地域の中に存在した建物を利用するため、新たな用途であっても地域に溶け込みやすいということだ。しかし、だからといってその施設が必ずしも地域に「開いて」いる必要があるかというと、そうとも限らないので注意が必要だ。

　通所系のサービスの場合、やはり地域に「開いて」いる

写真1　玄関の上がり框を残し天井走行リフトを設置した事例

ことは、利用者にとっても訪れやすい環境をつくることになり、また地域にとっても公共的なスペースが増えると言うことで、望ましいことであろう。その良さを存分に活かした例に、**事例8「タガヤセ大蔵」**のデイルームと地域交流スペースの巧みな融合を挙げることができる。

同時に、通所系の施設であっても、開き方には慎重な配慮が必要となる場合もある。**事例13「音・on」**は、通所系の施設ではあるが、サービスは生活介護で、主たるスペースでは利用者たちが生活を営んでいる。そのため、この事例では道路に面して細長くリサイクルショップやカウンターが設けられ、利用者の生活の場と交流のスペースをやわらかく仕切るとともに、まちと利用者、利用者とまちの間に適度なつながりを作り出している。

居住系の施設の場合はと言うと、必ずしも外部に開いていることが良いわけではなく、むしろ住み手が共有できる、落ち着いた「閉じた」空間があることが重要だ。**事例10「ハーモニーあかさか」**（グループホーム）では、サンルームを介してテラスに面した場所に、居住者が集うことのできる食堂兼デイルームが作られている。外からの視線を気にすることなく、外の気配を感じられる、適度に閉じた環境が作られている。

3 利用者に安心と安全を届けるデザイン

福祉転用の特徴に、利用者が高齢者や障害者、子どもなど、比較的環境からの刺激に敏感で、影響を受けやすい人たちであることが挙げられる。また、利用者本人だけでなく、家族や関係の人びとが環境から受ける影響についても、十分に配慮することが重要だ。そもそも既存の建物を利用する福祉転用は、慣れ親しんだ環境を利用できるという点で有利だが、それでも十分な配慮が求められる。

発達につまずきを持つ子どもたちにとって、周囲の環境が見通しが良く、次になにをすれば良いのか迷わないことがとても重要になる。**事例16「千葉子ども発達センター」**では、小学校の教室という既存施設の特徴を活かし、子どもたちが活動を行う支援室はすべて、死角がなく見通しの良いつくりとなっている。同時に、この施設を訪問する親たちは、何らかの不安とともにやってくることが多い。そのため、特にエントランス回りは、小学校の持つ無機質な雰囲気を感じさせないよう、明るく色鮮やかなしつらえとされた。

事例17「ふらっと」は、既存建物にいくども改修を重ねて作られている。利用者のなかには、照明や鏡、エアコンなどが気になってしまう子どももいて、それらを壊してしまうこともあった。そのため、改修のたびに子どもたちに危険がないような素材が選ばれ、子どもたちが安心して過ごすことのできるしつらえとされている。このように、施設を利用するなかで徐々に利用者の特性にしつらえを合わせてゆくような作り方も、福祉転用ならではの手法である。

4 特殊なニーズに応えるしかけ

重度心身障害児や発達障害児の支援において、効果を発揮するものに「スヌーズレン」と呼ばれるしつらえがある。これは、一般的には照明を落とした薄暗い環境で、音や光などによる適度で快適な刺激を利用者に与えるもので、利用者がリラックスしながら、さまざまな感覚を楽しめるようにするためのしかけである。**事例12「まめべや」**でもこのスヌーズレンは取り入れられているが、専用の部屋を作るのではなく、部屋の隅に泡と光が水中にわき出る装置を設置し、遮光カーテンで囲うことによって一人で楽しむことのできるスペースとしている。

また、感覚刺激に対して敏感な子どもたちに対する支援として、ブランコやハンモックなどによって優しく動きの感覚を伝える手法がある。**事例12「まめべや」**、**事例16「千葉子ども発達センター」**ともに、このような天井から吊すしかけが取り入れられている。

これらは、手法によっては大がかりな工事が必要になることもあるが、上記の二つの事例のように、既存の環境を利用しながら、大がかりな工事を行うことなく導入することも可能である。

5 大げさではない工夫

事例16「千葉子ども発達センター」では、改修にあたり原状復帰が求められている。運営者は、外側のガラス窓をより安全な形式に取り替えたかったのだが、原状復帰の必要性とコスト面の問題から断念し、窓の内側に木製のパーティションのような壁を建てることで、解決策とした。

事例1「鷹巣児童クラブ」では古民家を利用しているが、民家の持ち主が「大規模な改修」を望まなかったこともあり、最小限の改修で児童クラブとして転用している。その際、仏壇のある場所は合板を打ち付けてふさぎ、2階への入り口も合板の扉を設置して施錠するなど、きわめて簡易な手法がとられている。

賃貸して転用する場合、このように原状復帰の必要性やオーナーの意向などで、大規模な改修が行えないことがある。それを逆手にとって、利用者の特性に十分注意しながら、必要最小限の工夫を凝らすことで、環境を使えるようにすることも可能となる。

（松田雄二）

1-10　福祉転用の地域への波及効果を考える

1　地域に対する事業所の役割を検証する

高齢者福祉では住み慣れた地域で住み続けられる「地域包括ケアシステム」の構築が進められている。これは、介護と医療のサービスの統合（integrated care）と、地域が自らが必要なケアを創造し、提供し、使いこなし、コミュニティを育むことを目指すこと（community based care）の二つのコンセプトから成ると言われている[注1]。福祉転用によりつくられた施設は、主に後者を促進する役割を持っている。現在、このコンセプトは高齢者のみならず、障害者、子どもの分野にも広がっており、文字通り地域を「包括」する場所となることが期待されている。

地域への役割を果たす方法はいくつかある。一つは、**事例4「飯田橋園」**に整備された屋内競技場やキッチンスタジオ、工房、**事例20「つくしんぼ」**の図書館のように、地域の人がさまざまな目的で使える空間を用意することである。また、**事例15「結」**や**事例18「太白だんだん」**では、障害者の就労支援の場としてレストランを営むことで、地域の人が訪れやすい場所となっている。おいしい料理を提供していることもあり、地域から高い評価を得ていることも重要である。これらは地域との直接的なかかわりであるが、一方で適度に地域とつながる方法もある。**事例14「せきまえハウス」**や**事例17「ふらっと」**では、近所の人との世間話を行うことや、子どもがふらっと立ち寄れる状況をつくることなど日常生活の延長として気軽に地域とのかかわりを持とうとしている。

福祉転用を行う事業者の多くは構想段階から地域とのかかわりを重視している。そして、開設後もさまざまな形で地域との関係づくりを模索している。持続的に地域に貢献していくためにも、事業所の役割について定期的に検証し、事業内容にフィードバックすることが求められる。

2　地域と連携する

事業所を開設した後は、地域との連携をどのように広げるのが重要となる。**事例8「タガヤセ大蔵」**の認知症カフェの開催や大学生主催イベントの支援、**事例19「ふれて」**の運営委員会によるさまざまな活動の企画運営の例は、地域の人が参加しやすい雰囲気や機会を多くつくることで、施設や福祉への関心が広がることを示している。

地域にある他の福祉事業者などの専門性が近い関係の連携を構築している例もある。**事例16「千葉子ども発達センター」**は、基礎自治体における療育の拠点として、家庭はもちろん、他の関連事業所、大学などの専門機関とも連携している。

3　地域で分散的、面的な広がりを展開する

高齢者や障害者のためだけに住宅や地域が整備されるのではなく、多世代の暮らしに配慮した計画もコミュニティを育むための場所には重要である。図1で示すように、ケ

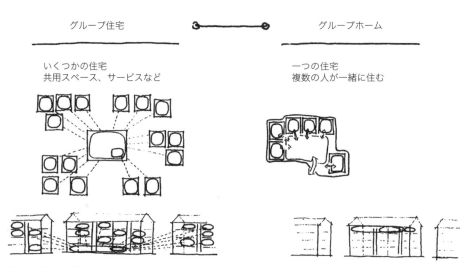

図1　グループ住宅とグループホーム：コミュニティの中で分散して暮らすグループ住宅　（出典：ヤン・ポールソン著『新しい高齢者住宅と環境　スウェーデンの歴史と事例に学ぶ』鹿島出版会、2000）

アの拠点として「グループホーム」のような施設も必要であるが、ケアが必要な人でも地域の中で分散的に住居を構える「グループ住宅」の発想が求められるだろう。

事例9「ゆいま〜る高島平」では高齢化が進む集合住宅団地において、虫食い状態のように生じた空き室を、サービス付き高齢者向け住宅の一室に改修・転用している。安否確認や生活相談を行うフロントは別棟の少し離れた位置にあることからもわかるように、多世代が暮らすコミュニティの中で介護サービスを受けることを理想とし、それを実践している。「グループ住宅」的発想は、障害者の分野でも現れはじめた。グループホームなどとの密接な連携があれば、一人暮らしに近い形で、たとえば民間賃貸アパートの一室を借り、グループホームからサービス提供を受けるサテライト型住居が制度内に創設されている。

一方、ケア拠点についても、複数の小さな建物を転用して地域のニーズに対応したサービスを提供できる仕組みを考える必要がある。たとえば、機能別に空き家を転用して組み合わせることでサービスを成立させることもできる。事例7「サテライト松島」を運営する法人は、商店街に沿って複数の空き家を小規模多機能施設へと転用している。その中には「通い」と「泊まり」の空間を別々の建物に設け、宿泊の利用者は夕方になると通所の建物からアーケードを通り別の建物へ移動するようになっている。また、この法人は空き蔵も改修し、貸しスペースとして地域に開放している。このように、地域内に空き家を転用したケア拠点や地域の居場所が面的に広がることにより、ケアと地域の接点が増え、地域包括ケアを支える資源となる。

4 まちづくりとして福祉転用を考える

地域の実情に応じた福祉転用を進めようと思うならば、地域で空き家や空き地を適切にマネジメントする必要があろう。ニュータウンの一つでは空き家が目立つようになった近年、町内会が中心となり、空き家の詳細な状況、所有者の意向などを整理したデータベースを独自に作成、活用の可能性を検討している（詳しくは3-5節を参照）。

住民のボトムアップによる地域マネジメントに加えて、まちづくりのビジョンを持つことも大切であろう。地域を豊かにする空き家・空きビルの利活用は、福祉事業以外の選択肢もあるため、全体的かつ将来的な視野から考える必要があるからである。そのためには、図2が示すように、単なる形だけの参加ではなく、専門家の意見を取り入れながらも、地域に必要なケアや居場所について、地域の人が

図2 アーンスタインの住民参画のはしご：住民が既存建物の利活用について積極的に議論することで主体的に地域マネジメントやまちづくりにかかわる（図版出典：世古一穂『協働のデザイン パートナーシップを拓く仕組みづくり、人づくり』学芸出版社、2001）

写真1 新生湯：一人暮らしの高齢者の多い地域において、公衆浴場の営業前の時間を利用し、脱衣室でデイサービス事業が行われている

主体性を持って討議し、決定していく仕組みが重要である。

最後に事例を一つ紹介する。写真1は公衆浴場の空き時間を活用してデイサービスを行っている事例である。地域には探せば空き家以外にもさまざまな隙間がみつかる。地域がこの隙間をどのように福祉の場として利活用していくかが今後問われていくと思われる。

（加藤悠介）

注
1) 高齢者住宅財団監修『実践事例から読み解くサービス付き高齢者向け住宅』中央法規、2013

コラム1 「ひらかれる建築」と福祉転用

1 ひらかれる建築の時代

　2016年秋に「ひらかれる建築―『民主化』の作法」（ちくま新書）を上梓した。2010年代に各地で本格し始めた新しいタイプの人びとの活動に刺激を受けて一気に書き上げた本だった。既存建物をリノベーションして、それぞれには小さいけれど新しい暮らしの場に仕立て上げる人びとの活動、そして、それがまちのそこここで継続的に生起することによって、まち全体がじわじわと新しい暮らしの場に変貌を遂げていく現象。それらが、私の心を捉えた新しいタイプの人びとの活動とその成果である。この活動の特徴は、第一に、20世紀ならば簡単に取壊していたようなまちなかの空き建物に価値を見出し利用する点、第二に、建築の専門家ではなく、むしろ生活者自身が新たにまちに埋め込みたい活動を考え、空き建物の利用法を構想する点、第三に、まちの未来を一緒に創ろうという人たちを外から呼び込んでくる点、そして第四に、それらに建物や土地のオーナーたちも共感し仲間に加わり、活動の持続性に結び付ける点にある。このようにストック化した建築と、自分たちのまちに新しい暮らしの場を創り出そうという人びととが出会うことで、専門家ではなく生活者自身の想像力がまちを変え始める、そうした動きあるいは状態を、私は「ひらかれる建築」と呼んでいる。

2 上位概念としてのまちの持続的経営

　既存建物を福祉系の用途で利用する「福祉転用」が、この「ひらかれる建築」の動きと無縁であろうはずはないが、仮にまだうまく縁が結べていないとすれば、それはもったいないことである。福祉転用とひらかれる建築という二つの動きが縁を結び、相乗効果を上げるために留意しておくべきことは何だろうか。まず、福祉転用の目的が何かを見定めておくこと。福祉転用がひらかれる建築の動きと一体化するとすれば、その目的は人びとのより楽しく豊かな暮らしの場を実現すること、そしてその状態を持続することに他ならない。もう少しクールな言い方をすると、まちの持続的経営を可能にすることである。そう遠くない将来には、仕事とそれ以外の人間の活動を明確に分けて捉えること自体、意味をなさなくなるかもしれないが、まちの持続的経営の重要な要素として、今の段階では、新しい仕事を

まちに埋め込むことを挙げなければならない。これまでまちになかった新しい仕事の場を用意すること、そして新しい仕事を始めたいという外の人たちを呼び込み、まちの次世代を育てること。なかには、「創造的過疎」を唱え変わり続ける徳島県神山町のように、外から移住してくる人に新しい仕事も一緒に持ってきてくれと呼びかける斬新な方法を採っているまちもある。高齢者支援にせよ、子育て支援にせよ、障害者支援にせよ、人の暮らしのサポートを中心とする福祉活動は、まずまちにとって新しい仕事としての意味を持つ。そして、福祉転用は多様な暮らしの場の形成に寄与しうることから、外から来る人や若い世代の人たちにとって移住へと誘うまちの魅力につながりうる。ただ、いずれにせよ、これからまちでどういう人たちがどういう暮らし、どういう仕事をするのか、持続的経営の先にあるまちの将来像を、福祉転用を企図する方々も他の人びとと共有することが重要だと思われる。

3 コンテンツとしての未来像を持つこと

　空き建物等の利用を前提にまちの将来像を考え、それを行動に移すとき、最も重要なのはそこにどういう人びとの活動を埋め込むかである。コンテンツと言い換えても良い。福祉系の活動はその一つにはなりうるが、従来多くの人がイメージする「福祉」の枠内に止まる活動が望ましいかどうかは、十分な議論や考慮の対象になる。一つの建物の中で考えるか、歩いて行ける範囲の複数の建物で考えるかは、ときどきのまちの事情によるが、他の活動との組合せ、それによるさまざまなまちの人同士の交流を考えることは、まちの持続的な経営という観点からも望ましいだろう。とかく国や自治体の補助制度を利用する場合には、ある種の機能純化が求められ、制度上区別している人間の諸活動間の境界は明解にならざるを得ない。ただ、そうした制度の用意した空間に従順であることが、必ずしもまちの未来を切り拓くコンテンツにつながる訳ではない。ひらかれる建築の時代に問われるのは、コンテンツとしての未来像であり、それを生み出す構想力である。

（松村秀一）

2章
成功事例で読みとく福祉転用の工夫

成功事例からは、福祉転用の進め方や注意すべきポイントなど多くのことを学べる。主な利用者によって、事例を子ども関連、高齢者関連、障害者関連、さまざまな用途の複合、に分けて整理した。そして、それぞれの事例ごとに、福祉転用の動機、建物を選んだ経緯、計画や設計の配慮点や課題となったことがら、福祉転用の効果と課題を聞き取ってまとめた。また、近年福祉事業所で重視されている周辺地域や行政との連携にも注目した。

子ども 1 鷹巣児童クラブ
最小限の改修で民家空間を使いこなす

同法人が運営するこども園近くの木造住宅を、床の貼り替え、サッシ取り替え、畳の上のゴザ敷きなど最小限の改修により、学童保育施設へ転用。

1 学童保育運営のきっかけ

同法人が運営するこども園は過疎が進む地域に立地しているが、保育方針に共感した保護者は、福井市中心部など車で30分ほどのさまざまなエリアから通園している。その卒園児保護者から、「みな色々な小学校に散ってしまっているが、せめて夏休みに集まることができないか」「保護者が立ち会うことも可能なので学童保育を実施して欲しい」との要望があった。そのため、園長の自宅近くに小屋を設置し、1994年から夏休み限定で学童保育を実施していた。

2 福祉転用する建物の選択経緯

夏休み限定で実施していた学童保育ではあるが、卒園児保護者から「夏休み以外でも学童保育を実施して欲しい」との要望が出てきた。また、同時期に福井市が学童保育事業を民間委託する動きがあったため、活動拠点を手狭な小屋からある程度広いスペースを有する建物に移すため、物件を探すこととなった。住人が転居した住宅などいくつか候補はあったが、お盆と正月のみ親戚が集まるなどスポット利用している場合も多く、完全に空き家である住宅を中心に探すこととなった。最終的に、建物の所有者が福井市中心部に住んでおり、長らく空き家となっていたこども園近傍の古民家について持ち主と交渉し、賃貸契約を結ぶことができた。この建物を選んだ最大の理由は、こども園の園舎や園庭と連携した活動が可能なことである。また、通過交通が少なく、比較的静かな道路沿いに立地していたこと、持ち主が保育方針に共感し、さまざまな面で協力いただいたことも決め手となった。

3 改修時に配慮した点

建物が民家であることもあり、「子どもの活動場所」ではなく、住宅が持つ雰囲気や空間をそのまま使うことを意図した。これは、学童保育の運営を施設のように考えるのではなく、子どもたちが群れて過ごせる住宅の空間が必要と思われたこと、民家の持ち主が「大規模な改修」をよしとしなかったこと、などがその理由である。

具体的な改修場所は、床の板張り部分とサッシである。板張りの部分は、材が痛んでいたため、全面的に貼り替えることとなった。また、木製建具からのすきま風を防ぐため、玄関や開口部をアルミサッシに取り替える工事を行った。このほか、仏壇や持ち主の荷物が置いてある2階にアクセスできないようにするため、板でふさぐ、合板の簡易扉を設置するなどの対応が取られている。また、畳が痛むことを避けるため、ゴザを全面に敷いている。

4 空間構成の特長

玄関は古民家によく見られる田の字プランであり、ふすまを取ると大きな一室空間として使用できる。そのため、ある程度大人数で活動する際も、一つのグループとして活動展開できる。板張り部分には突き当たりに棚を置き、個人のロッカーとして荷物置場となっている。また、押し入れをうまく利用し、支援員のためのコーナーを設定している。床の間は絵本や玩具などのコーナーで、少し囲まれた雰囲気の場所的特性をうまく活かしている。キッチンはそのまま使用しているが、風呂は使用できないため、必要に応じてこども園のシャワー等を使用している。

5 こども園・周辺環境とのかかわりや連携

学童保育施設は小学校との連携が基本であるが、住宅のような落ち着ける空間の構築を目指した場合、この事例のように幼稚園、保育園、こども園などを運営する法人が場所を確保し、園が有する環境をうまく活用しながら活動する方法も魅力的である。具体的な連携方法としては、外遊びの時間帯における園庭利用、夏期休業や土曜日の給食・補食の提供、などが考えられる。また、同じ法人であれば、支援員のサポートとして、法人内で職員人数を調整するなどの連携がスムーズにできる。

この事例では、海と山に近い環境にあり、特に夏休み時には積極的に自然環境の中で過ごしている。子どもたち自身が自作した竹の竿で魚釣りをし、捌いてから食べるほか、庭では畑で子どもたちが植えたい作物を育てたり、たき火でシイの実を炒るなど、自然の中で「生きる力を育む」活動を展開している。

(藤田大輔)

事業者：社会福祉法人　鷹巣福祉会
所在地：福井県福井市鷹巣地区
所在地人口（高齢化率）：1938人（37.6%）
用途：学童保育
定員：20名（夏期休業時60名）
転用前建物：住宅
建物構造：木造2階建の1階部分
開設年：2007年
転用床面積：126.8m²
改修費：240万円
施工：(有)下川建築
所有形態：賃貸

年表：　1994年　同法人卒園児向けに夏休み限定の学童開始
　　　　2006年　こども園近くの民家を利用するため改修
　　　　2007年　福井市の委託事業として児童クラブ開設

図1　鷹巣児童クラブの概要

写真1　活動スペース：ふすまをとりはずし、大きな一室空間に

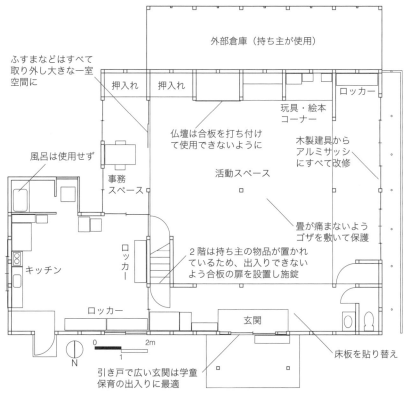

図2　平面図

写真2　外観：外観は改修していない

写真3　キッチン：改修せずそのまま使用

写真4　床の間と廊下：絵本だなやロッカーを設置

写真5　指導員の拠点：押し入れに教材、廊下にテーブルを設置

子ども 2 ソフィア東生駒こども園分園
駅前の飲食店店舗をもう一つの拠点に

駅前の飲食店店舗（ファストフード店）を、近くに本園がある認定こども園の分園として転用。自動扉、勝手口と搬入スペースの存在、ガラス面が大きいことなどがこども園への転用に有利。

1 福祉転用した動機

大阪市西区で保育園を運営している社会福祉法人が、2013年4月に奈良県生駒市で保育園を開設した。その後、自治体から待機児童解消のため、分園の運営者募集があり、法人で検討を進めた結果、本園に近い立地で分園を設置することとなった。分園の定員は、0歳児9名、1歳児10名、2歳児10名とし、3歳児以降は本園で保育を行うこととした。

2 福祉転用する建物を選択した経緯

分園の建物選定にあたっては、利便性が良い立地が重視され、近畿日本鉄道奈良線の東生駒駅前にある飲食店店舗（ファストフード店）が入っていた建物が選択された。本園との距離は約2kmで、車を利用すれば7分ほどである。

また、ファストフード店であったこの建物の外壁は、ガラス面が大きく、有効採光面積の条件が厳しい保育室の開口部確保にも有利に働いた。なお、この建物は平屋建てであり、同じ棟の半分はコンビニエンスストアが入っている。

3 計画や設計のときに配慮した点と直面した課題

ベッドタウンであり鉄道駅を利用して通勤する保護者が分園の恩恵を受けている。駅前の立地を活かして、保育ステーションとしても機能しており、毎日5、6人の本園所属の園児が分園に登園し、その後バスで本園に送迎される。

駅に隣接した位置にあり、人目につきやすい建物である。そのため、駅前の雰囲気と調和するように、外観は本園のベースカラーを用いて柔らかい色合いとし、施設名も小さく表示してある。バスロータリーや道路に面していることから、当初は騒音が心配であったが、アイドリングストップもするので、それほど気にならないとのことであった。

園庭がないため、屋外活動は近隣の公園等を利用している。玄関は目の前がバス停であり、防犯上扉を開け放しておくことが好ましくない。そこで、保育中の建物内外の行き来は、店舗時代には物品の搬入口であった裏側の勝手口を利用している。デッキを設置し、水浴びなどができるよう水栓を設置するなど、特に夏季の保育において重要な場所になっている。屋外空間がほとんどない建物における保育施設への転用では、水栓を新設し、水を流せる環境がとても有利に働いている。

転用前は壁がない一室空間だったが、0歳児と1・2歳児は生活リズムが異なるので、防音の観点から室間に内壁を設置している。また、独立した棟であるので、西日による夏の暑さがひどく、ロールスクリーンの設置、屋外のグリーンカーテン、エアコン新設などの対応が必要となった。

玄関はファストフード店の自動扉をそのまま利用している。ただし、靴の履き替え時に扉が開くことを避けるため、ボタンを押すと扉が開く方式に改修した。荷物が多くなりがちな2歳児以下の送り迎えに重宝している様子である。

分園には設置されないこともある調理室であるが、この事例では設置されている。理事長によると、19人以下の小規模保育では本園等からの給食配送も検討するが、29人定員では調理室を設置した方が保育がスムーズであるとのことであった。これに加え、転用前の機能が飲食店であったことも調理室が設置しやすい一因であると思われる。

4 福祉転用の効果と課題

保育需要は分譲住宅・マンション等の大規模開発により一時的に急増するが、長期間では落ち込むことが予想される。そのため、賃貸物件の福祉転用は施設整備の有効な対策となるが、①最低限の改修に留めるのではなく、保育施設として適切な環境整備、②公園を中心とした近隣の屋外環境の評価など、子どもが生活する場所としての質的保証について肝に銘じる必要がある。また、園庭が隣接していないため、ほど近い公園を利用しているが、そのたびにクラス単位で出かける必要があり、日々の活動スケジュールをうまく調整する必要がある。トイレの配管勾配確保のため、床の高さが廊下から150mmほど上がっているが、運営者は特に気にならない様子である。

5 地域とのかかわりや連携

分園では0〜2歳児と年齢が低いことや、立地が駅前であることなどから、それほど積極的に地域とかかわっていないが、本園では地元と密着しさまざまな行事や祭りなどの活動に参加している。

(藤田大輔)

事業者：社会福祉法人　みやび
所在地：奈良県生駒市
所在地人口（高齢化率）：12.1万人（23.9％）
用途：保育所
定員：29人
転用前建物：ファストフード店
建物構造：鉄骨造平屋建て
開設年：2013年
転用床面積：137m²
改修費：2190万円（税抜）
設計：ちびっこ計画／大塚謙太郎一級建築士事務所
所有形態：賃貸

年表：　2013年　4月　ソフィア東生駒保育所がオープン
　　　　2013年　4月　待機児童対策のため分園の計画が自治体より提示
　　　　2013年　5月　設計・改修
　　　　2013年　11月　開設

図1　ソフィア東生駒こども園分園の概要

写真1　1・2歳児保育室：棚で緩やかに仕切られた一室空間

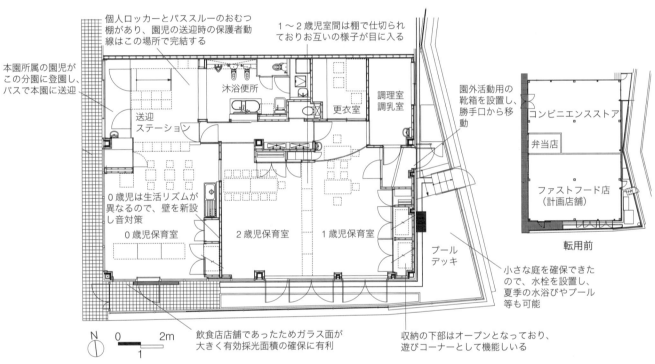

図2　転用後平面図

写真2　外観：平屋建ての半分を利用。半分はコンビニエンスストアが入っている

写真3　勝手口にあるデッキ：屋外の散歩の出入り口になる他、水栓の設置により夏季の水浴びも可能

写真4　玄関：個人ロッカー・パススルーおむつ棚のある送迎ステーション

子ども　37

子ども3 グローバルキッズ港南保育園
オフィスビルへの保育所の転用挿入

現代オフィスビルの一部を改修し保育園へ転用した品川区・港南の事例。周辺は埋め立てによる新規開発地域で、商業ビルと集合住宅が多数立地し児童数が急増しているエリアである。

1 福祉転用をした動機

株式会社グローバルキッズは、10年以上前に足立区で小さなビルを改修して小規模保育拠点の運営を始め、これまでにビルの空き室の転用による東京都認証保育所などの小規模保育拠点を中心に開設をしてきた。待機児童解消のために保育所の増設が求められるなかで、都内では民間事業者の保育所開設を誘致したい自治体が多く、それらのニーズに応えるかたちで現在では多くの保育所・学童保育施設を運営している。これらの園の多くは、2016年施行の新基準により、認可保育所・こども園の認定を受けた。都内では土地不足と保育ニーズの急増を背景として、保育所の開設の際、施設設置基準における園庭の緩和が認められており、東京都認証保育所の開設を進めてきたことから、多くの保育拠点がこのような転用によって開設されている。

2 福祉転用する建物を選択した経緯

上記のように、運営法人は既存建物の転用を基本としながら運営する保育所を増やしてきた。認可保育所を開設するには一定以上の面積が必要であるため、住宅や小規模ビルよりもある程度の面積があるオフィスの方が有利である。そうした条件の物件の紹介を不動産業者に打診した履歴があり、業者から石嶋設計室に物件の紹介があった。そこで石嶋設計室がグローバルキッズ開発担当者にこのオフィスビルの中での転用を提案し、開設に至った。

ビルの一部を小規模保育拠点として使うケースだと、必要な面積とフロア面積の関係から、窓面（採光上有効な開口部）が限られることが多い。ここでは大規模ビルのフロアをまとまった面積で使うことで、両面採光を得ることができていることが特徴である。

3 計画や設計のときに配慮した点と直面した課題

高層の大規模オフィスビルの中に立地する事例であり、全体計画では、オフィスに務める人と動線が重ならないよう、アプローチにはオフィスビル1階の吹き抜け部分から保育園に直接アクセスできる階段を利用している。なお、開園当初の予定では登園時に保護者がベビーカーを運ぶ際にはオフィスのエレベーターを使用することとなっていたが、通勤時の混雑緩和のため現在は搬入用の別機を使用し

ている。このような、周辺に支障を与えない直通のアプローチを確保できる既存建物を利用できたことが利便性・安全性に大きく寄与している。

室内計画では、採光ができる東西両面に保育室を配置し、中央の動線空間の幅を広く取ってホールとして利用できる空間にした。このホールは子どもたちの日常の遊び場や運動会のリハーサルを行う場などとして使われている。保育室はホール型アプローチとなり、保育室からの動的空間への展開が容易な構成である。既存建物による制約として、配管の関係でトイレを奥にしか設けることができなかった。0・1・2歳児室は、排泄の自立や見守りのためにトイレを隣接させたかったが叶わず、やむなく0・1歳児保育室のみを奥のトイレに近い箇所に配置した。

4 福祉転用の効果と課題

この事例では転用元のオフィスビルが駅から徒歩10分程度と近く、職員の通勤にも保護者の送迎にも利便性が高い。このような場所に保育所をつくるとすると、土地を新規取得して新築、という手法は現実的に不可能であるため、立地や新規開設の可能性の面では福祉転用は明らかに有利である。また、オフィスビルの転用では、物件を選べば耐震構造や排水・空調・防火設備などをほぼそのまま活用することができることにも利点がある。一方で、オフィス機能との齟齬に起因して、保育所ならではの「子どもたちの心身の健康を重視し自然の通風・採光を確保したい、外遊びの空間を確保したい、接地性を確保したい、保育室からアクセスしやすい場所に水回りを分散して設置したい」、などのニーズへの対応はしばしば困難である。

5 周辺地域とのかかわりや連携

港南保育園は行事やイベントの際には子どもたちが老人ホームや小学校に行き、交流を行っている。専用の園庭がないため外遊びの経験が不足しがちだが、隣接する河川敷の遊歩道を散歩するなど周辺の環境を利用している。立地する港南エリアは集合住宅の開発ラッシュが続く人口急増エリアであり、保育所不足が顕著であるため、転用による保育所開設は地域資源として非常に期待されている。

（山田あすか・北野綾乃）

事業者：株式会社　グローバルキッズ
所在地：品川区
認可保育所利用申請数：3365人／1185人
／待機児童数　（2016年12月申し込み。ここから選に
　　　　　　　漏れた家庭は小規模，家庭的保育等に）
　　　　　　＊2016年4月1日現在の待機児童は178人
用途：東京都認可保育所、一時保育室
　　　（調査時点では受入停止中）
定員：99名（0歳9人、1歳18人、2歳18人、
　　　3歳18人、4歳18人、5歳18人）
転用前建物：オフィス
建物構造：SRC造17階
開設年：2015年
転用床面積：470m²
改修費：1500万円
設計：石嶋設計室
所有形態：賃貸

年表：　2014年　不動産業者から物件の紹介を受ける
　　　　　　　　品川区の公募型プロポーザル制度への応募、選出、設計
　　　2015年1〜3月　工期
　　　2015年　開園

写真1　外観：品川駅徒歩5分の運河沿いの敷地に建つ高層オフィスビルの2階に立地

図1　グローバルキッズ港南保育園の概要

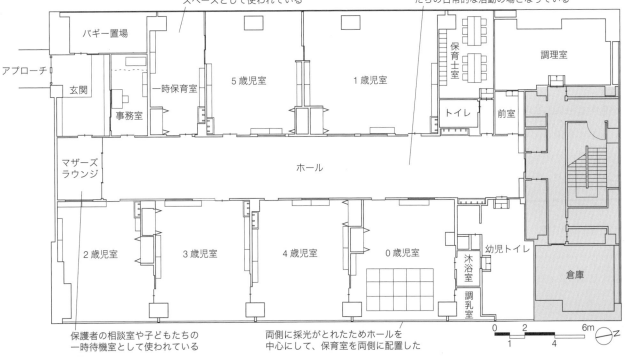

図2　転用後平面図

写真2　保育室の様子

写真3　ホール

子ども　39

子ども 4 グローバルキッズ飯田橋園
オフィスビルの一棟転用

オフィスビルを一棟借り上げ、認可保育所、学童保育所、一時保育室、事業者オフィスに転用した。フロア面積の余裕が多目的室や屋内遊戯場を持つことを可能にした珍しい事例。

① 福祉転用をした動機

転用による保育所開設事例を多数有している、株式会社グローバルキッズ（前項参照）による、オフィスビルの保育所・学童保育所への転用事例である。

② 福祉転用する建物を選択した経緯

「グローバルキッズ飯田橋園」は、中庭を挟んで建つ2棟の中層・中規模オフィスビルの転用によって認定こども園、認可保育所、学童保育所、一時保育所、グローバルキッズ本社オフィス、が一体的に整備された複合施設のうちの一つである。このうち第一期として、「一棟貸し」でテナントを募集していた賃貸オフィス物件に本社オフィスと認可保育所、学童保育所を開設した。その後、向かいの別棟もテナント変更のタイミングがあり、賃貸の打診があったため、第二期として別棟も借りてそこに認定こども園・子育て支援機能を持つ施設を整備した、という経緯である。一棟まるごとを借りているため、オフィスビルの1角を借りる場合に比べて利用可能な面積の規模が大きいこと、また複合施設全体での運用に自由度が高いことが特徴である。また、本社機能が保育所と隣接することで管理部門が現場の状況を体感できるようになったことも利点であった。

財政的な面では、千代田区では子ども・子育て支援が充実しており、保育施設開設時の施設整備費・運営費補助・賃料補助が出たことから、飯田橋学童クラブ・こども園の施設整備ができた。特に千代田区では専用の園庭を持たない保育施設が多く、園庭とその代替となる場所（テラス、屋上など）の整備にも補助が出たため、室内園庭の整備も行うことができた、特徴的な事例である。

＊2017年現在、千代田区では代替園庭となる児童遊園に園児の専用時間を設ける、遊具等を整備する、安全管理のためのシステムを導入する、などの整備を進めている。

③ 計画や設計のときに配慮した点と直面した課題

全体計画としては、1階が会議室とミーティングスペース等、2階に室内園庭と本社機能、3階に認可保育所、4階に学童保育所と一時保育機能、施設全体で使う多目的室、という構成である。

認可保育所では、隣地境界線からの距離の関係で、保育室側では建築基準法上の「採光面」が東側（アプローチ道路側）の1面に限られている。そこで、ガラスの大きな開閉可能引き戸で4・5歳児室と1・2・3歳児室の2室に大きく分割し、それぞれの室の中は家具で仕切るワンルーム型の保育室構成を採用した。

一時保育室では、二方向避難が必要だったため、学童保育室の側に「廊下」を設けて二方向避難路を確保した。この「廊下」と学童保育室の間は可動間仕切りとしており、普段は開け放ってプレイルームと一体的に使用できる。

屋内園庭は全体に人口芝生を敷き詰めた室で、高さ方向の遊びを体験できるよう、枝のある鉄棒、築山、遊具状に組み立てられる大型積み木、登れる壁、デッキ、を設けている。また室内でプール遊びができるよう、ゴムチップマットのスペースを作っている。

④ 福祉転用の効果と課題

転用による保育所設置を含めて、千代田区では複数の保育所を新規開設することで、待機児童数0を達成している。本事例は築年数が建っていないビルの転用であり、耐震構造や排水・空調・防火設備などをほぼそのまま活用できた。さらに、1棟丸借りのため天井高も自由に設計でき、多様な遊びの環境に対応できた。

一方で、オフィスからの転用ならではの課題として、自然の通風・採光、外遊びの空間、接地性の確保、のニーズには対応できない。このような、子どもの成長・発達環境としての限界を認識しつつ、代替となる保育環境を用意したり、外に求めたりといった運営側の意識や工夫が必要になる。

⑤ 周辺地域とのかかわりや連携

同じくオフィスからの転用である隣棟（認定こども園がある棟）には、屋内競技場やキッチンスタジオ、木工ができる工房、多目的室、屋内遊戯場など多目的に使用できる機能があり、保育施設のみならず「人と地域のつながりをつくる」地域の交流拠点として発展していくことを目指している。本格的な運用はこれからということであったが、地域における貴重な資源として、大いに期待できる。

（山田あすか）

事業者：株式会社グローバルキッズ
所在地：千代田区
待機児童数：0人
　　　　　＊2014年4月1日現在の認可
　　　　　保育所入園決定率は65.90%
　　　　　（保育園を考える親の会調べ）
用途：3階に学童クラブ、一時保育室、
　　　東京都認可保育所
定員：学童クラブ60人、一時保育室9人、
　　　保育所138人（0歳18人、1歳24人、
　　　2歳18人、3歳19人、4歳19人、
　　　5歳19人）
転用前建物：オフィス
建物構造：SRC造地上4階地下1階
開設年：2015年
転用床面積：学童クラブ・一時保育室470m²、
　　　　　　保育所839m²
改修費：1500万円
設計：石嶋設計室、のみぞ計画室
　　　（保育所のみ）
所有形態：賃貸

年表：　2014年　石嶋設計室が不動産業者から
　　　　　　　　物件の紹介を受ける
　　　2015年1〜3月　工期
　　　2015年　4月　開園

図1　グローバルキッズ飯田橋学童クラブ・こども園の概要

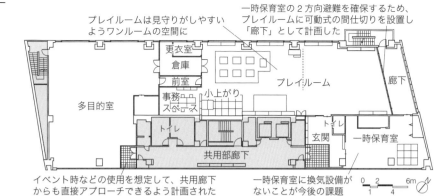

図2　グローバルキッズ飯田橋学童クラブ平面図

プレイルームは見守りがしやすいようワンルームの空間に

一時保育室の2方向避難を確保するため、プレイルームに可動式の間仕切りを設置し「廊下」として計画した

イベント時などの使用を想定して、共用廊下から直接アプローチできるよう計画された

一時保育室に換気設備がないことが今後の課題

写真1　学童クラブの一時保育室

写真2　学童クラブのプレイルーム

写真3　こども園の多目的室：地域に開放したイベントも行う

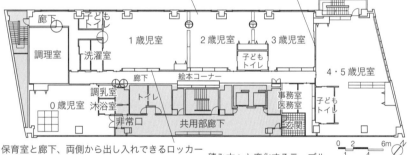

建築基準法上、採光面を東側開口にしかとれない設定のため、1〜3歳児室は採光確保のためにひと続きの空間になっている。実際は北側からの採光もあり、明るい

建築基準法上の「採光面」が限られるため、4・5歳児室と3歳児室の境目に大きな引き戸を設け、2室を1室として採光を確保した

保育室と廊下、両側から出し入れできるロッカー

積み木へと変化するテーブル
子どもたちの午睡時間には、保育スタッフがここへ集まり会議スペースとなる

写真4　こども園の廊下：子どもたちの遊び場や待機場所にもなる

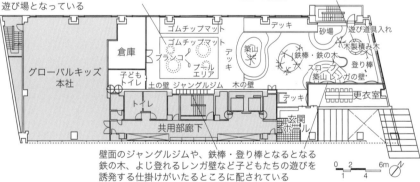

床面に防水・ゴム舗装を施し、夏はプール、それ以外の季節はブランコやボールなどの遊び場となっている

壁面のジャングルジムや、鉄棒・登り棒となる鉄の木、よじ登れるレンガ壁など子どもたちの遊びを誘発する仕掛けがいたるところに配されている

図3　グローバルキッズ飯田橋こども園平面図

写真5　こども園の屋内遊戯室

写真6　こども園の保育室：家具で仕切られたワンルーム

写真7　こども園の4・5歳児室

子ども 5 こそだてビレッジ
駅前立地ビルを活かした「働く」と「育てる」の共存

1984年竣工の都内駅前に立地するビルの3フロアを、保育スペース・交流スペースを持つコワーキングフロアを含むシェアオフィスに改修した事例。新しい働き方や、ワークライフバランスの選択肢を提示。

1 福祉転用をした動機

オーナー・竹沢氏は留学していた米国での就職を予定していたが、3.11をきっかけに帰国して自分たちのコミュニティを形成したいと考えた。そこで、会社組織を立ち上げ、2012年に氏の関連会社所有の貸しビルを転用して実験的に「RYOZANPARK巣鴨」でシェアハウス・シェアオフィス事業を始めた。このシェアハウスには同年代の住人が多く、このなかからカップルが複数誕生し、結婚する人たちが出てきて、子育てや子育てと就労のバランスのことが仲間たち共通の課題になってきた。

2 福祉転用する建物を選択した経緯

折しも、関連会社所有のビルのうち、当事例がある大塚のビルの5〜7階が更新のタイミングで空くことになった。そこで、ご夫婦、独身、さまざまな人が参加するワークショップを開催して、どんなところで子育てをしたいか、どんな働き方をしたいかというテーマでアイディアを出し合った。議論をするなかで、子どもが幼稚園就園の年齢になるまでは、フルタイムで働いて子どももフルタイムで保育所に通うか、専業主婦かの2択しかない、という状況を解消することが必要なのではないかという考えに至った。結果として、この課題に対応できるシェアオフィスを含む、3フロアそれぞれの三つのコンセプトがまとまった。このため、一つの場所で、ライフステージや事業のステージに合わせて三つの「働き方」ができる。

3 計画や設計のときに配慮した点と直面した課題

1 建築に関連して：巣鴨のシェアハウスの経験上、キッチンが非常に大事だと考えていたので、キッチンは広くとり、子どもも入るためIHにするなどこだわった。給排水のない位置にキッチンを取るため、配管は新たに設置が必要だった。隣接する和室は、保護者と子ども、スタッフが一緒に昼食をとるという日常遣いの他、集まりの場にも使われる交流スペースとなっていて、「こそだてビレッジ」を象徴する場所と言える。また、子どもが使う場所には、身体の成長・発達を促す観点からあえて段差をつけている。このため、あとから認可外保育施設として登録する際には行政から指摘を受けた。子どものゾーンと大人のゾーンの設定に際しては、敢えて両者の仕切りをガラス張りにして見えるようにした。また、フロアごとにコンセプトに即してインテリアの色調を変えている。なお、開設・運営にあたり、行政からの助成は一切受けていない。

2 運用に関連して：当初は、2人の保育士をおいて、保護者は働きながら子どもをみる、というスタイルだったが固定客が付かず、開店休業状態だった。そこで、コンセプトの異なるフロアがあることを活かし、午前中の2時間は保護者は6階のシェアオフィスで仕事をする、子どもはその間は完全に7階の託児所で預かる。昼食はみんなでとり、午後は保護者は7階で仕事をしつつ、子どもが保護者のほうに来たら相手をするスタイルにした。この2時間の託児保障で仕事に専念する時間ができたことで固定客がついた。

4 福祉転用の効果と課題

「働く」と「育てる」のバランスに選択肢を増やしたことがこの事業の最も大きな効果と言える。また利用者からは、育休中も仕事関連での勉強の継続ができた、育休中にも認可保育所利用への保育実績ができスムーズな復帰につながった、キャリアデザインや子どもを育てながらの生き方について気軽に話せる仲間ができたことがよかった、といった声がある。実際的な問題として、このような事業スタイルは既存の保育行政の補助の枠組みの外であるため、現在のような利便性の高い立地で利用可能な料金体系で行うことは困難であり、新築であればよりハードルが上がる。また、オフィスからの改修事例であるため子どもたちがいる時間帯に窓を開けると転落の危険がある、屋上テラスは遊び場にできるが、移動のための階段の段差や手すり高さが安全ではない、といった課題もある。

5 周辺地域とのかかわりや連携

周辺地域や施設との連携は特にとっていない。近隣に大きな公園があるので、散歩先に使っている。外出時には、近隣の商店街の人や、神社の方が声をかけてくださり、自然な交流の機会になっている。広報にはweb、SNSなどを活用しており、現利用者の友人など、口コミでの利用申し込みが多い。地域の潜在的ニーズの発掘はこれからの段階である。

(山田あすか)

事業者：	株式会社　TAKE-Z
所在地：	東京都豊島区
所在地人口（待機児童数）：	29.82万人（0人、2017.04）
用途：	キッズルーム付きシェアオフィス
定員：	1日あたり最大20組
転用前建物：	オフィス
建物構造：	RC造7階
開設年：	2015年4月
転用床面積：	166.12m²／1フロア
改修費：	5000万円
設計：	有限会社すわ製作所
所有形態：	定期建物賃貸借

年表：　2014年　ワークショップによるコンセプト形成
　　　　2014年　設計・改修
　　　　2015年　開設
　　　　2016年　認可外保育施設として登録

図1　RYOZANPARKotsuka 内、こそだてビレッジの概要

写真1　外観：7階建てのビルの5〜7階がシェアオフィス。こそだてビレッジは7階

7階：「"こそだて"と"はたらく"に選択肢を」のコンセプトのもと、保育士常駐のキッズスペースと、フリーアドレスオフィスが相互に見える関係でつくられた、子連れコワーキングフロア

6階：フリーアドレスオフィス、ラウンジ、キッチン、会議スペース、集中ブース、休憩スペースを備えた「起業を目指す人、起業間もない人」をメインターゲットにしたシェアオフィスフロア

5階：2〜5名用の個室型オフィススペースに区切られたフロア。「個別オフィスとして使う人／団体」をターゲットにしている。フロア内に会議スペース、キッチン、ミニジムがある

午後「子どもがワークスペースに来た場合には保護者が子どもを見ながら仕事をする時間」に使われるキッズスペース。
利用は1歳〜3歳未満児。

写真2　授乳室兼お昼寝スペース：お昼寝をしている間に保護者が離れることもあるため、安全柵が設置されている

和室。こそだてビレッジの象徴になるお部屋、子どもの発達の話や仕事の話も出る語らいの場になっている。12時の「お迎え」のあと、この和室で保護者、子ども、スタッフがみんなでお昼を食べる。立派なキッチンが作り付けられており、イベントごとなどにも対応可能。

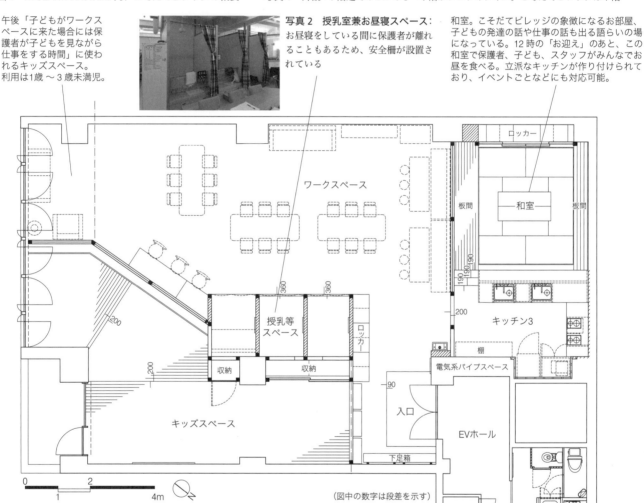

図2　ゾーンと使い方

写真3　交流スペース：キッチンを併設した和室風

写真4　ワーキングスペース：ガラス越しにキッズスペースが見える

写真5　キッズスペース

子ども　43

子ども 6　ペアレンティングホーム阿佐ヶ谷
大きな住宅で子育ても仕事も楽しく両立するシェアハウス

「子育て」と「生活」の部分的な共有によって、親子の暮らしに新しい選択肢を。200㎡超と、そのまま賃貸に出すには大きな住宅に、必要最低限の改修を加えて新しい用途、住まい方の場として活用している。

① 福祉転用をした動機

運営法人は一般社団法人ペアレンティングホームである。この法人は、「誰もが子育ても仕事も楽しく両立できる社会にしたい」という思いで、建築家、不動産管理者、保育園経営者の3名で2011年に立ち上げたプロジェクトチームを前身とする。

まずは現実的に子育てと仕事の両立が喫緊の課題になっている層に対して、選択肢を増やしていきたいということで、シングルマザー専用のサービスを考え始めた。当時はコンセプト型シェアハウスが増え始めてきた時期であった。シェアハウスとシングルマザーの子育ては親和性があるのではないかと考え、子育てをコンセプトに据えたシェアハウスの検討を始めた。

東急田園都市線高津駅徒歩5分の場所に3階建ての医療テナントビルがあり、その最上階にあるオーナー住居が10年以上空き家になっていた。広すぎるがゆえに借り手がつかなかった物件を改修し、2012年3月に日本で初めてとなるシングルマザー専用シェアハウス『ペアレンティングホーム高津』を開設した。ここで紹介する「ペアレンティングホーム阿佐ヶ谷」は、4番目の事例である。

② 福祉転用をする建物を選んだ経緯

引っ越しで空き家になった物件を、社会的に価値のある使途で活かしたいと考えたオーナー自身がさまざまな情報を収集し、シングルマザーのために使って欲しいとペアレンティングホームにコンタクトをとった。ペアレンティングホームでは、新聞やテレビなどの取材を積極的に受けており、ウェブサイトでもホームの運営に関心のある不動産オーナーに向けた窓口も設けている。ここから年間10件ほどの問い合わせがある。

③ 計画や設計のときに配慮した点と直面した課題

1　運営の特徴：ペアレンティングホームの特徴は、①シングルマザー世帯専用であること、また②週に1度夕方から夜にかけて、シッターを派遣し、夕飯の準備や子どもの見守り保育をするサービスを共益費内で行なっていることである。単にシェアハウスとして運営するだけでなく、限定的とはいえ共有の子育て支援機能を持つことで、入居者

のフラットな関係構築と住環境の維持、母親のレスパイトの機会ともなり、結果としてメインコンセプトに据えた「子育てと仕事の両立」につながっている。

2　改修利用の特徴：ペアレンティングホーム阿佐ヶ谷は鉄筋コンクリート3階建ての併用住居を改修した事例で、このうち2、3階を居住部分として使っている。元々の物件の状態が良好であり、耐火建築物としての要件を満たしていた。また、2面接道の敷地であり当初から寄宿舎に用途変更しやすい条件の整った物件であった。

部屋構成は、オーナー居住時から変更していない。1階は玄関のみホームで使っており、他の部分にはオーナーが運営するギャラリーと車庫がある。2階には共有のリビングダイニングと個室1室、3階には個室4室がある。その上にある広い屋上と塔屋は洗濯物干場として活用されている。改修工事は寄宿舎への用途変更に必要な非常用照明や梯子の設置、間仕切り壁の改修のみ行った。

④ 福祉転用の効果と課題

転用によって、住まいの確保において配慮を要する人びとに対して、不動産の幅を拡げ、新しい選択肢を提供できたことがこのプロジェクトの最大の効果である。また、不動産オーナーに対して住宅確保弱者に向けたビジネスが成り立つということを示せたことの意義は大きい。

一方、法人にコンタクトしてくる不動産オーナーには、福祉用途であれば住環境が貧弱でよく、空き家にほとんど手を入れずイニシャルコストをかけなくても事業を始められるだろうと考える人が多い。実際には寄宿舎として使えるような改修やリフォームが必要であり、このような大きな認識の齟齬を解消する必要がある。また、住宅確保要配慮者にも、収入やニーズなどに多様性がある。それぞれの状況と必要な支援に対応した取り組みや不動産の選択肢、メニューがあることが重要である。

⑤ 周辺地域とのかかわりや連携

周辺地域や施設との連携は特にとっていない。行政窓口に相談し、それが可能な自治体では資料を置いている。企業と連携し、社員寮として運用することは有効である。

(秋山怜史・山田あすか)

44　2章　成功事例で読みとく福祉転用の工夫

事業者：一般社団法人ペアレンティングホーム
所在地：東京都杉並区阿佐ヶ谷
用途：シングルマザー専用シェアハウス
定員：5世帯
転用前建物：住宅
建物構造：RC造3階
開設年：2014年
転用床面積：217.40m² （1～3階のうち利用部分）
改修費：5000万円
設計：一級建築士事務所 秋山立花
所有形態：定期建物賃貸借

図1　ペアレンティングホーム阿佐ヶ谷の概要

写真2　個室の例（洋室）：個室は全部で5室（洋室4室、和室1室）で、それぞれ収納や面積などの条件が異なる

1階は玄関のみホームで利用。他の空間はオーナー利用部分

写真1　内観：共用のリビングとダイニングキッチン

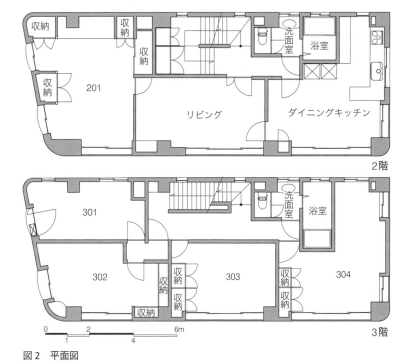

図2　平面図

シングルマザーの住まい探しという課題

シングルマザー世帯は全国で120万以上とされている。各自治体の統計データでは子育て世帯は減少傾向にあるにもかかわらず、シングルマザー世帯は増加傾向にある。たとえば横浜市の推計では、2015年の11万6502世帯から、2025年には約1万世帯増加すると予想されている。これは全世帯数の約7%にも及ぶ。

一級建築士事務所 秋山立花が運営するシングルマザー専用の住宅ポータルサイト「マザーポート」がシングルマザー100人に実施したアンケートによると、そのうちの83人が不動産を探す際に、シングルマザーであるために大家や不動産業者から入居を断られるなど、何かしらの困難な状況に直面した経験を持っていた。この決して少なくない数のシングルマザー世帯が住宅確保弱者に陥りやすいリスクを抱えている。ペアレンティングホームは、こうした社会情勢と空き家をつなぎ合わせていく活動である。

ペアレンティングホームの運営状況

2012年に高津（川崎市）、2013年に二子新地（川崎市）と金沢文庫（横浜市）、2014年に阿佐ヶ谷（東京都）、2016年に合掌苑（町田市）、2017年に玉川学園（町田市）と6件を立ち上げ、2017年現在では高津と二子新地がオーナーとの契約が満了し、残る4件が稼働している。

このうち高津、二子新地、阿佐ヶ谷は物件所有者から当該物件を一括借り上げして、一般社団法人ペアレンティングホームが直接運営管理に携わっている。金沢文庫、合掌苑、玉川学園の3件は企画とコンサルタント業務に特化し、フランチャイズのようなかたちで運営されている。

法人の今後の活動と課題

シングルマザーの年収分布と支払い可能な家賃を計算すると、ペアレンティングホームには上位30%しか入居できない。今後は住宅支援と就労支援を組み合わせて自立可能な層を広げるなど、サポートの充実が求められる。

また、対象や方法をシングルマザーやシェアハウスに限らず、地域の資産でも課題でもある空き家を積極的に活用した地域全体の仕組みをつくり、誰もが子育てと仕事を楽しく両立できる社会を実現をしていきたいと考えている。

参考サイト：マザーポート（http://motherport.net）「横浜市将来世帯数推計」

高齢者 7 サテライト松島
町家所有者の要望に丁寧に応えることで実現

商店街において小規模多機能施設を展開する事業者が、格式のある町家を改修して新しい事業所を開設した。そこには町家の所有者の協力を得るためにさまざまな工夫と丁寧な交渉があった。

1 福祉転用した動機

事業所の代表は20年ほど前に老人ホームで働いていた。そこで、施設に入所して喜ぶのは家族のみで、利用者が喜ぶ様子はほとんど見られず、福祉施設のあり方に疑問を感じた。そのころ、グループホームの制度が始まったり、事業所のある長野県では宅老所の重要性が指摘されるようになり、自身も料理の匂いなど生活感が建物全体に行き渡るような小規模な事業所を開設しようと考えた。

2 福祉転用する建物を選択した経緯

事業者が老人ホームを退職してしばらくすると、所属していた有償ボランティア仲間で、家族が空き家で困っているという女性に出会った。その空き家は商店街にあり、それに隣接して住居を構える所有者Aは人気のない街にまた活気を取り戻すようなことができないかと考えていた。そして、事業者の考え方に理解を示し、宅老所の開設を支援することにした。2003年7月に開設した後、地元信用金庫の元常務でもある所有者Aは、不動産を含む資産の運用に詳しく、商店街の住民とも顔なじみであったことから事業者のNPO法人の理事に加わる。事業者が2010年に宅老所から小規模多機能施設へと事業を転換し、宿泊スペースと事務所を建設したときや、2014年に土蔵を借りて会議室や地域の集会所としての活用したときにも、所有者Aがさまざまなアドバイスをした。

2015年には町家を小規模多機能施設に転用し、商店街で四つめの活動場所をつくった。それが本事例である。1958年に建てられた大きな町家で、見つけた当初から事業者は小規模多機能施設に転用したいと考えていた。この町家は住んでいた女性が亡くなった後、子どもである所有者Bが維持管理していた。所有者Bの自宅は遠くにあり、年に2回ほど帰省するのみであった。事業者と所有者Aが新盆の際に挨拶したのをきっかけに、3年ほどかけて丁寧に交渉し、信頼関係を築いていった。具体的には、所有者Bが2階を家財道具の収納に使うこと、1階の仏壇と床の間は事業者が日常的に管理すること、お彼岸には所有者Bが仏壇にお参りすることなど詳細な条件を交わした。そして、10年間の賃貸、原状復帰の必要なしで利用できることと

なった。

3 計画や設計のときに配慮した点

1階が小規模多機能施設であるが、所有者Bの生活の記憶に配慮して、土間と玄関との段差に対応したスロープの設置や設備の更新など必要最低限の改修とし、町家の雰囲気が残るように計画した。2階は所有者Bのスペースとして残し、お盆や正月に帰省したときに立ち寄り様子を見られるようにしている。所有者Bが帰省したときには、1階の台所で職員と一緒に料理を行うこともある。

費用のかかった改修箇所は、法的義務であるスプリンクラーや、町家の冬期の寒さを軽減するための床暖房の設備に関するもので、全体の1/3ほどを占める。

4 福祉転用の効果と課題

新築よりも空き家を活用することで、その地域の歴史や資源の上に乗ることができると事業者は考えている。この町家は格式が高すぎて、近隣の住民のなかは一度も中に入ったことがない人もいたのが、福祉機能を持つことで、誰もが訪れやすい風通しの良い場所になり、これまでとは違う意味で地域の中心的な役割を担うことができると期待している。所有者Bもそうなることを好意的に捉えている。

また、商店街の空き家の転用のメリットは、直接街路とつながっていることである。ここは通学路でもあるため、小学生と窓越しに声を掛け合う利用者の姿がよく見られる。

5 地域とのかかわりや連携

ケアは地域とのかかわる必要があるとの認識から、事業者は商店街にある三つの建物で介護事業を展開してきた。複数あると事業が安定する側面もあるが、事業所ごとに切磋琢磨しケアの独自性を高めることで、多様な地域ニーズに対応することに重点を置いている。

また、数年前には地域の店主が参加する会へ加入した。新年会やお祭りに職員が参加し、福祉以外の視点からも地域の状況を知ることにつながっている。事業所も地域に向けて認知症の学習会などを開催しており、コミュニティに浸透してきたと感じている。

(加藤悠介)

46　2章　成功事例で読みとく福祉転用の工夫

事業者：NPO法人 おいなんよ
所在地：長野県飯田市
所在地人口：10.5万人
所在地高齢化率：29%
用途：小規模多機能（サテライト）
定員：18名（登録定員）
転用前建物：町家
建物構造：木造2階の1階
開設年：2015年
転用床面積：108.2m²
改修費：1500万円
設計：原田建築設計事務所
所有形態：賃貸

年表：
2003年　空き家の所有者と知り合い、宅老所「さくらまち」を開所
2010年　小規模多機能に移行、空き地に「さくらまちはなれ」を新築し、宿泊スペースと事務所を設置
2014年　空き蔵を「会議室」として使用開始
2015年　町家を小規模多機能「サテライト松島」に転用

図1　サテライト松島の概要

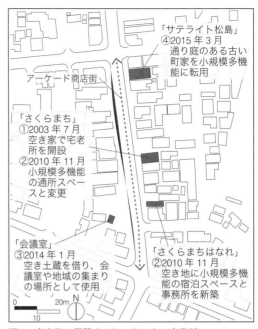

図2　商店街に展開するおいなんよの事業所

写真1　外観：商店街にある町家を転用

写真2　玄関前の無人販売：通行人が利用し、地域との接点にもなっている

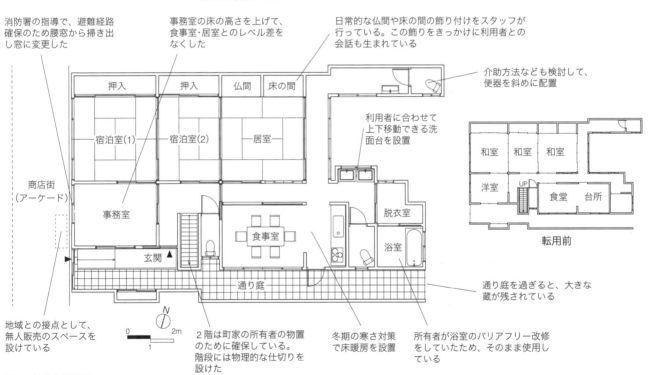

図3　転用後平面図

写真3　居室：仏間や床の間は所有者のために残されているが、スタッフが日常的に管理している

写真4　通り庭：町家の面影を残す空間。半間の幅でスロープを設置

写真5　洗面所：増築して設置された洗面台

高齢者 8 タガヤセ大蔵
木造賃貸アパートでの不動産事業とのコラボレーション

築30年の木造賃貸アパートを、不動産業を営む所有者、福祉事業者、設計士が協働して、賃貸住宅としてのリフォームではなく、地域に開かれたデイサービスへと転用した。

1 福祉転用した動機

不動産業を営む建物所有者が、介護が必要となった祖父のケアマネジャーを担当した社会福祉法人のビジョンに興味を持ったことが福祉や地域にかかわるきっかけであった。

祖父の生活を間近で見ながら、地域に誰もが気軽に利用できるような住まいの延長としての福祉施設があることが望ましいと思うようになった。また、地域に開放される場所を目指すならば、福祉サービス以外にも寄り合い所としての機能を持たせる必要があると感じていた。このような考えを巡らせながら、祖父から所有を引き継いだ木造賃貸アパートを福祉用途に活用する方法を探った。

2 福祉転用する建物を選択した経緯

所有するアパートは1階に3室、2階に3室の計6室ある。近年は空き室が目立ち、特に1階はまったく入居がない状況であった。この要因の一つとして、駅から遠い立地があり、たとえ、賃貸住宅としてきれいにリフォームを施しても、駅の近くに新しい賃貸住宅ができれば、入居希望者はそこに流れ、事業として持続できる可能性は低いと考えた。また、過去に空き部屋のリノベーションを行った経験から、住戸のデザインで解決できることにも限界を感じていた。そのようななかで、福祉事業の可能性に着目した。

当初はデイサービスとしての用途は考えていなかったが、祖父のケアを行った社会福祉法人（のちに事業者）の運営者やスタッフと既存建物の広さなどを確認、相談するなかで、デイサービスであれば実現しやすく、所有者の理念にも合っているのではないかと考え決定した。

3 計画や設計のときに配慮した点と直面した課題

方針としては、「福祉施設の設計」ではなく日常の延長にある、心地よい居場所を創ることを目指した。所有者、設計士、事業者の3者が計画段階から話し合いを重ねることで、事業計画にもとづき改修費（投資規模）を算出でき、改修箇所にメリハリを付けることができた。

そのため、設計士と所有者の挑戦したいデザインがすべて実現することはなかった。しかし、木材の使用や照明デザインにより、統一感のあるワンルーム空間をつくることができた。空間としては未完成な部分もあるが、かかわる

人びとが愛着を持っていくうちに新しい使い方やなじみが生まれると所有者は考えている。

一方で、事業者は「食」を充実させたいとの希望があり、業務用の大きな調理設備を建物の中心に配置し、利用者と一緒につくることで、温かく美味しい食事を提供できるようにした。3者の希望を十分に出し合って設計に取り入れることで互いに満足度が高い空間をつくることができた。

設計段階では、デイサービス利用者と地域住民との交流を促すための空間づくりが課題となった。デイルームは介護保険のための空間であるため、それ以外の地域交流スペースを追加で設けた。しかし、行政から利用目的を明確にするため、地域交流スペースとデイルームの間に壁をつくるよう要請された。それでは地域と福祉が自然につながるという当初の理念に反すると考え、訪れる地域住民にボランティアの役割を担ってもらうことで行政と交渉し、地域交流スペースの壁にかかわる課題を解決した。

4 福祉転用の効果と課題

福祉転用された建物は周辺環境に大きな変化を与えないため反対が出にくく、地域住民が訪れる頻度も高い。しかし、現状ではスタッフ数が不十分で、利用者のケアを優先するため、地域住民と利用者が積極的にかかわる余裕がないことが課題である。ただし、同じ空間に居ることでも十分に意味があると考えている。

また、予算と面積の関係上、浴室と脱衣室が狭く、利用者の介護度が重くなったときのケアが今後課題となり対策が必要と考えている。

5 地域とのかかわりや連携

タガヤセ大蔵は地域の資源をつなぐことを目指す。月に1回認知症カフェを開いたり、近接する所有者の畑を活用したイベントを行ったりしている。

さらに、区内のNPOで活動する女性が、2016年9月から、2階の1住戸を改修して、子ども向け創作アートのSOHOアトリエを週3回で開いている。また、ここでは親子が集まった夕食会もしばしば行われる。このようにタガヤセ大蔵は、公共施設では補えない、地域の拠り所となりつつある。

(加藤悠介)

図1 タガヤセ大蔵の概要

事業者：	社会福祉法人　大三島育徳会
所在地：	世田谷区
所在地人口（高齢化率）：	88.3万人（19%）
用途：	デイサービス
定員：	10人
転用前建物：	集合住宅
建物構造：	木造2階の1階
開設年：	2014年
転用床面積：	96m²
改修費：	1500万円
設計：	アトリエイーゼロサン
所有形態：	賃貸

年表：
2012年末　不動産業を営む所有者が転用を構想
2013年1〜12月　事業者が参加・計画開始
2014年1〜9月　設計・改修
2014年9月　開設

写真1　デイルーム：ワンルーム空間は施設らしい感じがない。奥には地域交流スペースがあり、一続きになっている。

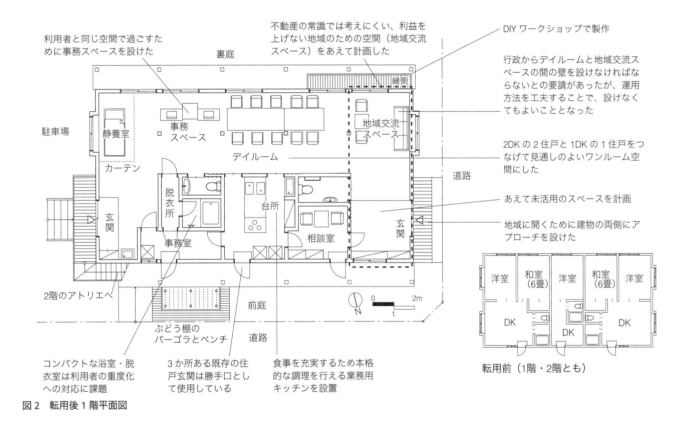

図2　転用後1階平面図

（吹き出し注記）
- 利用者と同じ空間で過ごすために事務スペースを設けた
- 不動産の常識では考えにくい、利益を上げない地域のための空間（地域交流スペース）をあえて計画した
- DIYワークショップで製作
- 行政からデイルームと地域交流スペースの間の壁を設けなければならないとの要請があったが、運用方法を工夫することで、設けなくてもよいこととなった
- 2DKの2住戸と1DKの1住戸をつなげて見通しのよいワンルーム空間にした
- あえて未活用のスペースを計画
- 地域に開くために建物の両側にアプローチを設けた
- コンパクトな浴室・脱衣室は利用者の重度化への対応に課題
- 3か所ある既存の住戸玄関は勝手口として使用している
- 食事を充実するため本格的な調理を行う業務用キッチンを設置
- ぶどう棚のパーゴラとベンチ

転用前（1階・2階とも）

写真2　外観：1階の3住戸をデイサービスに転用

写真3　2階にできたSOHOアトリエ：デイサービスの開設後、2階の1住戸が子ども向けの創作アートのSOHOアトリエへと改修され、地域に住む親子の拠り所となっている

高齢者　49

高齢者 9 ゆいま〜る高島平
団地再生手法としての分散型サ高住

1972年竣工のUR・高島平団地の中の一棟について、空き住戸をサービス付き高齢者向け住宅に改修した。都市型、改修型、分散型の特徴を併せ持った実験的事例である。

1 福祉転用をした動機

UR都市機構では、超高齢社会における地域包括ケアシステムの実現に向けて、医療・福祉・生活支援の機能を強化することで、長い時間をかけて形成されてきた団地の良好な住環境を活かしつつ在宅医療・看護・介護サービス等を受けやすい生活環境整備、また周辺地域も対象とした医療福祉拠点を形成を行う取り組みを展開している。

ゆいま〜る高島平はこの取り組みの一例で、UR高島平団地に建つ住棟（全121戸）の一部既存住戸を空き室となった順に事業者に貸与し、バリアフリー改修を行った。併せて隣接する別棟の空きテナントスペースに高齢者向け生活支援サービス提供の拠点「フロント（事務所・共用空間・コミュニティスペース機能を有する拠点）」を整備した「分散型サービス付き高齢者向け住宅」の実験的事例である。

2 福祉転用する建物を選択した経緯

高島平地区は、高度経済成長期に都心部への人口流入による住宅不足の解消を目的に、水田地帯の宅地化を行った東京有数の大規模開発の一つである。宅地開発とともに都心直結の地下鉄、公共施設や商業施設も整備されており、都心に通勤する団塊世代が多数入居した。他方、開発時には若い子育て世代が入居後、年収増に伴って転居し、団地内に住民の更新が起こると想定されていたが、住環境の利便性なども相まって実際には住民は固定化しており、住民の高齢化の進行が著しい。このため、団地内の多くの住民に対する居住・介護サービスのニーズが増している。

3 計画や設計のときに配慮した点と直面した課題

フロントは、あえて住居のある住棟とは別の住棟1階に設置されており、利用者の外出を促す契機となる。また、居住者による利用頻度や距離感を利用者自身がコントロールしやすい。フロントには、生活コーディネーターが日中常駐して安否確認、生活相談、緊急時対応を行っているが、開放は13時から15時までに限定しており、居住者対応に専念する時間と、ほかの業務に充てる時間を切り分けている。また、フロントでは居住者からの寄付品の家具を使用しており、居住者の愛着や安心感につながっている。

改修前の住戸の不便箇所として、使い勝手の悪い開き戸の建具が多い、水回りが狭く段差がある、北側と南側の部屋の間に収納があり通風や採光に難がある、南側のキッチンは眺望を阻害する、などが挙げられた。そこで改修時には全住戸で玄関扉以外は引き戸とし、既存住戸で一番高かった洗面スペースに揃えて室内の段差を解消した。その分、上がり框やバルコニー出入り口に大きな段差が生じたため、手摺りが設置されている。また、天井面を下げずあえて梁を出すことで住戸空間の高さを確保している。

改修する住戸は、空き住戸を集約せず空いている住戸をそのまま改修する「分散型」の改修手法を採用した。そのため、工事で発生する音や振動などについて集約型に比べてより多くの住戸へ配慮が必要であったことや、上下階が既存のままであることでの水回りの配管取り回しなどの設備計画や断面・平面計画の自由度の制限、老朽化による水漏れの可能性などが特有の課題であった。

4 福祉転用の効果と課題

住棟の建て替えではなく住戸の改修、さらに分散型の採用、フロントの別棟配置、という転用手法によって、フロントの地域への開放性や、地域への日常生活になじんだ自然なサービス拠点の提供、居住者視点でのノーマライズされた混合型のコミュニティという効果が生じている。また、基礎サービスは改修住戸の住民に加えて、団地内の住民であれば誰でも登録して利用でき、フロントは団地全体へのサービス拠点として機能している。その意味でも、現在のサービス付き高齢者向け住宅群が入る棟とは別棟に配置されていることによる「専用感」のなさ、これによる利用への抵抗感の軽減という心理的影響は大きい。

5 周辺地域とのかかわりや連携

事業所は高島平地区内にある医療センターや介護センターと提携しており、今後介護や医療が必要になった場合には協働した支援体制が期待できる。地域に開放されたフロントは地域コミュニティの核となる場所の一つ、コミュニティスペース「ゆいカフェ」としても機能している。また居住者らは、フロント主催のイベントに加えて、地域や区主催のイベントなどにも参加している。

(山田あすか・八角隆介)

50　2章　成功事例で読みとく福祉転用の工夫

```
事業者：株式会社　コミュニティネット
所在地：板橋区
所在地人口（高齢化率）：55.7万人（22.9%）
用途：分散型サービス付き高齢者向け住宅
戸数：30戸（開設時点。最終的には50戸）
転用前建物：集合住宅（団地内の1住棟＋商店）
建物構造：SRC造11階
開設年：2014年12月1日
転用床面積：1住戸あたり42.34m²～43.51m²
改修費：1住戸あたり1500万円
設計：株式会社プラスニューオフィス
所有形態：定期建物賃貸借（期間：20年）

年表：2012年　UR都市再生機構が高島平団地に「空室利用型のサービス付き高齢者向け住宅」をつくるため事業者を公募
　　　同　年　㈱コミュニティネットによる「高島平団地で暮らし続けるしくみをつくる会」発足
　　　2013年　計画・設計・改修
　　　2014年　開設
```

図1　ゆいま～る高島平の概要

図2　改修後の住戸タイプ配置

写真1　住居のある住棟外観：元々エレベーターが設置されている住棟で改修が行われた

写真2　フロント外観：入口をガラスにすることで中の活動が外から見られる

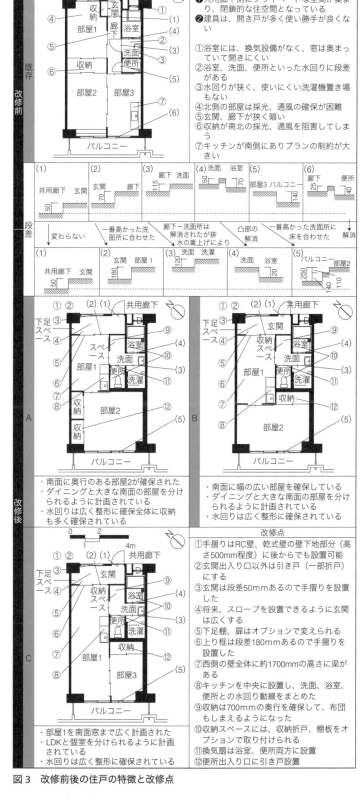

図3　改修前後の住戸の特徴と改修点

写真3　事務所・共用空間・コミュニティスペース：三つの機能を兼ねる

写真4　住戸C：南北にLDKをとり採光を確保している

写真5　玄関：スロープを設置できる広さを確保している

高齢者　51

高齢者 10 ハーモニーあかさか
「公営住宅の福祉転用」住戸を活用した高齢者グループホーム

大阪府営住宅の住戸を認知症高齢者グループホームへ転用。団地内にあり、施設型と比べて入居時の精神的抵抗が少ない。室内は住宅仕様で、周囲は樹木や公園があり住環境が良い。

1 住戸活用の経緯

高齢化率の上昇により、後期高齢者や認知症高齢者への支援が増大している。特に認知症高齢者への対応は急務である。わが国の認知症高齢者の約50%が在宅で介護を受けており、今後は在宅介護支援の需要が高まることが予想される。また、福祉施設の地域移行が推進されており、小規模で多機能な施設を地域内に設置し、地域住民と共に支援を行う仕組みが求められている。1996年の公営住宅法改正により「社会福祉法人等におけるグループホーム・ケアホーム事業の使用」が可能となり、その地域の福祉拠点として、公営住宅の住戸を活用する事例が見られるようになってきた。

2 大阪府の特徴

全国の公営住宅管理主体へのアンケート調査では、約3割の団体がグループホームとして活用しており、各団体の活用戸数は10戸以下である。しかし、大阪府では「大阪府住宅まちづくりマスタープラン」により公営住宅の活用を推進しており、300戸を超える住戸を活用中である。このように管理主体により大きな差がある。管理戸数が多い団体ほど活用戸数が多く、少ない団体ほど活用戸数が少ない傾向が見られた。他にも、本来の目的である住居使用を阻害するという理由で活用しないという団体もあった。この団体による差は、2010年に国土交通省住宅局より各管理主体へ提供された「公営住宅のグループホーム事業等への活用マニュアル」により解消へ向かうと予想される。

事例の多くは人数を確保するため、2住戸を使用し1ユニットとしている。しかし、隣接した2住戸が空室となることは少数であり現実的ではない。そのため、隣接していない距離の離れた2住戸（同じ建物内）を活用した事例が多い。その距離により、移動の負担や世話人不在による不安が発生しているが、問題はないという団体も見られた。

3 本事例の計画の経緯

公営住宅のグループホーム活用の推進に向けて、本事例は大阪府営住宅活用モデル事業として位置づけられた。認知症高齢者が対象のため、1階の住戸が選定され隣接した2住戸を確保し大規模な改装が行われた。また、内部は車いすの使用を考慮し、廊下幅の拡大や引き戸への変更がなされ、手摺りや洗面所が増設され、テラスやサンルームも設置されている。浴室も広く段差のないユニットバスが設置されている。さらに確保が難しい事務スペースも設置されており、スタッフの労働環境も整っている。日常はデイルームで過ごす人が多く、樹木が多く遊歩道があるという団地の特性を活かし、皆で散歩をすることも多い。

4 契約関係

大阪府と使用者である社会福祉法人は単年度の使用許可契約を締結する。継続を望む場合は継続申請を行う必要がある。その場合には使用状況報告書の提出も必要となる。グループホームの居住者と使用者である社会福祉法人は一般的なグループホームと同じく、福祉サービス利用の契約を結ぶ。家賃は府営住宅居住者と同じく、居住者の収入を合計した金額で算定され、年金受給者や低所得者でも支払いが可能となっている。

5 福祉転用の効果と現状

公営住宅活用の良さは「家賃の安さ」「場の確保」「住民との交流」「家庭的な雰囲気」である。その他の大きな特徴として、グループホームへの入居は施設で暮らすというマイナスイメージを連想するが、団地内の一般的な住戸を活用したグループホームではその意識が下がり、入居時の精神的なハードルも下がる。また、高齢になってからの居住空間の変更は大きな負担となるが、施設型に比べてその負担も少ない。同団地内からの住み替えであれば、人間関係や生活環境もほぼ変更することなく、支援を受けながら生活できることになる。

一部の事例で住民からの反対意見があったが、知識不足によるもので、その後は特に問題はない。運営スタッフやグループホーム居住者と団地居住者間の交流も見られており、今後の活用促進が期待される。 　　　　　　　（山田信博）

事業者：社会福祉法人　野田福祉会
所在地：大阪府堺市
所在地人口（高齢化率）：83.8万人（26.9%）
用途：認知症対応型共同生活介護
　　　（グループホーム）
定員：6人
転用前建物：集合住宅（公営住宅）
建物構造：RC造5階の1階
開設年：2003年
転用床面積：105m²
所有形態：賃貸

図1　ハーモニーあかさかの概要

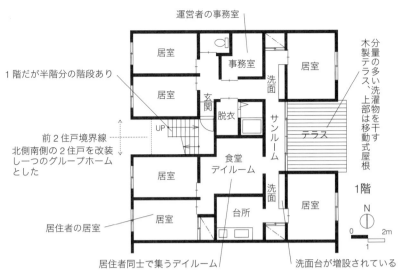

図2　転用後平面図

写真1　玄関扉：変更なし

写真2　玄関入口：引き戸に変更

写真3　トイレ：車いす使用を考慮

写真4　居室：広く大きな窓がある

写真5　浴室：段差解消と手摺りを設置

写真6　洗面台：新たに増設

写真7　デイルーム：居住者が集まる

写真8　バルコニーとテラス

写真9　掲示板：サンルームに設置

高齢者 11 コーシャハイム千歳烏山住棟改善モデル事業
コンパクトな住戸動線を実現した高齢者住宅

団地住棟をエレベーターや共用廊下を付加する大規模改修により、サービス付き高齢者向け住宅を含む集合住宅へと転用した事例。

1 団地をとりまく状況

コーシャハイム千歳烏山住棟改善モデル事業は、築60年ほどの団地1棟をサービス付き高齢者向け住宅を含む集合住宅へと転用した事例である。団地を構成する住棟は主に階段室型共同住宅と呼ばれ、住戸を大量に供給することが喫緊の課題であった時代に考案されたものである。これは、二つの住戸が共有する階段室を、長手方向に反復させた平面形式を特徴とする。共用廊下を持たないため、共用面積が最小化されたきわめて効率の良い建築類型の一つと言われている。しかし、バリアフリーという単語すらなかった時代背景から、エレベーターを設置することが想定されておらず、現在の高齢化した居住ニーズに適合しなくなっているのが現状である。また、住戸プランが画一的なこと、躯体や設備系統が老朽化していることが状況に拍車をかけている。この状況を打開すべく、東京都住宅供給公社が所有する他の団地群にも応用可能な、汎用性の高い改修手法を提示することが本事例に求められた。

2 エレベーターと共用廊下による住棟のバリアフリー化

ネックとなっていたアクセシビリティの低さを改善するためには、エレベーターと共用廊下の付加改修が必須である。本事例では、既存階段室の階段を解体することで生まれた筒状の吹き抜け空間に、新規のエレベーターを挿入している。階段室の壁をエレベーターシャフトの壁面として活用できるため、改修する壁面量を抑えた合理的な計画が可能となる。共用廊下の付加方法については、1基のエレベーターで全住戸にアクセスできるよう、住棟北側に片側廊下形式で増築を行っている。廊下幅員は、共同住宅における面積算定緩和が適用される最大幅の2mとし、法定床面積0m²の増築と位置づけることで、既存不適格部分が現行基準の遡及を受けない計画が可能となっている。

3 階段室型コアによる構造の補強と設備の更新

本事例では、ストックの建設年代を問わず幅広く応用可能な汎用性の高い改修手法を確立するため、階段室が反復する住棟特有の平面形式に着目し、「階段室型コア」という概念を導入している。これは、耐震補強を目的とした鉄筋コンクリート造の「補強壁」、住戸内の設備配管を内包した乾式工法の「設備壁」を、既存の階段室を取り囲むように配置することで、あたかも既存階段室が拡張したかのような形状をしている。この「階段室型コア」を形成する「補強壁」によって、バルコニー側と共用廊下側の開口率の差によって生じていた偏心率の低減が図られ、バランスの良い構造計画となっている。また「設備壁」には、換気ダクトや給排水管、エアコンの冷媒・ドレイン管、ガス配管、電気配線など、住戸内の設備上必要になる配管類が内包されている。既存の梁にスリーブを設けずに、立体的に配管を処理することができるため、既存躯体の状況に左右されない設備計画が可能になっている。

4 多様な住戸計画とコンパクトな高齢者住宅

居住ニーズの変化に対応した賃貸住宅となるよう、すべての住戸の間取りを一新した。通常、既存躯体の解体や壁の新設など、壁の配置変更が必要になるが、本事例では、「階段室型コア」を形成する「補強壁」と「設備壁」によって間取りの骨格を構成しているため、解体や新設を最小限に抑えた合理的な計画を実現している。キッチンや洗面トイレ、洗濯機、エアコン等住戸内の設備機器は、すべて「設備壁」に取り付くように配置し、コンパクトな住戸内動線を実現している。特に高齢者住宅においては、半身麻痺の病状などに対応できるように、利腕のみで機器に触れられる、一筆書きの動線計画となっている。また、利腕の左右を問わないよう、左右対称の住戸を用意している。

5 社会シナリオの変化を受け入れる団地住棟

既存建物の性能を向上させる手立てのいずれもが、階段室を中心に組み立てられている。団地住棟が現在のニーズに合致しない要因の一つとして考えられていた階段室は、構造計画・設備計画・避難経路・バリアフリー動線、そして住戸プランなどの各計画の骨子を担うことで、オフィスビルにおけるコアのような、改修計画上重要な糸口になるものとして再定義されたのである。高齢化・縮退化という社会シナリオの変化のなかで、核家族を大量に生産するための近代的な装置であった団地住棟は、その特徴である階段室にさまざまな要素を受け止めながら、今もなお存続することが可能になるのである。

(古澤大輔)

事業者：	東京都住宅供給公社
所在地：	東京都世田谷区
用途：	サービス付き高齢者向け住宅15戸 一般賃貸住宅8戸
転用前建物：	一般賃貸住宅32戸
建物構造：	RC造一部鉄骨造地上4階建て
延床面積：	1208.82m²
設計（監修）：	首都大学東京（青木茂、雨宮知彦）
（統括）：	東京都住宅供給公社
（意匠）：	メジロスタジオ（現リライト_D）
（構造）：	軽石実一級建築士事務所
（設備）：	EOSplus
（外構）：	アースケイプ
施工（建築）：	目時工務店
（空調）：	サン空調
（電気）：	谷合電機
年表：	2011年7月〜2012年8月　設計
	2013年3月〜2014年1月　施工

図1　コーシャハイム千歳烏山の概要

※本事例は、首都大学東京との「リファイニング建築開発プロジェクト」の共同研究成果として位置づけられている。

写真1　設備壁の施工状況

写真2　階段室型コアを形成する補強壁と設備壁

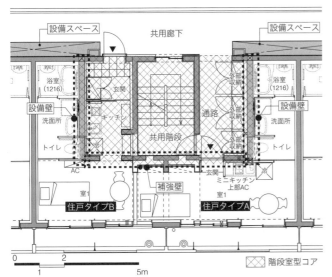
図2　階段室型コアの概念図

図3　サービス付き高齢者住宅住戸平面詳細図

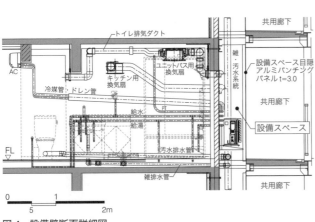
図4　設備壁断面詳細図

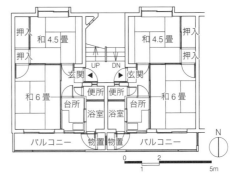
図5　既存住戸平面図

写真3　竣工写真（北側外観）（撮影：堀田貞雄）

写真4　竣工写真（住戸タイプA 内観）（撮影：堀田貞雄）

高齢者　55

障害者 12 まめべや
ビルの1室を改装した児童デイサービス

店舗付き集合住宅の1区画を、建物の所有者の家族が株式会社を立ち上げ、心身障害児を対象とした通所支援事業所に転用。

1 設立の経緯

近年、障害児に対する通所支援は、身近な地域で手厚い支援を受けられるよう設置基準が見直され、全国で大幅にその数を増やしている。「まめべや」は重度の心身障害児を持つ二人の母親が株式会社を立ち上げ、重度心身障害児も受け入れる障害児通所支援事業所として整備したものである。

2012年8月、家族が所有する店舗付き集合住宅の1区画に空きが出たため、障害児の通所支援事業所に改装したいと相談に来られた。改装費用として使えるのは設計料を含めて550万円。1か月で実施設計を書き上げ、見積、9月末に工事請負契約、10月着工、11月15日に竣工、大阪府の検査を経て12月1日に開所、という非常にタイトなスケジュールで完成に至った。

2 設計段階での課題と工夫

改装する区画の床面積は69.6m²。その中に、メインとなる指導訓練室（マットでゴロンとできる場所と食事スペース、スヌーズレンのような空間）、相談室、スタッフの更衣室、事務所、おむつを替える場所、便所（車いす用と一般用の2か所）、ミニキッチン、車いす置場のある玄関を設けることが要望として挙げられた。大きいとは言えないこの空間に用途の異なる部屋を配置し、行為に合わせた空間をしつらえ、子どもの五感を刺激する快適な空間をどのようにつくるかが課題であった。

まず、配管スペースのある廊下側に便所とユーティリティをまとめ、南側の明るい場所を子どもたちの居場所と定めた。プライバシーへの配慮が要求される相談室は、小さな家を模して訓練室の中に設けた。その他、ロッカーを置いた更衣室、机と棚を作りつけた事務コーナーを最小限に設置。玄関ホールは外から中へと気持ちを切り替える場所と位置づけ、淡いブルーの三角天井を設けて包み込むような空間とした。相談室やユーティリティの部屋にも屋根を付け、小さな屋根が重なるようなデザインとしている。

床については車いす利用者のために段差のないバリアフリー仕様が求められた。ビルなどの改装工事では配管スペースを取るために床を上げると、廊下との間に段差が生じてしまう。水回りを既存のパイプスペースの近くにまとめ、スタッフ用便所の床を上げて配管を通すことで、その他の部分は段差なく使えるプランとした。キッチンと手洗いの配管はユーティリティの壁際の床上を通している。

天井はスケルトンで高さは3mであった。指導訓練室は圧迫感がないよう躯体を白くペイントし、梁に照明器具を取り付け間接照明の光が天上を優しく照らすよう計画した。一方、子どもが寝転ぶ場所は梁下に90cm角の木製ルーバーを取り付け、スケール感をおとした。空調機と換気ファンはこの中に納めている。また、オムツ交換などの臭いがもれないように、便所とユーティリティに天井を貼って換気ファンとダクトを仕込み、既存の換気用スリーブを利用して排気している。また、ハンモックを利用するためにあらかじめ設置場所を想定し、柱と天井の躯体部分に金具を取り付けた。

照明計画の一連としてさまざまな光が空間に変化を与えるスヌーズレンの手法を取り入れた。泡と光が水中に湧き出る装置を購入し、部屋の隅の鏡を貼ったコーナーに設置。一人でも楽しめるよう遮光カーテンで囲っている。また、市販のミラーボールとスポットライトを選定し、光が部屋全体をゆっくり回転するように位置と速度を設定した。その他、市の消防から共用廊下に音声点滅信号装置付誘導灯を設置するよう指導があった。

3 運営後の効果と現状

放課後等デイサービスの指定も受け、午前中は未就学児への発達支援を行い、午後は小学校から高等部までの障害児の放課後の居場所としている。

訓練室は、ハンモック、バブルチューブ、ミラーボールなど、光や音、感覚を心地よく刺激する仕掛けを凝らしており、時間を設定して部屋全体をスヌーズレンルームとして利用している。相談室として作った小さな木の家は、扉と窓で適度に視線と音を遮ることから、初めてここを訪れた子どもがしばらく中から様子を見、また、好んで中に入る子もおり、子どもが安心できる居場所となっている。

事業が軌道に乗り、事業所としては手狭となったため、現在は同じ建物内にスペースを増やしている。（二井るり子）

56　2章　成功事例で読みとく福祉転用の工夫

事業者	株式会社まめっと
所在地	大阪府箕面市
所在地人口（高齢化率）	12.1万人（23.9%）
用途	児童発達支援・放課後等デイサービス
定員	1日あたり10人
転用前建物	店舗付き集合住宅
建物構造	RC造5階建ての2階の1画
開設年	2012年12月
転用床面積	69.6m²
改修費	550万円（設計料含む）
設計	株式会社二井清治建築研究所
所有形態	賃貸

年表	
2012年 8月	事業者が設計事務所に相談
2012年10月	工事着工
2012年11月15日	竣工
2012年12月 1日	開所

図1　まめべやの概要

写真1　指導訓練室：寝転ぶ場所は天井を下げ空調機やダクトを収納

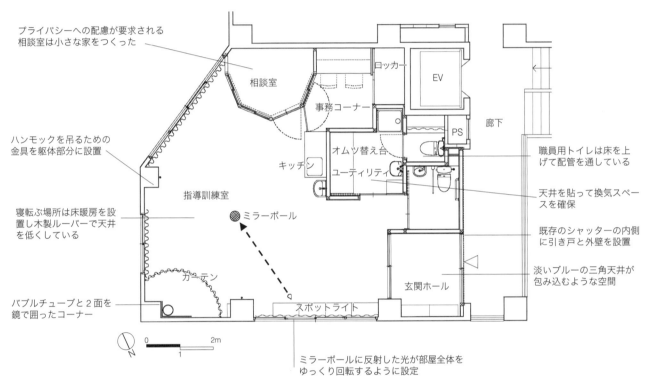

図2　転用後平面図

写真2　ビルの外観：2階の1画を転用

写真3　外壁と玄関扉：既存のシャッターはそのまま使用している

写真4　相談室：小さな家を模して、窓にはロールスクリーンを取り付けている。子どもの居場所ともなる

障害者　57

障害者	# 音・on
13	## 工場を転用した障害者施設による地域コミュニティー活性化

鉄骨2階建ての事務所付き工場を障害者のための施設（生活介護施設）に改修。施設利用者やその家族、施設スタッフと周辺地域住民とのコミュニケーションを活性化する仕組みを計画。

1　改修物件の調査から計画着手までの経緯

この事例は、鉄骨造2階建て事務所付き工場の1階工場部分を重度の心身障害者のための生活介護施設（昼間において、障害者に対して入浴や排泄、食事の介護サービスを提供し、また創作や生産活動の機会を提供する施設）として改修したものである。発注者である社会福祉法人からの要望を受け、指定されたエリア内で希望する施設への改修が可能な物件を当事務所にて探し、沢山の物件を調査した。そのほとんどの物件は、物理的、または法的な理由で対象から外れたが、本物件は法的な条件が揃っていたこと、鉄骨造で天井が高かったこと、道路に対して長手方向が面しており採光や換気が取りやすかったこと、などが決め手となり改修の対象となった。

2　施設の計画内容

平面計画としては、元々水回りがあった場所にトイレや浴室などの水回りをまとめて設け、残りのスペースを施設利用者の生活スペースと交流のためのスペースとして計画した。地域住民が立ち寄りやすいよう道路側には、利用者の車いす置き場を兼ねたリサイクルショップを細長く配置し、このリサイクルショップと利用者の生活スペースとの間に、キッチンやトイレ、下足室や相談室などの小さな空間を一列に並べた。キッチンはメインエントランスの横に設け、さらにエントランス側にはカウンターを設けて、利用者の家族やリサイクルショップに立ち寄った地域住民と施設利用者やスタッフとが気軽にコミュニケーションをとれる場所をつくった。これらの小さな空間は天井を低く抑えることで、道路やリサイクルショップから作業室への視線を適度に遮りつつも、上部から利用者の生活スペースへ採光や通風が確保できるような断面計画としている。

本施設での利用者への重要な介護サービスの一つである入浴介護については、機械を一切使わない、スタッフの手による優しいサービスを実現しつつ、作業の効率化とスタッフの負担（利用者の抱きかかえ）の軽減が検討された。浴槽は洗い場から利用者を入浴させやすい高さとし、また洗い場には2か所の出入り口を設けることで、入浴作業が渋滞しないようにしている。

3　地域コミュニティーを活性化する仕組み

リサイクルショップではリサイクル品の他に施設利用者が製作にかかわったオリジナル商品を販売しており、利用者が交代で店番を担当している。商品を陳列する棚を設けた壁面には、利用者が製作したアート作品を加工した壁紙が貼ってあり、店番をする利用者とともに施設の顔となっている。エントランス横のカウンターではコーヒーと利用者が作ったクッキーがふるまわれ、施設利用者の家族やふらりと立ち寄った地域住民と施設スタッフ、利用者との会話が交わされており、道路からはその様子がうかがえる。開所以降、このささやかなスペースは、近所の高齢者や障害を持つ子どもの母親たちが集まるコミュニティーの場として機能している。

4　障害者施設への転用の効果と課題

障害者施設の設計を依頼されるとき、発注者からの要望は施設利用者の安全性と快適性の確保、スタッフの介護作業のしやすさ、に関する内容がほとんどである。もちろんそれら一つひとつに対して建築的に解き、限られた予算のなかで最大限要望を満たすことは設計者としての責務ではあるが、当事務所ではさらにそのうえで、その施設が周辺地域のコミュニティーを活性化させるきっかけとなるような仕組みを必ず取り入れるようにしている。それは、一つの窓の取り方であったり、外のベンチであったり、植栽の計画といった、けして大きくコストに影響を与えるようなものではなく、周辺住民へささやかなメッセージとして機能すれば十分であると考える。それをきっかけとして周辺住民がその施設に関心を寄せ、少しずつ障害者への理解を深めると同時に、コミュニティーを欲している地域住民がその施設を核としてささやかなコミュニティーの場をつくりはじめることは、当事務所が設計した他の施設でも実証済みである。このような小さなコミュニティーを活性化するきっかけを持つ施設がまちなかに多く点在することが、高齢者や障害者を含めたさまざまなケアが必要な人びとにとって住みやすいまちづくりのためには必須なのではないかと考える。

(高草大次郎)

写真1 音・on 改修前の外観

写真2 改修前の内観

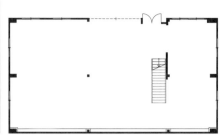
図1 改修前の平面図

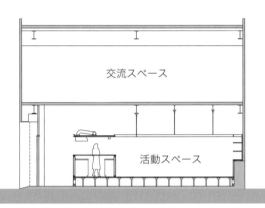
図2 改修後の断面図

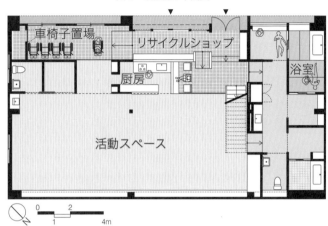
図3 改修後の平面図

写真3 リサイクルショップ：前面道路に対してオープン

写真4 拡がり感とプライバシー確保を両立する空間構成

写真5 リサイクルショップの壁面

写真6 利用者が描いた施設サイン

写真7 廊下から出入りしやすい水回り

事業者：	社会福祉法人　ゆうのゆう
所在地：	大阪府大阪市港区
用途：	生活介護事業所
定員：	13人
転用前建物：	事務所付き工場
建物構造：	鉄骨造
開設年：	2013年
転用床面積：	205m²
改修費：	約2200万円
設計：	ar-co. care
所有形態：	賃貸

年表： 2012年　事業者が設計事務所に相談
　　　 2012年　工事着工
　　　 2013年　工事竣工

図4 音・onの概要

障害者　59

障害者 14 せきまえハウス
既存住宅を活用した障害者グループホーム

住宅密集地にもかかわらず豊かな庭と縁側を持つ、築およそ35年の住宅を改修し、知的障害者のグループホームとして転用した事例。

1 福祉転用した動機

社会福祉法人武蔵野は、東京都武蔵野市にて、児童から障害者、高齢者と幅広い人びとを対象としたさまざまな福祉サービスを展開する法人である。法人では、2002年に一般の住宅を転用して、法人初となる定員5名の障害者グループホーム「やはたハウス」を開設した。

この後、2006年に重度身体者グループホーム「RENGA」を開設した法人では、次なるグループホーム設立を模索する。しかし、借家を検討した際は、グループホームが建築基準法上は寄宿舎扱いのため、全居室に窓先空地を確保できる建物を見つけることができなかった。土地オーナーに建物を建ててもらう案もあったが賃貸料で折り合いがつかずに断念、定期借地権の土地に法人所有の建物を建設することにも抵抗感があり、試行錯誤を重ねていた。そのなかで、空き家となっていた住宅を賃貸できることになり、2010年4月に「せきまえハウス」が設立された。

2 福祉転用する建物を選択した経緯

「せきまえハウス」の既存建物は容積率に余裕があり、窓先空地も確保され、非常に条件の良いものであった。加えて建物を賃貸するにあたり、改修については原状復帰を求められず、法人の望むように改修が可能となった。これらのことが、本事例でこの建物が選択された理由である。

土地・建物のオーナーには、他の事業者からより効率的に土地を利用する事業提案もされていたとのことである。それにもかかわらず、この土地・建物を賃貸できたのは、おそらくオーナーが社会貢献として自分の資産を活用したいと考えて頂いたのではないかと、法人では考えている。

3 計画や設計のときに配慮した点と直面した課題

法人で初めてのグループホーム「やはたハウス」では、浴室が1か所だったため、入居者間での日々の調整に苦労していることがあり、「せきまえハウス」では浴室を2か所設けることがなによりも求められた。加えて、洗面所もなるべく多く設置することが要望された。

洗濯物を干すスペースにも配慮し、各居室の内部に室内用の物干しを設置している。外部にも、外干しができるように物干しを取り付けたが、入居者には窓を開けて洗濯物を出し入れすることが難しく、現在は使われていない。

キッチンについては、スタッフが作業するには十分なスペースが確保されたが、入居者が自分で食器を出し入れしたり、冷蔵庫を使おうとすると、混雑してしまい身動きが取れなくなってしまう。一斉に食事をするわけではないが、それでも朝や夕方など入居者の多くが顔を合わせる時間帯は、混雑が生じてしまっている。これは洗面所やトイレも同様で、使用時間帯が重なってしまうことがあり、できれば各部屋にトイレとまでは言わなくても小さな水場が欲しかった、とのことである。

4 福祉転用の効果と課題

効果としては、外側から見ても目立たず、中に入っても「普通の民家」に近い空間なので、訪れた方がほぼ必ず「こういうの、いいよね」と言ってくれることが挙げられた。「グループホーム」と言っても具体的なイメージを持つことが難しく、施設的なイメージを持っている方も多い。そのような方がこの「せきまえハウス」を訪れると、とても安心し、雰囲気を気に入ってくれることである。また入居者のほとんどの方は、これまでご家族とマンションやアパート、一軒家で暮らしてきた。そのような環境から移り住む場合、この「せきまえハウス」の雰囲気はとてもなじみやすいようである。

課題としては、どうしても音が気になってしまう入居者にとって、他人の生活音が気になってしまうことが挙げられた。ただし、現在はそこまで気にする入居者はおらず、特段大きな問題とはなっていない。

5 地域とのかかわりや連携

武蔵野市は全市的に組織された町内会が存在しない自治体であり、「せきまえハウス」の立地する地域では、既存の住民組織は存在しない。そのような事情もあり、法人として特に積極的に地域とのかかわりを意識して、交流を持つなどはしていない。普通の住宅として、普通の近隣とのかかわりがある状態で、たとえばお向かいさんと一緒に雪かきをしたり、草むしりをしたりしながら、世間話をしている。良くも悪くも、「普通」のつきあい方であるが、近隣の方々には暖かく見守ってもらっていると感じている。(松田雄二)

60 2章 成功事例で読みとく福祉転用の工夫

```
事業者：社会福祉法人　武蔵野
所在地：東京都武蔵野市
用途：障害者グループホーム
定員：6人
転用前建物：住宅
建物構造：木造2階建て
開設年：2010年
転用床面積：120.6m²
設計：(株)MMap一級建築士事務所
所有形態：賃貸
年表：2002年　法人初となる障害者グループホームを設立
　　　2006年　重度身体障害者グループホームRENGA開所
　　　2008年　検討開始
　　　2009年 8月　土地建物の確保・設計開始
　　　2009年12月　着工
　　　2010年 3月　竣工、4月　開所
```

図1　せきまえハウスの概要

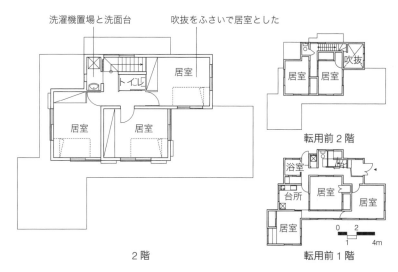

写真1　外観：住宅として使われていた当時からほとんど変わっていない

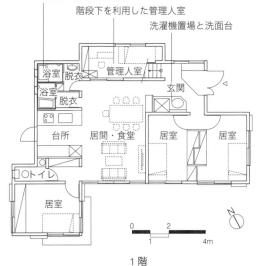

図2　転用後平面図

写真2　リビング・ダイニング

写真3　リビングから世話人室を見る

写真4　二つ設けられた浴室

写真5　浴室と洗面所

写真6　玄関に設けられた洗濯機置き場

写真7　台所：入居者とスタッフがすれ違うには少し狭い

障害者　61

障害者 15 地域住民活性化ステーション結
寿司屋を寿司屋兼グループホームに改修し事業を複合化

元寿司職人である職員の技術を活かすこと、障害者の日中活動の場とすることを目的に閉店した寿司屋を寿司屋兼グループホームに福祉転用。制度上の問題をクリアするために外からの入り口を独立させる改修を行う。

1 福祉転用した動機

小樽駅から積丹半島に向けて車で1時間弱走ると古平町に入る。海沿いに市街地が形成されている。ウニが特産品で夏にはウニを求めて多くの人で賑わうが、その時期以外は静かな町である。古平町では知的障害者が健常者と同じように地域で普通に暮らすことを実践している。1970年代に山の中腹に大規模施設を建設し、その中で生活をしてきたが90年代より地域移行を推進してきた。今回紹介する「地域住民活性化ステーション結」以外にも古平町には地域移行した施設やグループホームが数か所ある。

その一つに「まりんはうすふるびら」がある。小樽方面から古平町に入ると最初にあるドライブイン（レストラン・休憩所など）であった。また隣接して海水浴場がある。かつてここの主人が山の中腹にある生活寮に住む障害者100人分の食事を作ってくれたり、障害者の雇用を受け入れていた。ドライブインが廃業した後、法人として思い入れのある建物であったのでその建物を買い取り福祉転用して「まりんはうすふるびら」という名前で障害者の就労支援の場に活用している。

その事業の計画時に寿司職人が職員募集に応募してきた。専門的な職能がありながら給食調理を担当してもらうのはもったいないと法人では考えていた。

2 福祉転用する建物を選択した経緯

ちょうど同じころ、町の中心部にある寿司屋の主人が病気で閉店した。寿司職人に働いてもらえればそのまま寿司屋を利用でき、そこが障害者の実践的な就労支援の場にもなり、地元やウニを求めてやってくる観光客向けのお店にもなると考えた。

3 計画や設計のときに配慮した点と直面した課題

寿司屋兼住宅の1階にカウンターと座敷、2階に団体客向けの座敷と主人の住まいがあり、2階へのアクセスは1階店舗内から階段を上るようになっていた。2階を障害者のグループホームにするため、団体客向けの座敷を個室に転用し、元の主人の住まいを談話室（リビング・食堂・キッチン）と個室に転用した。別棟に新築した交流サロンはバリアフリー対応し、普段は地域の高齢者が多様な活動がで

きる場として利用するが、ウニのシーズンには団体客を受け入れる場としている。寿司の団体客の予約がない場合には、地元の高齢者団体が月に数回場所を無料で借り受けて、談笑やカラオケなどの活動を行っている。

障害者総合支援法ではサービス上、日中活動（就労）と居住を分けることで利用者がサービスの組み合わせを選択できる仕組みになっている。建物を構造的に分けることについては障害者総合支援法に明記されていないが、日中活動の場と居住の場を分けることがルールであり、2階へのアクセスのため店舗とは別に玄関扉を設けて外から直接アクセスすることに変更した。これによって明確に日中活動の場と居住の場が分けられている。加えてグループホームの住民が1階の寿司屋で働くことができない職住分離のルールがある。そこで法人では2階のグループホームを共用空間・個室を充実させ、地元の職場に雇用された障害者のあこがれる住まいとした。

福祉転用では、空いている建物に事業を計画するので必ずしも単一の事業ですべての室を埋められるとは限らない。またその逆に室の条件が合わずに事業の使い方に制約が出てくる。福祉転用では福祉サービスを受ける利用者に寄り添ってどのような事業を組み合わせていくか「利用の構想力」[注1]が問われる。本事例では偶然にも寿司屋兼住宅という建物を入手できたので、寿司屋という日中活動（就労）の場と元々住宅の機能が備わっている2階にグループホームを組み合わせている。社会資源の乏しい地域において障害者の地域移行を考えるとこうした工夫は当然であった。

4 地域とのかかわりや連携

障害者の就労の場の一つとして寿司屋ができたことは法人ならびに障害者にとってたいへん望ましいことである。周囲からも安価で敷居の低くなった入りやすい貴重な寿司屋として評価されている。小樽方面からドライブで向かうと古平町で目にする最初の寿司屋である。ウニのシーズンは多くの観光客でにぎわい、そのシーズン以外にも地元の人が気軽に寿司を楽しんでいる。

（松原茂樹）

注
1) 松村秀一『ひらかれる建築―「民主化」の作法』ちくま新書、2016

事業者：	社会福祉法人　古平福祉会
所在地：	古平町
所在地人口（高齢化率）：	3200人 (40.6%)
用途：	障害者・就労継続支援事業B型、障害者・グループホーム (GH)、地域交流サロン
定員 (GH)：	5人
転用前建物：	寿司屋兼住宅（1995年頃竣工）
建物構造：	木造2階
開設年：	2012年
転用床面積：	378.9m²
改修費：	4500万円
設計：	さがら設計事務所
所有形態：	所有
年表：	2010年　「まりんはうす ふるびら」開設 2011年　建物の購入、計画・設計・改修 2012年　開設

図1　地域住民活性化ステーション結の概要

写真1　外観：写真左に新築棟。寿司屋入り口の右にグループホームの入り口

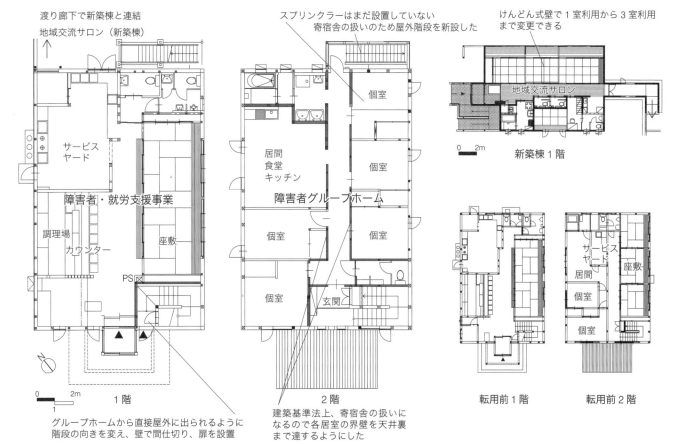

図2　転用後平面図

写真2　玄関：右側にグループホームの玄関扉を新設。旧建物のイメージを残しつつ新しいデザインで統一感を持たせている

写真3　寿司屋：基本的に間取りは同じだが内装を変えてイメージ一新を図り知的障害者の就労支援として活用

写真4　2階廊下：廊下の突き当たりに屋外階段を新設

障害者　63

障害者 16 千葉子ども発達センター
住民の記憶に残る小学校校舎を利用

33年の歴史を持つ廃校となった小学校施設を、幼児を中心とした児童発達支援センターへと活用。住民の記憶に残る施設に、発達が気がかりな子どもたちを支える豊かな空間を実現。

1 福祉転用した動機

千葉市では、小中学校の小規模化、また一部地域での開発に伴う学校の大規模化が進み、居住地域による学校規模の不均衡が課題となっていた。その解消の一環として、33年の歴史を持つ高浜第二小学校は、近隣の高浜第三小学校と統合・移転することとなった。校舎のその後の利用について、1階の一部において「障害者を対象とした定員50人以上の事業所」を対象とした事業公募が行われ、千葉市で3か所の児童の発達を支援する事業所を運営するNPO法人EPOが児童発達支援センターを提案、結果採択され、現在運営を行っている。

2 福祉転用する建物を選択した経緯

NPO法人EPOは、前述の通り千葉県内にて、児童福祉法にもとづく福祉サービス事業（児童発達支援・放課後等デイサービス・保育所等訪問支援）を行っている。そのうち2か所は既存の建物を利用し、1か所では新築建物を利用しているが、いずれも規模は定員10人程度と、比較的小規模である。

今回公募で示された条件は、定員50人以上、使用可能な面積は約1230m²と、これまでの事業規模に比べて大規模だった。運営法人としては、その広さの魅力を活かした、これまでにないダイナミックなサービスができるのではと考え、公募に応募した。

3 計画や設計のときに配慮した点と直面した課題

設計に際して、既存建物の外観が「学校」然とした、無機質なものだったので、建物に入ったときに「楽しそう」という感動のある、インパクトのある場所にしたいと設計者に依頼した。加えて、木の温かみを前面に出した、暖かい感じのある空間にして欲しいと要望した。また、児童発達支援センターにいらっしゃる親御さんは、子どもの発達に悩みを持ち、精神的には落ち込んでいることが考えられるため、なるべく気分が上向くような、綺麗な色使いにしたいと考えた。結果として、間仕切り壁などには木製の仕上げが多用され、また色鮮やかな建具が採用された。

発達につまづきを持つ子どもたちの特性として、環境へのこだわりが強く、また「わからないこと」「見通しがつか

ないこと」に対してきわめて敏感に反応してしまう。そのため、なるべくシンプルなつくりとして、空間もわかりやすく、見通しがつきやすい構成となるようにした。また、汚れや傷などを気にせずにダイナミックに遊べるような空間作りを、設計者には依頼した。

直面した課題として、「原状復帰」することを前提とした改修が求められたことがある。支援室や事務室などの廊下側の建具を変更する際にも、はめ込み式で取り外せるようにして、いつでも現状に戻せるようにしている。窓側の建具についても、安全性を考え変更することを考えたが、予算的に難しかったため、低いパーティションを立てることとした。採光を確保するため上部は解放とし、また明るい色の仕上げとした。また、廊下に面して手洗いが設置されていたが、この施設では使用しないため、可動間仕切りでふさがれている。これは、子どもたちに余計な視覚的刺激を与えないためでもある。

4 福祉転用の効果と課題

福祉転用の効果として、住民の皆さんがこの小学校の出身の方が多いため、住民説明会には興味を持って来て頂けることが挙げられる。また、自分が通っていた場所がどのように変わるのかという興味を持って、見て頂ける。

課題として、天井に吊り具をつり下げるフレームを取り付ける際、荷重を支えられるだけの強度が得られるか、はっきりしないという問題があった。取り付けるたびに荷重の検査を行い、結果として十分な強度を得ることができた。

また、活動の一環として外部の環境を利用したいという希望があったが、実現できていない。畑を作って食物を育てたり、収穫して食べるということまで活動の一環として行いたいが、現状では諸々の制限により許されていない。

5 地域とのかかわりや連携

この場所は「センター」であり、千葉市の療育の拠点として機能することを目指している。そのため、地域の他事業所や家庭、また大学や学会等とも連携を構築している。

建築的には、広いホールを作ることができたので、このホールで保護者への研修や地域への研修会、交流会など、色々な活動ができると考えている。

（松田雄二）

```
事業者：NPO法人　EPO
所在地：千葉県千葉市
用途：児童発達支援センター
定員：50人
転用前建物：小学校
建物構造：RC3階建ての1階
開設年：2017年
転用床面積：1228m² （図面より計測）
改修費：2000万円
設計：須藤建設
所有形態：賃貸

年表： 2016年1月　公募に応募
　　　 2016年10月 公募の採択決定、設計に着手
　　　 2016年10月〜12月 改修設計
　　　 2017年1月〜3月 改修工事
　　　 2017年4月 開所
```

図1　千葉子ども発達センターの概要

写真1　外観：小学校で使われていた当時のおもかげをそのまま残す

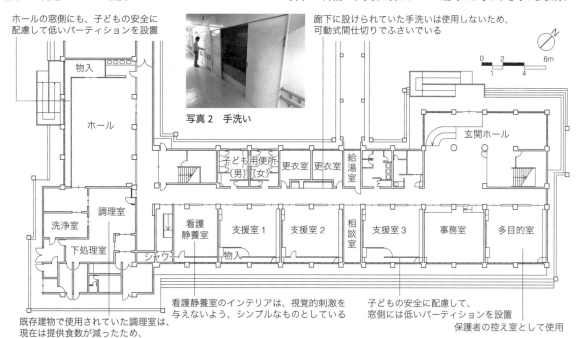

図2　転用後平面図

写真3　支援室2：子どもたちがさまざまな遊具を使って身体を動かせるようにしている

写真4　支援室3：窓側には安全のため低いパーティションを設置

写真5　看護静養室：視覚的刺激に敏感な子どものために、シンプルなインテリアとしている

写真6　ホール：子どもたちがダイナミックに身体を動かすことができる

写真7　支援室や事務室と廊下との間の建具：原状復帰のため取り外しが可能

写真8　事務室

複合 17 地域生活支援・交流ハウスふらっと
事務所兼住宅を転用し共生ケアを実現

公設民営で事務所兼住宅だった建物を富山型デイサービスに福祉転用。障害児が一人になれる空間を確保するとともに利用者がケアの受け手になるのではなく、積極的にお互いにケアする共生ケアを実践。

1 福祉転用した動機

富山型デイサービスは子ども、障害児者、高齢者が年齢や障害の有無にかかわらず、誰もが一緒に住み慣れた地域においてケアを行う共生ケアの一種である。1993年に「このゆびとーまれ」が誕生したのをきっかけにお互いにケアすることを通して認知症高齢者が落ち着いたり、障害者がいきいきするという効果が注目された。富山型デイサービスは当初富山県で始まったが現在では全国展開し、事業内容は制度（児童福祉法、障害者総合支援法や介護保険法）にもとづく事業と市町村の判断・認定によって決められている。

「ふらっと」の代表は子どもに障害があり、将来のためにいくつも施設を見学していたが、それらの環境に不満が大きかった。そのころ同じ障害者の活動を通して知り合った人が始めた宅老所を手伝っていたが閉鎖した。

2 福祉転用する建物を選択した経緯

代表が暮らしていた小杉町（のちに射水市に合併）では、ある時期に町の所有地を中小企業などへ無償貸与していた。代表はたまたま子どもとの散歩コースにあった倒産した建設会社の建物が気になっていた。町のこの取り組みを知らずに土地や建物の所有を調べた結果、町の所有であることが判明した。自治体との議論を重ねた結果、建物を福祉転用することに決まった。また事業運営の面では、建物の改修や施設の維持管理、事業の運営補助などの助成を受けることができた。

3 計画や設計のときに配慮した点と直面した課題

「ふらっと」の利用者は障害児者が8割程度と他の富山型デイサービスとは利用状況が異なっている。また障害者もここで働いている。そのため障害児者、なかでも自閉症児者に対する配慮が必要であった。まず基本的な方針として、家庭的な雰囲気を大切にした「家」であることを望んだので木材をふんだんに取り入れた。また一人になれる場所を作りたかった。そのため部屋を分けることや、リビングやデイルームの増築で四角形ではなく多角形にして居場所をつくるようにした。自閉症児者は環境の刺激に過度に反応していたたまれなくなってその場から逃げ出したり、感覚

に特有の障害を持っているため高い所に登ることもあるので対策を要した。その配慮として、ガラスはポリカーボネードにして割れないようにし飛び降りないようにしている。また2階の窓の前に柵や階段の登り切ったところに天井までのポリカーボネードを設置している。これらは何か（脱出や飛び降り）をしようとするとき、少しでも時間を稼ぎスタッフが気づき対応できるようにするためである。これらは実際に利用者が繰り返しそのような行動を行ったため安全策としてその都度改修をしていった。

毎日の利用者の送迎のため車の出入りがあることや、地域開放のため屋外空間を積極的に活用したかったので、玄関へのアプローチを舗装したかったが、所有権が複雑であったため実現できなかった。しかし、県の担当者からのアドバイスで屋根を設置すればそれにあたる地面を舗装できるとのことで、県の補助金で「ふらっと広場」の屋根を新設した。

4 福祉転用の効果と課題

全体的に施設ではなく家と同じ造りを実現したがトイレだけは異なる。トイレも施設的なしつらえを避けたくて住宅で用いる壁紙を使っていたがにおいが染みついた。今度は木に変えたが、同じくにおいが染みついた。そこで施設で用いるシートを貼り、排水溝を設けて掃除しやすくする工夫を行った。

「ふらっと」は既存の建物を利用し何度も増築・改修を行った。利用者の想定外の使い方で改善が必要になったが、設計者が現場を体験することで、利用者を理解し、どのような設計がこの利用者には適切なのかを考えていった。

5 地域とのかかわりや連携

開設当初は周囲からの反対運動があったものの、いまでは近隣から野菜をくれる人もいたり、日常的に地域の子どもや住民がふらっと立ち寄ってくる。休みの日には子どもたちが屋外広場で自由に遊んでいく。地域住民の見守りもあり、たとえば屋外用水にフェンスがなかったので、自治会が役所にフェンス設置を要望してくれた。このように年月が経ち周辺住民との関係は良好である。(江文菁・松原茂樹)

事業者：	NPO法人　ふらっと
所在地：	射水市
所在地人口（高齢化率）：	9.2万人（28.7%）
用途：	児童・放課後等デイサービス、障害者・生活介護、自立訓練、高齢者・デイサービス、子育てつどいの広場、地域活動支援センター、相談支援
定員：	38人
転用前建物：	事務所兼住宅
建物構造：	木造2階
開設年：	2000年
転用床面積：	215.5m²
所有形態：	公設民営
年表：	1998年　構想 2000年　設計・開設 2013年　4回目の改修

図1　地域生活支援・交流ハウスふらっとの概要

写真1　リビング：その日の利用者に合わせて家具を入れ替えている

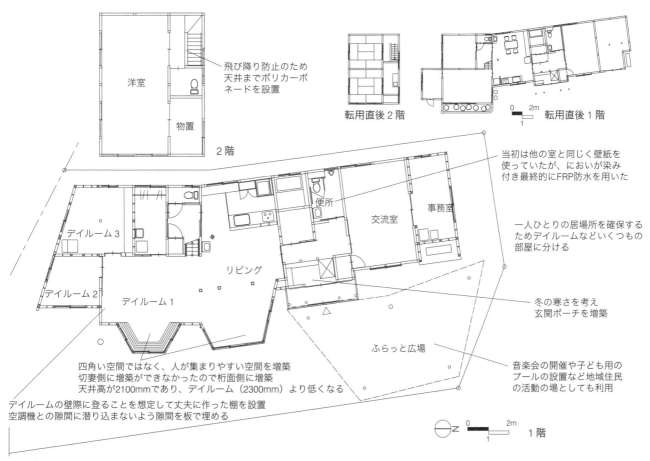

図2　転用後平面図

写真2　外観：住宅街にあり、近くに小学校がある

写真3　玄関とふらっと広場：子育て広場の開催日にはプールを出すこともある

写真4　デイルーム3：板を貼りあたたかみを出す。結果的に壁の保護となる

複合　67

複合 18 みんなのおうち太白だんだん
事務所兼倉庫を共生型福祉施設に

被災地における共生型福祉施設の事業を活用し、事務所兼倉庫を福祉転用。ワーカーズコープとしてコミュニティレストランを運営し、地域にひらいた働く場をつくる。

1 福祉転用した動機

NPO法人ワーカーズコープはこれまで十数年間、障害児者の支援や児童館の活動を行ってきた。主に精神障害者を支援する「ピアサポートセンターそら」、障害を持つ小学生を対象にした放課後等デイサービス「長町そら」「西多賀そらまめ」をそれぞれ別のところで空き店舗などを借りて行っていた。しかし東日本大震災によって建物が損傷し使えなくなってしまった。また、震災後「長町そら」「西多賀そらまめ」の利用者の親から、中高生以降の居場所がないという要望があり、居場所づくりや将来の就労の場づくりを考える必要が出てきた。

2 福祉転用する建物を選択した経緯

震災を契機にそれまで分散していた事業所をまとめることとなった。より広い場所を求めていくつも物件をあたったが、地価が高騰するなか規模の大きい適当な物件が見つからなかった。「長町そら」が地域の活動に参加することをきっかけに、建物を探していることが地域のさまざまな人に知られ、やがて児童館に通う孫を通して大家から現在の建物の申し出があった。1989年に竣工した事務所兼倉庫であったこの建物を同法人が借り上げて福祉転用した。

この建物で事業を始めるにあたり、東日本大震災の被災地を対象にした厚生労働省による「被災地における共生型福祉施設の設置について」(2012年7月31日)を活用して補助金を受けた。被災地における共生型福祉施設では、高齢者、障害児者、子どもや地域住民が互いに交流できる拠点や宅幼老所などを地域の実情に応じて組み合わせて持つことを奨励している。福祉転用する建物が決まってから、具体的な事業計画をまとめ上げていくとともに、地域の民生委員・議員などが参加して地域懇談会を開催した。大家の知り合いの農家を通して新鮮な有機野菜などをその場で販売し、事業開始前から地域に開いた活動を行った。

この法人の特徴であるワーカーズコープとは「働く人びと・市民がみんなで出資し、民主的に経営し、一人一票の決定権を持ち、責任を分かち合いながら、地域の必要に応える仕事を自らの手で創り出す、仕事おこしとまちづくりの協同組合」注1 である。障害の有無にかかわらず、出資す

る人たちの働く場としてコミュニティレストランを行うことに決まった。

3 計画や設計のときに配慮した点と直面した課題

1階にコミュニティレストランを配置し、主婦や精神障害者が調理・給仕を担当している。その一角に中高生が勉強できるよう個別学習ブースを設けていつでも利用できる学びの場を提供している。また地域の現状を踏まえ新しい事業として高齢者デイサービスを配置した。2階に小規模保育と放課後等デイサービスを配置した。

コミュニティレストランはアクセスしやすいようガラス張りにして地域住民が気軽に入って来やすいようにしている。そのため外壁を抜き開口部を大きく確保した。利用者の動線が重ならないよう各事業の出入り口を計画し、日常の動線と二方向避難の確保として階段を増築した。小規模保育所の面積基準を確保するため当初計画していた収納スペースから保育スペースに変更した。

4 福祉転用の効果と課題

鉄骨造のため2階からの子どもたちが走り回ることによる衝撃音が階下に響くことが課題である。

5 地域とのかかわりや連携

訪問時点であまり宣伝(25食限定)をしていないが団体利用が増えている。事業計画段階から地域に根ざした活動を行っていることもあり、レストランや放課後等デイザービスの利用は安定している。また月に2回屋外スペースで野菜を販売するマルシェは好評である。 (松原茂樹)

注
1) 広井良典編著『協同で仕事をおこす』コモンズ、2011

事業者：	特定非営利法人ワーカーズコープ みんなのおうち太白だんだん
所在地：	仙台市
所在地人口（高齢化率）：	108.2万人（22.6%）
用途：	児童・小規模保育事業、児童・放課後等デイサービス、障害者・就労、高齢者・デイサービス（休止）、コミュニティレストラン
定員：	児童・29人、障害者・5人
転用前建物：	倉庫兼事務所（1989年竣工）
建物構造：	鉄骨造2階
開設年：	2014年
転用床面積：	774.2m²
設計：	（有）白鳥・ASSOCIATES 一級建築士事務所
所有形態：	賃貸
年表：	2011年　東日本大震災 2013年　事業計画 2014年　設計・改修、開設

図1　みんなのおうち太白だんだんの概要

写真1　コミュニティレストラン：倉庫の構造をそのまま転用

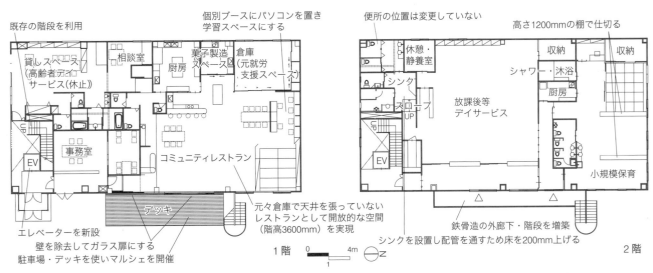

図2　転用後平面図

写真2　貸しスペース

写真3　2階廊下

写真4　1階厨房：窓は既存のまま利用

写真5　外観：周囲に新興住宅地が広がる

写真6　放課後等デイサービス：のびのび過ごせるよう開放的な空間にする

写真7　増築した外廊下・階段

複合　69

複合 19 北広島団地地域交流ホームふれて
スーパー銭湯を住民活動の拠点の場に

住民活動の拠点を目指しスーパー銭湯を福祉転用。計画・設計段階から住民が運営委員会に参加し、開設後も住民が運営に参加。地域住民の地域に対する意識が変わり、さまざまな活動を行う拠点になる。

1　福祉転用した動機

事業者の「社会福祉法人北海長正会北広島リハビリセンター特養部四恩園」は、市内で最も高齢化が進んだ北広島団地（2014年で39.3％）で「地域力の向上」を目的とした講座と喫茶を自主事業で行うために住民が参加できる活動の拠点となる場所を探していた。

2　福祉転用する建物を選択した経緯

北広島団地内の空き家を探してさまざまな人から物件情報を収集し、いくつもの空き家を見てきたが立地や広さで思うような建物を確保できずにいた。そのとき北広島団地の近隣センターの一角に位置するスーパー銭湯が売りに出ていたので購入することになった。スーパー銭湯は1階に男女の脱衣室・大浴場があり、2階に家族風呂5か所、飲食テナントと休憩スペースが入っていた。

3　計画や設計のときに配慮した点と直面した課題

地域住民がお互いに支え合う「地域力の向上」を目的としていたので、コミュニティカフェと、地域住民に対する講座などさまざまな活動ができる交流スペースを中心に室構成を考えていった。交流スペースも誰もが講座に気軽に参加できるようコミュニティカフェスペースの奥の元々脱衣室と大浴場のあった場所を転用している。

スーパー銭湯であり入り口で靴を脱いでいたので段差はあったが、その段差は解消せずそのまま転用している。その狙いはリラックスして過ごして欲しいので靴を脱ぐことを大切にすることであった。床は全面にタイルカーペットを敷き、赤ちゃんも自由に動き回れるように配慮している。

2階は高齢者のデイサービスに転用している。家族風呂5か所を取り壊し、デイサービスの浴場2か所に転用している。浴槽だったところをデイサービスの浴槽に活用しているので床が掘り下げてあり、またぎの高さにも配慮されている。飲食テナントの厨房部はそのままデイサービスの厨房に転用した。

大きな課題は前面道路と建物に約2780mmの高低差があることであった。高齢者はもちろん子どもも利用することを想定していたので高低差を解消することは必須であった。敷地に余裕があったので前面道路近くにエレベーター・階

段棟を増築することで解決した。階段を上がれない利用者はやってくるとすぐにわかるので喫茶のボランティアや職員が対応している。

4　地域とのかかわりや連携

利用や運営の面でできるだけ住民に参加してもらう方法を考えた。そこで住民参加の運営検討委員会を設けて、2010年6月から2011年3月まで合計14回の会合を開催し、住民が必要としているもの、運営のアイデアなどを出し合い、実際の建物に反映していった。この運営委員会は事業者が協力してくれそうな住民10人ほどに声をかけて参加してもらうようにした。

運営委員会は開設後の2011年4月から衣替えして「ふれて市民スタッフの会」に変更し、さまざまな企画・運営を行っている。いまでは喫茶のボランティアで登録60人を超えている。住民たちがいざ活動をやり始めたら自分たちでもできるということがわかり、現在までさまざまな活動を展開している。100円コーヒーの売上げを団地内の道にベンチを置く活動に使うなど、住民主体で北広島団地を良くする活動をしている。またコミュニティカフェで知り合った子育て中の母親たちがグループをつくり、子どもとのんびりと楽しめる飲食店をまとめたリーフレット「ままっぷ」を制作した。行政の補助金は一切入っていないので自由な活動を行い自立もできている。

地域全体に向けた講座を開いている。毎日午後3時に1階で高齢者向けの運動を行っているが、デイサービスの利用に関係なく誰でも参加できる活動であり、これを楽しみに早めに来てコミュニティカフェで時間を過ごしている高齢者もいる。またイベントとして月に1回コンサートを開いている。喫茶の売上げを資金として毎年9月上旬に駐車スペースを使ってお祭り「ふれてフェスティバル」を開いている。これらイベントの告知などは毎月1回「ふれて通信」を団地内で北海道新聞を購読している4500世帯に配布している。開設後数年経過してから近隣の大学との交流も始まり、雪かきやワークショップなど活動は広がっている。

（松原茂樹）

事業者：	社会福祉法人　北海長正会　北広島リハビリセンター特養部　四恩園
所在地：	北広島市
所在地人口（高齢化率）：	5.9万人（29.0％）
用途：	コミュニティセンター、高齢者デイサービス、地域包括支援センター
定員：	10人
転用前建物：	スーパー銭湯（1970年頃竣工）
建物構造：	RC造2階（増築部は鉄骨造）
開設年：	2010年
転用床面積：	1079.8m²
改修費：	1億円
設計：	前田企画設計
所有形態：	所有
年表：	2008年　事業者が建物を購入 2009年　設計・改修、運営委員会を設置 2010年　開設

図1　北広島団地地域交流ホームふれての概要

写真1　コミュニティカフェ：奥に幼児コーナー、厨房

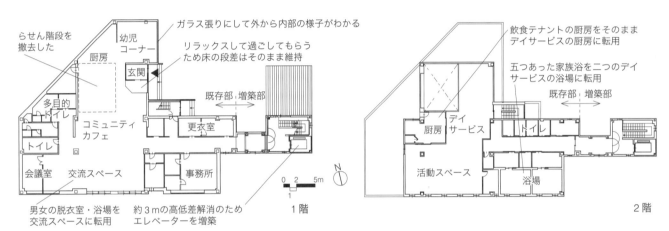

図2　転用後平面図

写真2　前面道路からの外観：手前が増築部、車での送迎のため屋根を架けている

写真3　幼児コーナー

写真4　交流スペース：毎日体操で使用

写真5　2階デイサービス浴槽：家族浴からの転用

写真6　2階デイサービス活動スペース

写真7　増築部：アプローチに設置した屋根下で乗降を行いエレベーターに乗る

複合 20 倶知安複合施設つくしんぼ
駅に近い診療所を転用し公益的な場をつくる

国道沿いで駅に近い診療所を1階を図書館・喫茶、上階を認知症高齢者グループホーム等に転用。図書館を開いたきっかけは屋外でたむろする中高生の居場所づくり。

1 福祉転用する建物を選択した経緯

倶知安町の駅から徒歩5分ほどの距離にあり、札幌・小樽・函館間を結ぶ国道に面する。1987年竣工の診療所（ベッド数19床）であったが、院長が亡くなった後空き家になった。それから数年後に、国道沿いの目立つ場所にあるのに閉鎖のままでは寂しいと商工会から法人に建物の利活用の声が寄せられた。

2 福祉転用した動機

まずは既存建物の利活用ありきで事業の計画が始まり、地域の問題を見つけて事業化を進めた。一つ目が認知症高齢者グループホームである。主に障害者向けの福祉事業を行っていた社会福祉法人であったが、当時町内に不足していた認知症高齢者グループホームを行うこととなった。二つ目が中高生の居場所として1階の図書館や喫茶を設けたことである。一見したところ「福祉」とは無縁の町に開いた場になっている。町には図書館があるが駅から1.5km弱離れた公共施設が立地しているエリアにあり、また図書の種類も中高生には物足りなかった。中高生はコンビニなど屋外に集団で過ごしている様子が見られたので、彼らの居場所として気軽に立ち寄ってもらいやすいように漫画、参考書や一般書を揃えた無料の図書館を開いた。併せて喫茶も中高生の金銭事情に配慮して低価格でボリュームのあるもの（ハンバーガーなど）を揃えた。また子育て中の親子の居場所にもなるよう、子どもが遊べるようガラスで仕切ったキッズコーナーも設けている。さらに障害者の就労の場にもなっている。彼らは職員の支援を受けながら調理や接客、清掃などほぼすべての仕事を担当している。三つ目が法人独自の取り組みの生活支援ハウスである。長期入院した精神障害者がいきなり自宅に戻り地域生活を送ることの不安を解消する目的である。そこで支援を受けながら地域での生活に慣れるための生活支援ハウスを運営し、ワンルームマンションの住戸と同程度の規模と設備を整えている。光熱水費は負担するが家賃は無料であり、1年程度利用する人もいれば、1か月に数日生活体験する人もいる。

3 計画や設計のときに配慮した点と直面した課題

2、3階にグループホームと生活支援ハウスを配置するためグループホームの居室の確保が大きな課題であった。さまざま検討したが、リビング・食堂から奥まった居室や見守りがしにくい居室ができてしまった。また居室確保優先のため浴室・トイレが窮屈になってしまい身体介護の動作がやりにくくなった。利用者によってはグループホーム内の浴室ではなく、生活支援ハウスと共用の3階浴室を使っている。この浴室はバリアフリー対応であり、身体介護も行いやすい。

当初、感染症対策が直面した課題であったが、まだ十分に対応できていない。1階が地域に開かれていて、赤ちゃんからお年寄りまで不特定多数が集う場所であり、2階以上の高齢者・家族や職員も1階を行き来するので外部から内部に感染する危険性がある。またその逆に内部から外部の住民に感染するケースもありうる。関連して、図書館入り口付近の階段のセキュリティ対策が解決できていない。

4 福祉転用の効果と課題

グループホーム居住者や職員も日常的に1階に降りてきて、子どもたちや親とあいさつや言葉をかわすことをしている。また小さな町なので、偶然1階で居住者とその知り合いの人が出会うこともある。居住者も建物の外に出て行くことはあるが、冬場の天候の悪いときも1階に降りると地域の人と出会うことができる。

5 地域とのかかわりや連携

帰りの電車の待ち時間をつぶすのに一人でやってくる中高生もいれば、仲間でやってきて飲食しながらわいわい過ごしている中高生もいる。休日には小学生が宿題をしたり、ゲームなどをしている。子育て中の母親グループも子どもをキッズコーナーで遊ばせながら談笑している。地域の大人も昼休みにご飯を食べに来たり、仲間でお茶をしにきている。このように駅前に今までなかった公共的な場として、地域住民にさまざまに使われていている。

2016年に社会福祉法が改正され、社会福祉法人が地域で公益的な活動を行うことが求められるようになった。「つくしんぼ」は比較的大きな建物を入手し、利用方法を検討するなかで地域の問題を見つけ、図書館・喫茶という地域に開いた場を2009年から実践している。

(松原茂樹)

事業者：	社会福祉法人 黒松内つくし園
所在地：	倶知安町
所在地人口（高齢化率）：	1.5万人（24.8%）
用途：	障害者・就労継続支援事業B型、障害者・生活支援ハウス、認知症高齢者GH、地域交流センター（図書館・喫茶）
定員：	障害者・20人、高齢者・18人
転用前建物：	病院（1987年竣工）
建物構造：	RC造3階
開設年：	2009年
転用床面積：	1369.1m²
設計：	建築制作工房
所有形態：	所有
年表：	2008年　事業者が建物を購入、事業計画開始
	2008〜2009年　設計・改修
	2009年　開設

図1　つくしんぼの概要

写真1　喫茶スペース：子どもから高齢者まで思い思いに過ごす

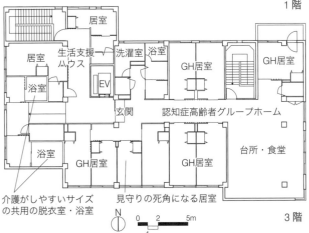

図2　転用後平面図（GH：グループホーム）

写真2　外観：幹線道路に面する。奥がグループホームの入り口

写真3　図書スペース：写真右にキッズルーム

写真4　グループホーム玄関：防火戸に木目調のシートを貼る

複合　73

コラム2　空間デザインと事業性検討を同時に行い最適解を導く

1 建築の再生≒不動産の再生

建築再生の相談はその多くが不動産の困りごとに関連している。今ある建築、つまり不動産がうまく活用できない状況を解決したいのである。再生にあたっては建築の使い方をもう一度考え直す必要がある。周辺や社会の状況からニーズを見出し、これからの使い方を構想する。対象の建築は想定した使い方に適合するのか、どのくらいの収入が見込めるかということを建築のプランニングや空間の特性と同時に考えることで、最適解が見えてくる。これが具体的にどのようなプロセスなのか、一つの事例を用いて解説したい。

2 空間的な魅力の事業性改善効果を検証する

築約60年の風呂なしアパートをシェアハウスにリノベーションした「龍宮城アパートメント」を紹介する。改修前の状態では貸し室は12室、老朽化に伴い、空室が目立っていた。再生を考えるにあたり、貸し室の数はそのままで内装を改修するA案と、二つの貸し室をつないで共用のダイニングにし、内装を改修、シャワーを設けるB案の検討を行った。貸し室の数はA案が12に対し、B案が10となる。一見するとB案は賃料収入面で不利になりそうである。一方、貸し室が同サイズの周辺の木造アパートの賃料を調査してみると3万～4万円台であった。シェアハウスは周辺にはまだないが同一沿線で賃料相場をリサーチしてみると5万～6万円台ということがわかった。これをもとに賃料を想定し、A案B案を比較してみると、B案の方が各室を高く貸せるので、工事費が高くなる分を勘案してもB案の方が事業的に有利となることがわかった。想定工事費が賃料の何か月分になるかを計算してみると、A案が35か月、B案が27か月であった。こうして、工事費は高いが事業的に有利なB案が採用となった。既存建物に事業的なポテンシャルがあることがわかった段階で耐震補強の検討も行った。当然工事費はかかるが、それでも十分に投資回収が可能であることを確認して、耐震補強も行った。空間的な魅力を作ることが事業性の改善につながることを検証しながら作業を進めることで、単なるコストカットではない最適解が導けるのである。

3 空間的に蓄えられた時間の積み重ねを活かす

空間デザインにおいてはすべてを刷新する必要はない。この事例では木の古色を味わえる、昭和風情漂う真壁の意匠を残しながらも開放的で明るい共用ダイニングを作った。これは単なるコスト圧縮ではなく、時間の奥行きを感じる空間に共感を覚える人たちに住んでほしいという狙いがある。長年、愛着を持ってアパートを手入れしてきたオーナーとの関係を考えても、同じものに共感を持てる方が良いと考えた。建築と相性の良い人が使うことで建築はさらに活かされる。

(宮部浩幸)

写真1　改修後の外観：昭和のアパートの風情を残している

写真2　共有のダイニング：廊下との仕切りはガラス戸で開放的に作っている

貸室数を減らさずにイニシャルコストを抑えるプラン
・各居室内の内装の補修
・各居室内ミニキッチンの更新

賃料は現状維持し、稼働率を上げる

事業費＝想定賃料収入の
35か月（2.9年）分
（想定稼働率：60％）

A案　ミニマル改修プラン

2部屋をつなげてシェアダイニングキッチンに改修
・各居室内の内装の補修
・各居室内ミニキッチンを洗面台に改修

現状賃料より想定賃料を上げる

事業費＝想定賃料収入の
27か月（2.25年）分
（想定稼働率：85％）

B案　シェアDKプラン

図1　想定収入および想定賃料を加味した基本プラン（A案、B案）の検討・比較

3章
福祉転用と
地域のリノベーション

地域包括ケアが求められているなかで、地域にある空き家や空きビルを福祉的に活用する福祉転用は有効な整備手法である。福祉転用は、単に新築に比べたコスト優位性だけでなく、地域の歴史や文化、人のつながりを引き継いで、地域の価値を向上させる有効な事業モデルである。3章では、福祉転用の事業の枠組み、ニーズ、展開に向けた法律・制度の考え方を概観したのち、地域での具体的な福祉転用の取り組みから、居場所、つながり、歴史保存、地域文化など地域の価値向上への寄与や可能性について検討する。

3-1 福祉転用事業の枠組み
地域のリノベーション

1 福祉転用事業の枠組み

　福祉転用事業は、地域の歴史や文化、人のつながりを引き継いで、地域の価値を向上させる有効なモデルである。それには、2章で紹介したようにさまざまな事例があり、その形態は多様で、一つのモデルとして示すことは難しい。ただ、それらの状況を丁寧に見ると図1のように、主体・制度・事業・価値創造などの要件にまとまる。つまり福祉転用は、地域の福祉法人・福祉協議会・NPOなどが連携して、地域包括ケア制度などの福祉関係制度や空き家活用などの地域活性化制度を活用して、総合的な福祉サービス事業とその拠点を整備し、地域の価値を向上させる事業の枠組みであると言える。福祉転用は新築に比べたコスト優位だけでなく、地域の文化やつながりの継続、制度に縛られない柔軟なサービスを展開できることが特徴で、働きながらの子育て、高齢者や障害者の地域内での自立や就労、さまざまな課題を抱えた住民の居場所など地域ニーズを柔軟に受け止めている。これは地域の当事者が主体となって共助の仕組みを作り上げる「共助共創」の事業であると言え、わが国で取り組んでいる地域包括ケアシステムの枠組みをさらに広げて、制度を越えた総合的なサービスの提供を可能とする。

2 地域包括ケアから共助共創のマネジメントへ

　地域包括ケアシステムは「持続可能な社会保障制度の確立を図るための改革の推進に関する法律（2013年12月成立）」第4条第4項に「地域の実情に応じて、高齢者が、可能な限り、住み慣れた地域でその有する能力に応じ自立した日常生活を営むことができるよう、医療、介護、介護

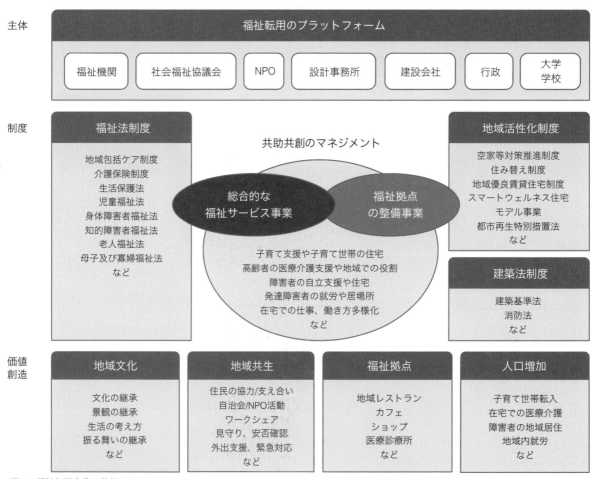

図1　福祉転用事業の枠組み

予防、住まい及び自立した日常生活の支援が包括的に確保される体制」と規定されている[注1]。加えて、厚生労働省は「誰もが支え合う地域の構築に向けた福祉サービスの実現―新たな時代に対応した福祉の提供ビジョン（2015年9月）」を取りまとめた。少子高齢化や核家族化の進行、人口減少、地域のつながりの希薄化など、現在、地域社会を取り巻く環境の変化もあり、国民の抱える福祉ニーズは多様化・複雑化しているなかで、高齢者、障害者、児童等といった別なく、地域に暮らす住民誰もがその人の状況に合った支援が受けられるという「全世代・全対象型の地域包括支援体制」を構築していくビジョンを示している。従来の縦割りの福祉施設サービスから、地域の中で人びとが助け合い生活する地域共生社会への模索が始まっている。厚生労働白書（2011～2015年の数値から算定）よると地域コミュニティ1万人のうち、福祉サービス受給者は保育児童180人、障害者680人、要介護者410人であり、人口の13%ほどが福祉サービスを必要としている。これらのニーズを、地域の外に出すのではなく、地域の中で総合的に受け止める共助共創のマネジメントが求められている。

3 福祉転用の事象主体とプラットホーム

福祉転用の事業は、行政主導でなく、社会福祉法人の他にNPO法人や株式会社などの民間団体が事業主体となって企画・運営されることがほとんどである。これは、一律の公的サービスではなく、地域ごとの異なる福祉ニーズを受け止め、主体的に事業展開していることが背景にある。制度にもとづく資金援助を部分的に受けながらも、独立採算の事業ベースで運営することで、柔軟で自由な事業展開を可能としている。加えて、地域の中の福祉や建築関連の機関・団体の他に自治会や子供会、学校・大学などのステークホルダーが参加するプラットホームが重要な役割を果たしている。空き家のマッチングから福祉施設開設の承認、サービスの拡充と人材の確保など事業展開のいろいろな段階で相互調整を図っている。たとえば、泉北ほっとけないネットワーク事業[注2,3]では、住民・NPO・大学・行政が推進協議会を組織して、地域人材に加えて近隣農家やニュータウンNPO、大学教員や栄養士・理学療法士、クラフトなどの専門職など外部の人材を引き込みながら、随時、協議会で調整をすることで、ショートステイ、見守り、配食、昼食、居酒屋、各種サークル支援、朝市、お出かけ支援、栄養相談、健康相談、クリスマスやハロウィンのイベントなど多様なコミュニティサービスを実現している。

図2　泉北ほっとけないネットワーク事業における福祉拠点とコミュニティ活動：上段左から地域レストラン内部、高齢者支援住宅内部、朝市、近隣店舗でのハロウィーンイベント

そのような福祉転用のプラットホームをどのように作っていくのか。今後、福祉転用を広く展開するうえで、プラットフォーム形成の方法確立やその理論化は不可欠であるものの、まだ途上であると言わざるを得ない。ただし、**3-5節** 空き家を活用した多世代交流の場づくりに述べられているように、協議調整の「場」、空き家データベース、活用意向調査、改修事業立案ワークショップ、事業運営組織など、先行する取り組みから解決すべき課題や方法が次第に整理されつつある。それらは大学や専門家がかかわった調整も多く含まれ、福祉転用のプラットフォームをうまく機能させるうえで、新たな職種・職能の出現も予期される。

4 福祉転用の制度と事業

総合的な福祉サービスとは、単に社会福祉6法（生活保護法、児童福祉法、身体障害者福祉法、知的障害者福祉法、老人福祉法、母子及び寡婦福祉法）にもとづく福祉サービスに留まらない制度の枠を越えた事業である。たとえば、**事例17「ふらっと」**では、自閉症などの障害者の就労や子育てなど地域生活を総合的に支援するサービスから利用者と支援者の関係を越えた共助の関係が生まれている。**事例19「ふれて」**では、コミュニティカフェや住民の活動スペース、高齢者のデイサービスが同居し、それで知り合ったグループのリーフレット製作やベンチ設置など行政の補助金が入らない活動も生まれている。厚生労働省はこうした共生型の福祉拠点を全国的に推進するため、現状の先進事例を整理し、各事例の有効性の検証等を行う調査研究を実施するとともに、兼務・共用の取扱いが明確でない人員・設備の取扱いについて、現行制度で運用上対応可能な事項を明確化し、高齢者、障害者、児童等の福祉サービスの総合的な提供の阻害要因を解消するための「地域の実情

に合った総合的な福祉サービスに向けたガイドライン」を取りまとめている注4。あわせて、福祉拠点の整備に、空き家対策推進制度や住み替え制度、地域優良賃貸住宅制度、スマートウエルネス住宅モデル事業、都市再生特別措置法など行政の支援制度をうまく活用すると、投資額を抑えて資金的なやりくりが容易となって、事業の幅を広げることができる。

　このように地域における空き家・空きビルの福祉転用は、福祉拠点の整備事業において、地域の活動を継続し、未利用の空間を有効に活用できるリノベーション事業のモデルであると言える。

5　地域のリノベーションと価値の創造

　福祉転用は、培われた文化を継承し、固有のライフスタイルを活かしながら、住民の協力や支え合いをもたらす新しい価値を創造している。特に福祉転用によってできた地域レストランやカフェ、ショップ、診療所などの福祉拠点は、新設した施設よりもなじみがあり、さまざまな住民が気軽に立ち寄れる雰囲気があり、制度の枠を越えた見守りや安否確認、ワークシェアなど地域共生が生まれやすい状況を作り出す。たとえば、地方都市の石川県小松市の西圓寺（3-6節で詳述）は、廃寺を福祉転用して、高齢者デイサービスや障害者の就労支援サービスを提供する拠点である。そこに温泉や喫茶スペースも設け、地域住民なども出入りする地域コミュニティに生まれ変わった。地域住民、地域外の利用者など平日で130人程度が集い、福祉サービスを利用する人も住民も相互に支え合う、地域づくりの中核を担う場になった。西圓寺のある野田町は人口200人強の町であり、今では野田町のすべての住民は西圓寺と何らかのつながりを持つようになった。

　また、観光地の大分県別府市の「ユニバーサルスペース夢喰夢叶」（3-8節で詳述）では空き家の目立っていたアーケードに、観光地・温泉地の文化資源を活かした障害者の余暇や交流の場を生み出している。この事業は人口減少の進む地域に障害者が自立して生活できる生活環境、就労環境、余暇環境を重ね合わせ、福祉の場を日常生活に組み込むことに成功しており、少子高齢化がさらに進行するわが国における地域共生・地域文化とその価値のあり様を示している。

　このような福祉転用の成功事例から見ると、高齢者や障害者、子育て世代などが安心した生活を継続できる地域にリノベーションする福祉転用は、結果として子どもの誕生

や子育て世代の転入を促し、地域人口の増加に寄与するポテンシャルを有していることがわかる。

（森一彦）

注
1) 『厚生労働省白書』2016
2) 森一彦「建築と高齢化―住宅と施設のマネジメント」『建築と社会』2017
3) 森一彦『ほっとかない郊外～ニュータウンを次世代につなぐ』大阪公立大学共同出版会、2017
4) 厚生労働省『地域の実情に合った総合的な福祉サービスの提供に向けたガイドライン』2016

3-2 福祉転用の現状とニーズ

1 空き家の増加と福祉転用の意味

これまで紹介してきたように、わが国では人口減少を伴う超高齢社会を迎えるなかで、世帯数の減少とともに空き家が増加している。そして、今後の人口急減に伴い、その数はさらに増加することがさまざまな試算によって指摘されている。一方、高齢者人口の増加や高齢者・障害のある人びとの生活の場の地域化(脱施設、地域包括ケア)、共働き世帯の増加・子育てと就労の両立の支援の必要性の増加や子どもの成長発達環境の保障の観点からの保育ニーズの急増など、地域における福祉のニーズは増加している。

これらの状況に鑑み、地域の空き家・空きビルなどを地域における資源、余裕のスペースととらえ、それを福祉の用途で使うことは、いわば自然な経緯である。

また、福祉施設の所管は各自治体であり、福祉のニーズの把握、施設許可や誘致、利用者とのマッチングなどの一端も担っている。この自治体が、福祉転用をどうとらえ、推進や、場合によっては規制を行っているかが、その地域での福祉転用の進展に大きな役割を果たしている。また、既存建物の転用と福祉用途での使用にあたっては、消防法の規制、消防署による指導への合致が認可の条件となる。そこで、福祉事業の地域での展開において大きな役割を担う自治体の所管部署と消防署の福祉転用の認識、また推進／規制についてのスタンスを調べる調査を行った。

2 自治体と消防署の福祉転用への意識

1 アンケート調査の回答状況

都市部と地方部では人口構成比等によって回答傾向の違いが想定されることから、都心部と地方部を幅広く含む関東圏1都6県(東京都・千葉県・茨城県・栃木県・群馬県・埼玉県・神奈川県の1都6県)を調査対象エリアとする。この範囲の各自治体の児童福祉施設(就学前と学童の保育施設、児童養護施設など)・高齢者福祉施設・障害者福祉施設を所管する部署、消防署を対象に郵送回答方式によるアンケート調査を行った。意識評価に関する質問は7段階評価で、また一部に自由回答記述の項目を設けた。

アンケート回答数と転用事例として紹介された施設数等は表1、図1に示す。実際にはたとえば児童福祉施設である認証保育所(当時)等で、ビルの空きスペース利用の事例等は一般的であったため、この自治体の認知件数は実態よりも少ないと考えられる。これらの転用事例にも、同様のアンケート調査を実施した。

2 所管部署と転用事例による転用の推進への意志と状況

各所管部署と転用事例から得た福祉転用にかかわる利点と不利点として想定した20の項目(建設費や維持費等)への評価の回答結果を、図3に示す。

1 転用推進の意志

所管部署での転用を推進する意志があるかについては「どちらとも言えない(図3中、0と表記)」との回答が最も多く、児童福祉施設所管部署172回答のうち83(以下83/172のように記載):48.3%、高齢者63/101:62.4%、障害者42/79:

表1 アンケート回答数と転用施設数

		配布数／回収数	回収率	有効回答数	有効回答率	所管施設数	転用施設数(転用割合)
所管部署	児童福祉施設	486／181	37.2%	172	95.0%	2662	280 (10.5%)
	高齢者福祉施設	352／120	34.1%	115	95.8%	1122	66 (5.9%)
	障害者福祉施設	353／94	26.6%	81	86.2%	603	121 (20.1%)
	消防署	493／86	17.4%	69	80.2%		
転用による福祉施設	児童福祉施設	281／46	16.4%	43	93.3%		
	高齢者福祉施設	53／8	15.1%	8	100.0%		
	障害者福祉施設	121／21	17.4%	20	95.2%		

*「転用施設」は、所管部署から紹介された、転用事例に対するアンケート調査

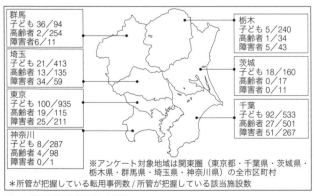

※アンケート対象地域は関東圏(東京都・千葉県・茨城県・栃木県・群馬県・埼玉県・神奈川県)の全市区町村
*所管が把握している転用事例数／所管が把握している該当施設数

図1 都県別転用施設数の割合

53.2％であった。転用推進について、明確な意志を持たない回答がおおむね半数から半数強であることは特徴として指摘できる。なお、程度の差はあるが、おおむね転用推進の意志としては「どちらとも言えない」から「推進したい」評価であり、児童と障害者福祉施設所管部署では「推進したい（評価1～3）」との回答割合が高齢者に比べて高い。また、児童福祉施設では「ぜひ推進したい」の回答割合が最も高い。

これに対して、転用事例では障害者施設への転用事例の1件を除いて「0（どちらとも言えない）」から「1～3（推進したい）」に分布しており、所管部署に比べて推進に後ろ向きな回答が少ない。実際に転用で使いながら、総じてその利点側を評価しているものと読み取れる。

2　転用推進の状況

所管部署では、実際に転用を推進しているかどうかの回答でも「どちらとも言えない」が最も多く、児童121/172：70.3％、高齢者86/102：84.3％、障害者63/78：80.8％であった。転用推進の意志の明示よりも、実際の状況について回答することはより困難であることは想定できるが、高齢者と障害者福祉施設所管部署では8割強がそのように積極性を持っていない点は特徴として指摘できる。転用推進の状況としては、高齢者福祉施設所管部署では「推進している」9/102：8.8％と「規制している」7/102：6.9％に分かれている。一方、児童福祉施設所管部署では「推進している」46/172：26.7％、障害者福祉施設所管部署では「推進している」14/78：17.9％で「規制している」はそれぞれ5/172：2.9％と1/78：1.3％と「推進している」の比率が高い。推進の意志と状況ともに、高齢者福祉施設所管部署での消極性が目立つ。

転用事例では、推進の意志と同様に評価0～3に分布しており、規制すべきとの回答は1件のみであった。

3　転用推進の意志と状況

児童福祉と高齢者福祉の部署で、「転用推進の意志」と「転用推進の状況」にはやや弱い相関が見られ（図2、クラメールの連関係数C*＝0.50、0.35（*「1」「−1」の該当数が少ないため、3×3の分割表に変換して算出））、転用を推進したいと考えている回答者で、実際に転用を推進していると答えた割合が高い。この傾向は児童福祉施設所管部署で特に顕著で、近年の保育所・学童保育所のニーズの急増への対応で実際に転用による施設整備が進んでいることを受けての回答と思われる。

なお、自治体アンケートのうち、年齢5歳階級別推計人口と総人口に占める割合（2015年推測）と、転用の意志・状況との間には特段の関連が見られない。つまりそれぞれの自治体は、生産年齢人口・高齢者人口・年少人口とその変化を背景として福祉転用への評価をしていない。これは、それぞれの自治体における行政課題と施設整備の方針のすり合わせが必ずしもできていないことを意味すると言える。

4　所管部署と転用事例が考える転用の利点と課題点

所管部署と転用事例が考える、転用による施設とその整備における利点と課題点について、図3から、以下に特徴的な項目を抜き出して説明する。

1　費用に関する項目

福祉転用の利点の一つとして、新築に比べて整備費などのコストが抑制できることが挙げられるため、新築に比べた費用面での利点・不利点についての評価をたずねた。結果として、建設費は新築に比べておおむね「有利」と回答されており、転用推進の意志（児童のC＝0.29）よりも転用推進の状況（児童0.35、障害者0.71）と相関が強い。障害者施設で建設費と相関がない点は特徴的で、バリアフリー改修対応などで新築よりもコストが掛かると考えられているなどの理由があると考えられる。また、維持費は新築に比べて「有利」から「不利」まで回答分布は広く、新築よりも維持費が掛かることを懸念してか、転用に否定的な傾向があった。

2　整備の容易性に関する項目

法的手続きは、回答の分布に幅があるが新築に比べて「不利」とする回答が多い。高齢者と障害者では、推進の意志（高齢者のC＝0.27、障害者0.17）は、推進の状況（高齢者0.36、障害者0.29）に比べて相関係数が低い傾向があることも特徴的で、推進の意志があっても実際に転用を行う際に法的手続きの煩雑さへの抵抗感が妨げとなっている場合もあると考えられる。回答の分布に幅があるが新築に比べて電気・ガス・水道関係での用途に応じたニーズへの対応が「困難」だとする回答が多い。一方、転用事例では

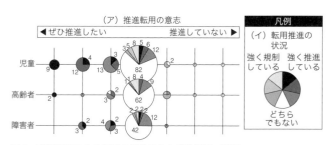

図2　所管部署ごとの転用の推進意志と推進状況の関係

特に児童福祉施設で+3〜−3まで広く分布している。転用の状況がケースバイケースであると考えられ、新築に比べて一概に不利なわけではないと言える。

3 環境の質に関する項目

所管部署・転用事例ともに文化の継承への貢献ではおおむね「有利」と回答されており、地域になじんだ建物の利活用が評価されている。また、良好な音・光・空気環境の確保は、新築に比べて「困難」との回答が多く、新築に比べて、環境のコントロールが困難であると認識されている。

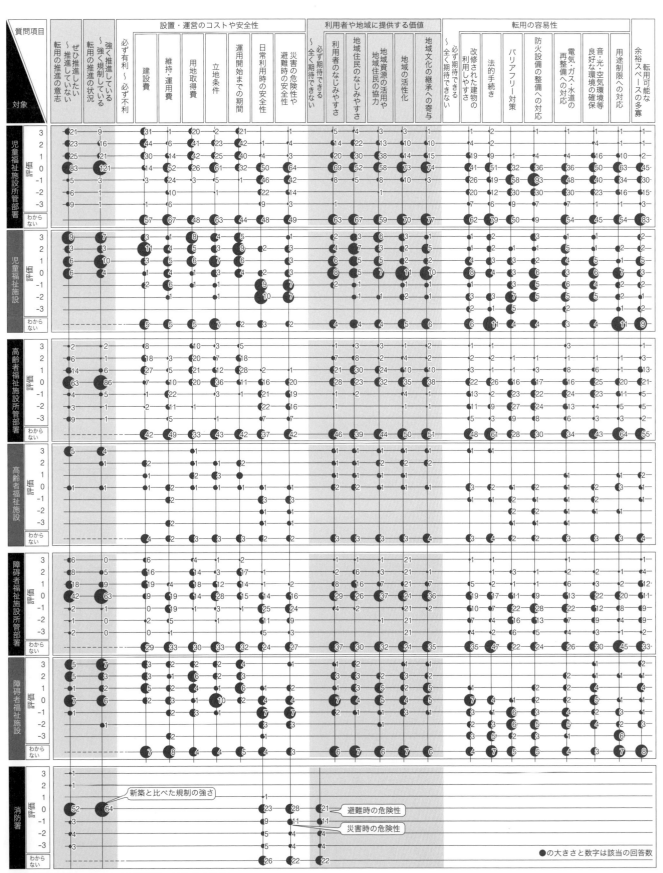

図3 所管部署と転用による福祉施設の回答分布比較

4 福祉転用の増加に向けて有効だと考えること

所管部署からの自由記述回答で「福祉転用の増加に向けて有効だと考えられること」をたずね、その回答を、類似の回答についてはまとめて整理し、図4に示す。また集計にあたっては、所管部署で把握している（転用だと認識している）転用事例があるかどうかにわけて集計した。

結果を見ると、「補助金による誘導や返還義務の撤廃が有効」「基準などの緩和措置」が比較的多い。また転用の推進方策にかかる情報整理として「転用可能な建築の把握・共有（一元管理）」など、福祉施設所管部署だけでなく自治体内での所管を超えた連携が有効と考えられている。転用にあたっては「地域住民の理解」が有効であるとの回答もあり、福祉施設がいわゆる迷惑施設として受け止められないよう、地域住民にとってのなじみや連携の関係についても意識されている。さらに、「事例や研究結果の周知」や「専門家のサポート」への要望もあり、福祉転用に際しての手順や、改修利用に向く・向かない建物の判断基準などが理解されていないことも、普及に向けた課題と言える。

5 消防署の推進の意志・状況について

1 消防署による転用推進への意志と状況

福祉転用の事例では、消防からの指導についての言及がある。そこで、調査対象エリアの消防署に対して、福祉転用の推進への意志（推進したい・していない）と転用の推進の状況（新築と比べて規制を緩和している・強く規制している、とした）などをたずねた。

消防署からの回答では、転用の推進の意志については「どちらでもない」の回答割合が高く、81.3%（52/64）を占める。また、所管部署とは異なり「推進したい」よりも「推進していない」の方が多い。また、新築と比べた緩和や規制については、すべて「どちらとも言えない」であり、転用の場合でも新築と同様の指導をしていると回答された。

2 規制・緩和と監査のポイント等

アンケートでは、新築と比べた場合の日常利用時の安全、災害のリスク、避難時のリスク、ともにほぼすべて「わからない」または新築に比べて「不利」（19/69：27.5%、19/69：27.5%、19/62：35.5%）であった。

自由記述方式で、転用事例での具体的な規制や緩和、監査のポイントや懸念事項、災害時や避難時等の想定されるリスクやリスクが高いと考えられる事例についてたずねた。その回答を整理して図5に示す。具体的な緩和や規制については、「転用事例に対して特別な規制や緩和はなく、現行の消防法に照らし合わせて指導を行っている（回答数56）」という回答が多い。こうした対応は、安全性の面から必要と考えられる対応である反面、コスト面や民家の特性など転用前の建物"らしさ"を活かしたケア環境の構築といった福祉転用の利点が損なわれる可能性もある。また、「転用は建築基準法に適合していない場合がある（3）」「新築に比べて最適な設計ではない」など、監査のポイント等と併せて、用途変更による消防用設備や内装制限、避難経路などの条件変更への未対応、消防用設備の不足、必要な申請や届出なしでの営業、確認申請が不要な場合に指導を行う枠組みがないことへの懸念のコメントが多い。災害時や避難時に想定するリスクとしては、福祉施設としての配慮

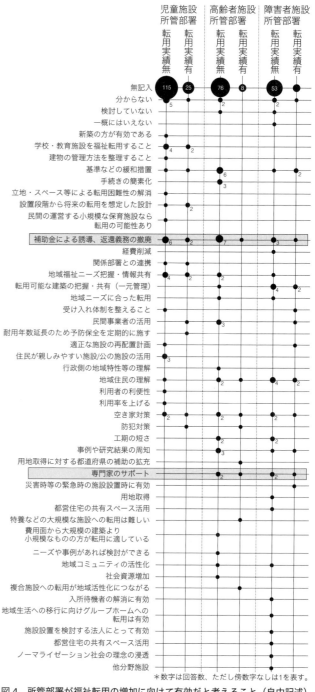

＊数字は回答数、ただし傍数字なしは1を表す。

図4 所管部署が福祉転用の増加に向けて有効だと考えること（自由記述）

について、「小規模建築を転用した施設は職員数も限られるため、初期消火と避難誘導の同時進行は困難」「夜間管理体制への懸念」が指摘された。一方で、新築と転用のどちらが安全かとは一概には言えない、案件ごとに判断しているというコメントや、適正な改修や法的手続きが行われていれば新築に比べて特に危険なわけではないというコメントも寄せられた。

6 福祉転用の普及に向けて

　以上に述べたように、多くの自治体の回答として「わからない」という回答が多く、福祉転用の増加という実情に照らして福祉所管部署がその実態や傾向、また適切な指導に向けた体制を整えられていない。なお、推進または規制すべきと意思表示を行った福祉所管部署では、その多くが福祉転用に対して前向きな回答であり、要因として新築に

比べた立地や費用、期間などのメリットが認識されていた。一方、水回りなどの設備系の処理に関しては困難だとの意識も見られ、適切な転用手法の事例収集やその知見の共有が、今後の福祉転用の促進に有効だと考えられる。また福祉転用の普及のためには、国・都道府県レベルでの補助金による誘導など、自治体や施設側のメリットに直結する制度整備が必要だと指摘された。また、転用した施設に対するアンケート調査では、転用について反省点はありつつも転用という手段にはおおむね前向きであった。

　また、転用にかかわる関係者全員の手続きフローの共通認識不足という課題も把握できた。他施設と比べ、特に安全性を求める福祉施設での転用には自治体や運営者の利点に加え、利用者や職員の意見を反映した転用が必要である。

(山田あすか)

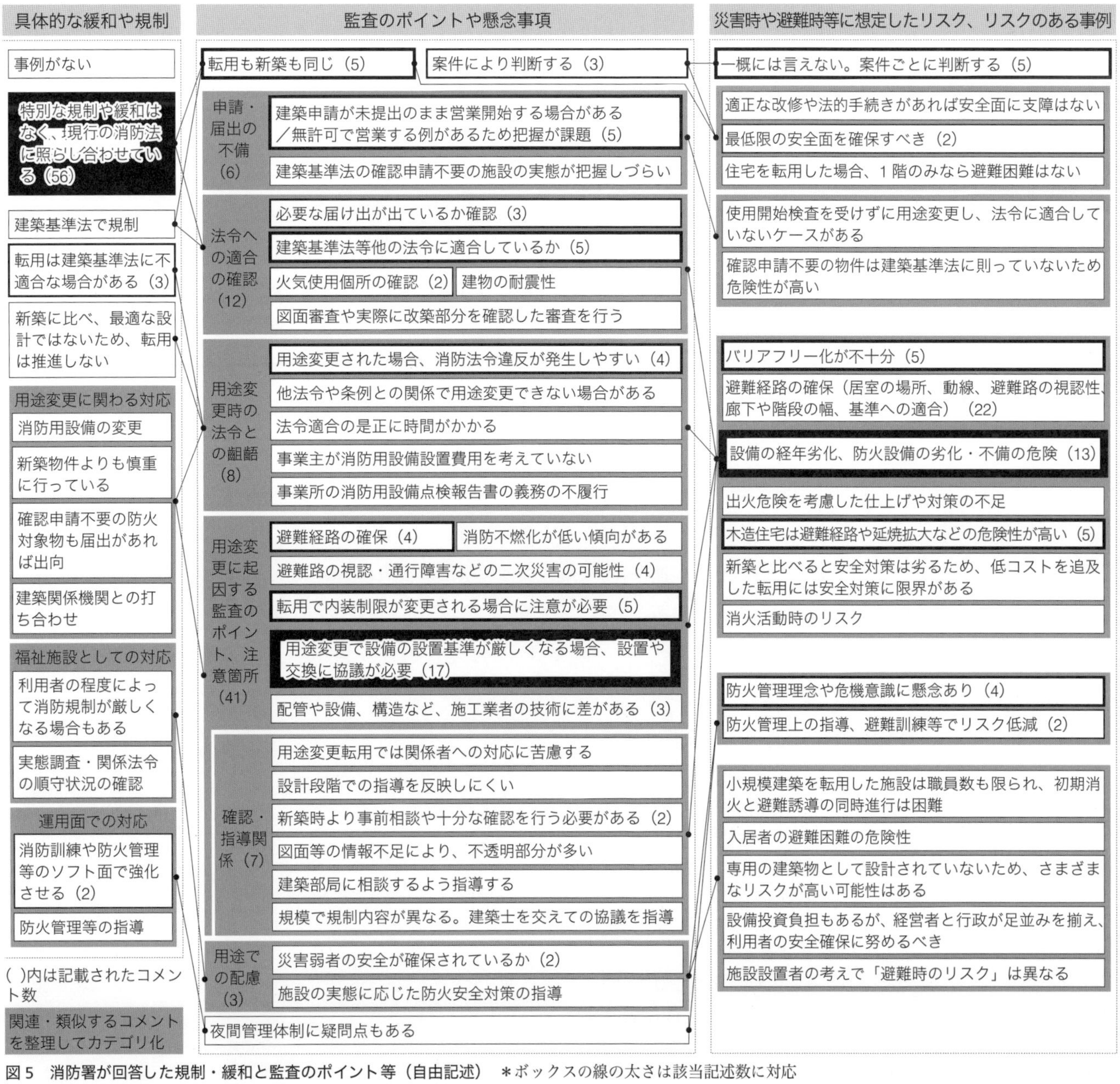

図5　消防署が回答した規制・緩和と監査のポイント等（自由記述）　＊ボックスの線の太さは該当記述数に対応

3-3 法律と制度の考え方

1 福祉転用における法適合義務

　既存建物の福祉転用に際しては、建築基準法、バリアフリー法、都市計画法、消防法、公営住宅法、各自治体の条例などへの適合が求められる。近年、グループホーム火災が相次いだこともあり、法解釈の厳格化がはかられた結果、地域のニーズにあった福祉転用が困難になることが問題となっていた。そうした状況を改善するため、国や自治体が、福祉転用の条件を緩和する動きが見られる。今後の動向はなお流動的であるため、実際に福祉転用に取り組むにあたっては、最新の法律や制度を確認しなければならない。ここでは現時点での状況を概観し、福祉転用を進めるにあたっての課題を考察する。

1 建築基準法における用途変更と改修の位置づけ

　建築基準法第二条第1項第十三号では、「建築」が「建築物を新築し、増築し、改築し、又は移転することをいう」と定義されている。また、「用途変更」という語は、建築基準法第八十七条において「用途の変更」「用途を変更」として現れる。「改修」という用語は「改修工事」や「耐震改修」において使われているが、建築基準法には出てこない。用途変更の多くは増築、減築、改築、移転、大規模の修繕、大規模の模様替等を伴うが、これらの行為はすべて「改修」に該当する。用途変更の確認手続きをスムーズに進めるためには、これらの用語の意味を明確にしておくことが不可欠である。

　表1に、用途変更にかかわる用語の意味を示す。

2 用途変更における建築確認の要不要の判断

　特殊建築物[注1]でない既存建物を、100m²を超える特殊建築物の用途に変更する場合は、建築確認が必要であるが（すなわち100m²以下の場合は不要）、特殊建築物を特殊建築物でない用途に変更する場合は、床面積が100m²を超えても建築確認は不要である。特殊建築物から特殊建築物に用途変更する場合は、床面積が100m²を超えると建築確認が必要であるが、類似用途[注2]間の変更であれば不要である。

　また、建築基準法第六条第1項第四号に該当する2階建て以下の小規模木造住宅など（いわゆる「四号建物」）は、法第二条でいう「建築」に該当する場合にのみ建築確認が必要であり、大規模の修繕や大規の模様替の場合は建築確認の対象外となるため、木造住宅の福祉転用の場合は不要になるケースが多い。ただし、その場合も当該部分を変更後の用途に係る規定に適合させなければならないことは、言うまでもない。

　以下に、建築確認が必要となる福祉転用を行ううえでの、建築法令上の注意点を述べる。

1 増築する場合

　防火地域、準防火地域以外においては10m²以内の増築は建築確認が不要であるが、10m²以内の増築を繰り返した場合、累計の増築面積が10m²を超えた時点で建築確認が必要になる可能性が高いので、わずかな増築であっても、特定行政庁に建築確認の要不要を確認しておくほうが安全である。

表1　用途変更にかかわる用語の意味

用　語	意　　　味	建築基準法の該当条文
建　築	建築物を新築し、増築し、改築し、又は移転すること	第二条第1項第十三号
増　築	既存の建築物の建物に付加する形で建築工事を行い、全体の床面積が増加すること	－
改　築	既存の建築物の一部または全部が除却されるか消滅した後に、用途や規模、構造が著しく異ならない建築物を建てること	－
移　転	既存建築物を解体することなく、同一敷地内で位置を変更すること（※敷地外への移転も既存不適格扱いが可能）	－
修　繕	同じ材料を用いて元の状態に戻し、建築当初の価値に回復すること	－
模様替	建築物の材料、仕様をかえて建築当初の価値の低下を防ぐこと	－
大規模の修繕	建築物の主要構造部の一種以上について行う過半の修繕	第二条第1項第十四号
大規模の模様替	建築物の主要構造部の一種以上について行う過半の模様替	第二条第1項第十五号
主要構造部	壁、柱、床、はり、屋根又は階段（建築物の構造上重要でない間仕切壁、間柱、附け柱、揚げ床、最下階の床、廻り舞台の床、小ばり、ひさし、局部的な小階段、屋外階段その他これらに類する建築物の部分を除く）	第二条第1項第五号

2 減築する場合

用途変更により、既存建築物の床面積が減る「減築」になる場合があるが、「減築」は建築基準法第二条の「建築」の定義に含まれていないため、建築確認の対象外である。だが、主要構造部（壁、柱、床、はり、屋根、階段）の一種以上について過半[注3]の修繕や模様替が発生する場合は、減築であっても建築確認が必要になる場合がある。たとえば、屋根や階段は主要構造部であるので、3階建てを2階建てにする減築で、3階の屋根の過半を葺き替える、撤去して新たに屋根を設ける、一つしかない屋内階段を付け替えるなどの場合は、主要構造部の一種以上について過半の修繕または模様替とみなされるため、建築確認が必要である。

なお、用途変更に伴い増築と減築の両方が発生し、増築面積と減築面積が相殺されて見かけ上床面積の増減がない場合も増築とみなされるので、注意が必要である。

3 福祉転用における消防法上の注意点

消防法には、用途別に消防用設備の設置基準が詳細に規定されている。福祉転用に際して特に関係するのが、消防法施行令別表第一 (6)項（イ. 病院等　ロ. 自力避難困難者入所施設等　ハ. 老人福祉、支援施設等　ニ. 幼稚園等）である（保育所、幼保連携型認定こども園は (6)項ハに含まれる）。用途変更に際しては、転用後の用途が別表第一のどの項に該当するのかを、所轄消防署に確認しておく必要がある。直近の改正法令は2015年4月1日に施行されており、既存の施設（新築・改築工事中を含む）については、2018年3月31日までの経過措置が設けられている。

以下では、スプリンクラー設備と自動火災報知設備について述べる。その他に消火器、誘導灯、屋内消火栓設備、ガス漏れ警報設備、火災通報装置、非常警報設備、避難器具等の消防用設備があるが、ここでは割愛する。

1 スプリンクラー設備（消防法施行令第十二条）

社会福祉施設は原則として、延べ面積にかかわらずスプリンクラー設備を設置しなければならない（介助がなければ避難できない者が利用者の8割を超えない場合は、改正前と同様275m²以上で設置義務）。ただし、火災発生時の延焼を抑制する機能を備える構造[注4]であれば、スプリンクラー設備は設置不要である。また、延べ面積が1000m²未満までは、水道を利用した「特定施設水道直結型スプリンクラー設備」で代替できるという緩和措置がある。

2 自動火災報知設備（消防法施行令第二十一条）

ホテル・旅館、病院・診療所（入院施設があるもの）、社会福祉施設等（就寝施設があるもの）は、原則として自動火災報知設備の設置が義務付けられている。ただし、延べ面積300m²未満の施設については緩和がある。

---

2 福祉転用を促進する法的緩和の動き

1 グループホームへの用途変更における緩和

1 建築基準法における防火対策の緩和

グループホームをはじめとする高齢者施設での火災が相次いだため、日本建築行政会議は2012年3月に「戸建型グループホームは、既存の戸建て住宅を転用する場合を含め、寄宿舎として取り扱う」との統一的な解釈を示した。その結果、既存の戸建て住宅をグループホームに転用する場合は、寄宿舎に対して防火上主要な間仕切壁を小屋裏まで設ける規定（建築基準法施行令第百十二条第2項、同第百十四条第2項）により大規模改修工事が必要になることが、転用が進みにくい一因となっていた。そのため、国土交通省は建築物の利用者の避難上の安全性が十分に確保される[注5]場合に、寄宿舎等における間仕切壁の防火対策の規制を適用除外とする法改正を行った。

2 建築基準法における階段の寸法基準の緩和

建築基準法施行令第二十三条第1項の表(四)項に掲げる階段の寸法（蹴上げ22cm以下、踏み面21cm以上）を、階段の両側に手すりを設け、踏み面の表面を粗面とするか滑りにくい材料で仕上げれば、蹴上げを23cm以下、踏み面を19cm以上に緩和するという技術的助言[注6]が、国土交通省から各自治体あてに通知され、2017年9月26日から施行された。これにより、戸建て住宅をグループホームやシェアハウス等に用途変更する際の負担軽減が期待できる。

3 自治体による住宅の階段・廊下の寸法基準の緩和

戸建型グループホームが建築基準法上「寄宿舎」として扱われるようになっても、階段の寸法（蹴上げ・踏み面、幅）や廊下の幅の規定が依然として高いハードルとして残るため、各自治体は一定の条件を満たせば戸建て住宅をそのままグループホームとして活用できる道を開いている。

たとえば愛知県[注7]では、住宅以外の用途が併用しない戸建住宅で階数2以下、地階なし、延べ面積200m²未満等のものであれば、そのまま障害者グループホームとして活用できるようにしている（新築、用途変更後の増築、大規模の修繕、大規模の模様替え、共同住宅や長屋建て住宅は対象外）。また、大阪府[注8]も一定の安全性が確保された既存の戸建て住宅（新築は対象外）をグループホームに転用す

る場合は、建築基準法上の戸建て住宅として防火避難規定を適用することとしている（2015 年 8 月 1 日から大阪府内全域で適用）。

2 容積率の緩和

1 地下階の床面積の容積率不算入

従来からあった住宅の地階の容積率不算入の規定（建築基準法第五十二条第 3 項）に「老人ホーム、福祉ホームその他これらに類するもの」が加わり（2015 年 6 月施行）、これらの用途に供する部分（居室、事務室、宿直室、廊下、階段等）の合計床面積の 1/3 までを容積率に算入しなくてもよいことになった。

2 エレベーター昇降路の容積率不算入

従来は、エレベーターの停止階の昇降路部分が容積率に算入されていたが、建築基準法第五十二条第 6 項が改正され（2014 年 7 月施行）、容積率の算定にあたり、すべての階のエレベーターの昇降路部分の床面積が不算入になった（小荷物専用昇降機は対象外）。この改正により、既存建物を児童福祉施設等に用途変更しやすくなった。

3 排煙の緩和

建設省告示 1436 号の一部が改正され（2015 年 3 月 18 日公布・施行）、「児童福祉施設等」（建築基準法施行令第百十五条の三第 1 項第一号）、博物館、美術館、図書館の用途に供する部分が、新たに排煙緩和の対象となった（新築にも適用される）。この改正により、既存建物の児童福祉施設への転用促進が期待できる。なお、児童福祉施設等に該当するか否かは、形態や機能等の実態により判断される。

3 用途地域による福祉関連施設の立地制限

近年、第一種低層住居専用地域および第二種低層住居専用地域（以下、低層住居専用地域）における住民の高齢化が進み、高齢者が地域で暮らし続けることを支援する施設の立地ニーズが高まっている。具体的には、最寄品主体の小規模店舗、食堂、喫茶店（以上は建築基準法上の用途が「店舗」）、訪問介護事業所、デイサービスセンター（同「事務所」）等である。だが、第一種低層住居専用地域内に設置できる店舗や事務所は、兼用住宅で非住宅部分の床面積が 50m² 以下かつ建築物の延べ面積の 1/2 未満のものに限られ、単独立地が認められていない。また、第二種低層住居専用地域内で立地可能な店舗も、150m² 以下の小規模なもの限

られる。

なお、低層住居専用地域内には従前から寄宿舎の建設が可能であったため、低層住居専用地域内の戸建て住宅をグループホーム（建築基準法上の用途が「寄宿舎」）に転用する際の建築基準法上の制限は、なくなっている。

1 用途地域により立地が制限される福祉関連施設

1 在宅介護支援センター、訪問看護支援センター等

上述のように、高齢者世帯が多い低層住居専用地域において、在宅介護支援センター、訪問看護支援センター、訪問介護事業所等に対するニーズが高まっているが、これらは建築基準法上「事務所」とみなされるため、原則として低層住居専用地域内に設置できない。

2 調剤薬局

診療所の利用後に立ち寄る施設でありながら、建築基準法上の用途が「店舗」であるため、低層住居専用地域内での単独立地の制限や床面積の制限がある。

3 コンビニエンスストア（コンビニ）

コンビニは日用品の販売のみならず、高齢者の生活を支援する不可欠な存在となりつつあり、高齢者世帯のニーズが高いにもかかわらず、建築基準法上の用途が「店舗」であるため、調剤薬局と同様、低層住居専用地域内での単独立地や床面積の制限がある。ただし、後述するように、「店舗」は許可基準を定めて設置を許可する方向にある。

2 用途地域による建築物の用途制限の見直し

国土交通省は、第一種低層住居専用地域においてもコンビニの立地を許可する運用についての技術的助言（2016 年 8 月 3 日付国住街第 93 号）を出した。なお、これはコンビニ以外の店舗にも準用されるため、低層住居専用地域における店舗への用途変更が進み、高齢者や障害者の日常生活上の利便性向上が期待できる。

4 公営住宅における目的外使用の緩和

公営住宅は、公営住宅法により低所得者のための賃貸住宅を目的とすることが定められており、住宅以外の目的で使用することが禁止されているため、空き住戸を福祉ニーズに応じて住戸以外の用途で使用することがむずかしい。

2005 年に地域再生法が施行されたのに伴い、地方公共団体が地域の問題に対して自主的に取り組めるようになり、公営住宅の目的外使用承認の柔軟化が図られた。また、高

齢者・障害者・子育て世帯居住安定化推進事業のモデル事業による緩和の例としては、ニュータウンの近隣センターや空き家を活かし、見守りが必要な在宅の人たちが地域で安心して生活を営むための支援の仕組みを構築することを目的とした「泉北ほっとけないネットワーク」がある。その他、待機児童対策の一環として、公営の集合住宅に小規模保育所[注9]を開設する試みが、名古屋市営住宅（2015年度から）や大阪府営住宅（2016年度から）で始まっているが、保護者の要望が強い駅近くに公営住宅が少ないこともあり、まだ実例は少ないようである。

5 福祉転用におけるその他の課題

1 検査済証がない建物の用途変更

建築確認が必要な用途変更を行う場合は、その建物が「適法」（現行法規に適合）なのか、「既存不適格」（新築当時は適法であったが、その後の法改正により現行法規に適合しない）なのか、「違反建築物」なのかを確認することから始める。建物の確認済証や検査済証がない場合は、「既存不適格」であることを証明する資料をそろえなければならない。それができない場合は「違反建築物」となり、確認申請を出す前に現行法規に適合するよう是正しなければならないが、そのためには多大な労力、時間、コストがかかるため、「違反建築物」は福祉転用に不向きである。

2 近隣住民の反対

認知症高齢者や障害者などが利用する施設は、建物外での利用者の行動に対する不安や危惧、送迎車両の出入り等による騒音や交通事故、臭気の発生などの懸念から、周辺住民による設置反対運動が起こる可能性がある。特に、戸建て住宅をグループホームやシェアハウスに用途変更する場合、多くは建築確認が不要であり、また改修工事の実施時点では変化に気づきにくいことから、用途を変更した施設の使用を開始した後に、地域住民が住環境への影響に気付いて反対運動が起こることがある。また、幼児の声が「騒音源」になるとして、保育所の設置反対運動も起こっている。軽微な用途変更でも、近隣住民の理解を得るための労を惜しまず、粘り強く取り組む姿勢が大切である。

3 頻繁に改正される法律・制度の確認と適合性の維持

建築のストックの有効活用と高齢者・障害者が生活しやすいまちづくりをリンクさせた法改正と制度の見直しにより、福祉転用がしやすい環境が整いつつある。本稿の内容は建築基準法や消防法に限定しているが、その他にもさまざまな関係法令や制度があり、またそれらは頻繁に改正される等、状況は流動的である[注10]。福祉転用に際しては、常に最新の基準や制度を確認し、現行法令に適合させることは言うまでもなく、竣工後も適切な管理・運営に努めなければならない。

（吉村英祐）

注
1) 学校、体育館、病院、劇場、観覧場、集会場、展示場、百貨店、市場、ダンスホール、遊技場、公衆浴場、旅館、共同住宅、寄宿舎、下宿、工場、倉庫、自動車車庫、危険物の貯蔵場、と畜場、火葬場、汚物処理場その他これらに類する用途に供する建築物（建築基準法第二条第2項）。戸建住宅、事務所は特殊建築物に含まれない。
2)「類似用途」は建築基準法施行令第百三十七条の18に規定されており、たとえば「一 劇場映画館演芸場」、「三 診療所」（患者の収容施設があるものに限る）、児童福祉施設等」、「五 ホテル旅館」等、同じ番号の用途が類似用途となる。
3) 過半の判断は、柱や梁は、それぞれの総本数に占める割合、壁は総延長に占める割合、床や屋根は、それぞれの総水平投影面積に占める割合、階段は総数に占める割合等、主要構造部ごとに行う。
4) 火災発生時の延焼を抑制する機能を備える構造（概要）。延べ面積100m²未満の場合は、単一用途で入居者が利用する居室が避難階の場合は内装不燃化を要する。①居室を区画（扉は自動閉鎖）②煙感知器設置③各居室の開口部は屋内外から容易に開放可、幅員1m以上の空地に面する③避難できる大きさがある④二方向避難が確保されている⑤火災の影響の少ない時間内に屋外へ避難できることの条件を満たす場合は内装不燃化を要しない。
5)「建築物の利用者の避難上の安全性が十分に確保される場合」の条件（概要）は、以下のとおりである。A：床面積200m²以下の階または床面積200m²以内ごとに準耐火構造の壁等で区画した部分にスプリンクラー設備を設置B：小規模（居室の床面積の合計が100m²以下の階または居室の床面積100m²以内ごとに準耐火構造の壁等で区画した部分）で、各居室に煙感知式の住宅用防災報知設備、自動火災報知設備、連動型住宅用防災警報器のいずれかが設置され、以下の①または②のいずれかに適合する場合。①各居室から直接屋外、避難上有効なバルコニーまたは100m²以内の他の区画に避難できる②各居室の出口から屋外等に、歩行距離8m（各居室と通路の内装不燃化の場合は16m）以内で避難でき、かつ、各居室と避難経路とが間仕切壁および常時閉鎖式の戸（ふすま、障子等を除く。）等で区画されている
6)「建築基準法施行令第二十三条第1項の規定に適合する階段と同等以上に昇降を安全に行うことができる階段の構造方法を定める件の改正について（技術的助言）」、国住指第2192号、2017年9月26日
7)「愛知県既存の戸建て住宅を障害者グループホームとして活用する場合の取扱要綱」（2016年1月施行）
http://www.pref.aichi.jp/uploaded/attachment/41586.pdf
8)「既存戸建て住宅を障がい者グループホームとして活用する場合の取扱いについて」（2017年8月19日アクセス）
http://www.pref.osaka.lg.jp/shisetsufukushi/ghch/kodategh.html
9) 利用定員6人以上19人以下で、0～2歳児を預かる。事業主体は市町村や民間事業者で、2015年度から認可対象となった。
10)『空き家・空きビルの福祉転用』（日本建築学会編、学芸出版社、2012年）の「3章 制度と技術」に記載の法や制度も、その後に改正されている部分があるので、参照に際しては注意を要する。

3-4 不動産と福祉の未来
タガヤセ大蔵の実践から見えてきたこと

1 住宅地にある住宅の限界と新たなニーズ

　日本はこれまでに経済発展と人口増加に伴って多くの住宅を作ってきた。山を削り田畑を減らしベッドタウンを作り、働く場所と住む場所を分けた。個人の一生に一度の買い物である自宅や、高騰する資産税を減らすために建てられる賃貸住宅、人口増加のなかでその仕組みは効率がよかったのかもしれない。しかしいま、かつての住宅地は人口減少や高齢化の影響が押し寄せている。子どもたちはベッドタウンを離れて暮らし、時代に合わなくなった賃貸住宅は空室を少しずつ増やしていく。高齢化した住宅街にじわじわと侵食するように空き家が増えていく。所有する事例8「タガヤセ大蔵」もバブル期に建てた駅から遠く、築年数の経った木造の賃貸住宅が空き家化していったことがその始まりだ。周辺地域ではスクラップアンドビルドを繰り返し、表情のないアパートが次々と建てられていく光景に、私は地域のポジティブな未来を感じられなかった。

　対抗策としてリフォームや単身若者向けのシェアハウスにすることはどうだろう。新しさを取り戻すリフォームをしたとしても、築年数や駅からの距離は変えることはできない。はじめのうちは効果があるかもしれないが、また老いていく建物が周辺の建物と競争にさらされる。シェアハウスは現代の若者のライフスタイルと相性が良いかもしれない。しかし今後その若者自体が減っていくこと、単身者が集まって暮らすことで他に空き家を生む可能性がある。これでは本質的な解決にはならない。それは暮らし方の一つだからだ。

　住宅ニーズから少しだけ離れ、地域の課題をニーズとした視点で見た場合はどうだろう。「タガヤセ大蔵」は近隣に高齢化率40％を超える高齢化した団地がある。団地には自治会があり昔からの緩やかな住人のつながりがあるものの、ワークショップをしてみると、隣人の高齢化や孤独、認知症への対応は多くの住民が漠然とした不安感を覚えていることがわかった。一方地域福祉を支える介護事業者は高齢化した団地とのコンタクトを願っていた。本来の福祉とは大きな拠点を作り、そこに要介護者を入所させることだけが目的なのではなく、地域へ、住民のいる場所へ出て

写真1　高齢化した団地と農地と古いアパート

（アウトリーチ）いくことも大切な役割だからだ。「タガヤセ大蔵」のケースでは、そこに住宅としての限界を迎えていた木造賃貸住宅と、地域福祉を実現したいニーズにマッチングが起きた。

2 エリアと不動産の価値

　デイサービスのような福祉事業の印象は地域にとってどのようなものだろう。入り口の扉や窓には目隠しがされ何が中で起きているのかわからない、気になるので覗いてみようと思う人はあまりいないのではないだろうか。それは個人商店が廃業し、チェーンストアが撤退し、借り手がいなくなってしまった建物にそっとあるような印象を受けることさえある。一方で不動産を所有する人にとって建物の「価値」とはなんだろう。たとえ陸の孤島に建つ家であったとしても、そこには必ず所有する建物が立つ「エリア」が存在する。つい忘れてしまいがちだが建物の価値とは、単一の建物だけでなくエリアの価値に左右される。まったく同じ建物でも渋谷は渋谷、孤島は孤島の価値になる。だからエリアのニーズにマッチした福祉事業者と建物所有者は、お互いに連携して地域に開き、共に存在価値を高める必要があると私は思う。地域に循環する換金できない価値は、暮らしたい街として必ず自分たちに戻ってくる。事業そのものを通じて社会と共有できる価値のあり方を、マイケル・ポーターはCSV（Creating Shared Value）＝共有価値の創造という言葉で表している。

写真2 デイサービス福祉施設にコミュニティカフェを併設

写真3 地域内外の人が混ざり合うお餅つき

3 社会性と経済性のバランス

ワークショップが地域で行われるときに、みんなの居場所がほしいという意見は多い。誰でも気軽に立ち寄れる場所が地域に必要であることがわかる一方で、場の維持・継続に意識が向けられることは多くない。一般的に建物の建築から解体までのすべてのコスト（ライフサイクルコスト）は建築費の3倍程度であることが知られている。

行政の余ったお金を分け合う時代は終わりつつあるなかで、社会性だけを優先しハードの維持管理を行政の資金や補助金に頼ることは今後難しい。一方で収益や経済性だけを優先してしまえば、みんなの居場所を作る余白を生むことは難しい。そこで建物所有者は相場家賃で借り手を探したり、交渉に応じて家賃を下げる手段にとらわれず、空間を活用したい人を先に見つけ、その事業収支をもとにお互いのリスクに見合った無理のない投資や賃料設定を行うことが望ましいだろう。貸す側と借りる側という相対する交渉関係から、お互いが取れるリスクを取り合うことで、信頼関係と地域の協働事業が生まれる。そうすることで建物所有者は建物から生まれる金銭面での短期的な最大収益こそ見込めないが、ながく使ってもらうことで空きリスクを下げることができる。一方、運営事業者は地域の情報とネットワークが得やすくなり、資金リスクが下がることで収益率が向上する。このように貸し手と借り手の双方が協働することによってエリアの社会的価値を高めることができる。誰もが借りたい人気のエリアでは、経済性を優先することが多くこのような関係性は生まれにくい。だからこそ不動産市場では不人気であっても自らのエリアに社会性と経済性を両立させる変革の希望がある。

4 地域の懐かしい未来

地方から都会に出てきた人たちには、地方の近いコミュニティから脱け出せ、プライバシーという自由を得たという経験がある人は少なくないだろう。一方でたとえ隣室が同郷の人であったとしても、それを知る機会はなく、すれ違っても立ち話をすることもない。私は「地域のひと」と言われたとき、地域に暮らす「物理的な距離が近いひと」と、その地域に興味・関心がある「心理的な距離が近いひと」がいると感じている。自治会や町内会、学校など地縁でつながる関係性と、SNSやインターネットを介して共感からつながる関係性。福祉転用には昔ながらの近いつながりでもなく、バーチャルなつながりだけでもない、地域に新しい関係性を作るチャンスと可能性がある。行政や社会の仕組みに改良を期待するだけはなく、お互いがゆるやかにつながりあって協働し、ほしい暮らしを周囲に作っていけば、そこには古くて新しい、地域の懐かしい未来が待っている。

5 福祉と幸せ

空き家や住まいを介護や子育ての場所に転用する、福祉転用はなんのためにするのか。その決定にいたる過程にはそれぞれの動機と選択がある。「タガヤセ大蔵」は私が家族の介護をきっかけに運営者に出会い、高齢になった家族が施設で過ごす選択肢だけではなく、自宅で自分らしく過ごすことの大切さを教えてもらったのが始まりだ。プロジェクトを進めていく途中で、こんな言葉に出会った。「福祉という言葉の意味を知っていますか？」。「福祉の『福』という字も『祉』という字もどちらも『幸せ』という意味を表しています。つまり福祉という言葉は介護や子育てや障害を指すのではなく、幸せやゆたかさを表すのです」。つまり福祉転用においての本質は、用途転用のやり方のみを示すものではなく、地域の広義な「幸せ」のあり方だということがわかる。金融資本主義を前提とするマクロのなかで大胆なチェンジは起きないかもしれない、しかしそれぞれの人が仕事や暮らしを通じて、幸せをシフトしていく未来は小さくともあかるい。

（安藤勝信）

3-5 空き家を活用した多世代交流の場づくり
地域参加のプラットフォームの形成過程

　ここでは、人口の高齢化が進む都市周縁部の戸建て住宅地に、空き家を改修して多世代交流の場「Iサロン」を創出してきた過程を紹介する。この事例は、単に1件の空き家の転用改修としてとらえるものではなく、地域の文脈によるその必要性と一連のまちづくり活動の経緯において理解した方が良い。またこの改修をもって完成したわけではなく、それがまた一つの契機となって次の段階へと発展してきている。これらの一連のスパイラルアップの活動を紹介し、その過程における有形無形のプラットフォームが重要な役割を果たしていることからその意義についてもふれたい。

1 背景：対象地域の実情と課題

　K市内I住宅地は東京都心から直線距離で約40km離れた戸建住宅地で、7丁目からなる。1965年と1970年の2期に分けて分譲され、住宅地の総面積は1.07km²、計2155区画がある。最寄りの鉄道駅からの距離は約3.5kmで、通勤・通学においては多くの住民がバスを利用する（約25分）。人口は約5000人余、（約2000世帯余）、高齢化率は約45%で、特に75歳以上の後期高齢者層の人口比は25%を上回り、介護需要が急速に高まっている。

　1979年には良好な住宅地を守るための住民協定が制定され、共同住宅の建設は禁止され、2か所の商店街以外原則的に戸建住宅に純化されている地域である。また、同協定で50坪以下の敷地分割も禁止されている。良好な住宅地を守り続けてきたという誇りもあり、住民には住み続けたいとする意識がきわめて高い。

　しかし、二つの商店街は閉店が続き、空き店舗も多い。住民協定によって、既存商店街以外では店舗の開設を禁止している。高齢者のための施設としては、住宅規模という制約のため、地域内には小規模デイサービスと診療所しかない。地形的には、高台で、緑豊かな丘陵地を掘削して造成したため斜面地が多く、道路面から玄関まで高低差、敷地内の階段がほとんどの住戸にある。このような状況の下で、空き家は約100軒（約5%）、空き地約60区画という実情である。

　これらから、現状と将来の課題としてまとめると、①少子高齢化による活力低下、②購買施設不足、③介護需要への対応が地域内で供給困難、④高台斜面地の不便、⑤空き家による景観損失と地域ブランド力の低下、などが指摘できる。

2 改修に至る経緯：対象地域における活動

　2010年以降、K市の働きかけもありI住宅地の元町内会役員が中心となり、「明日を考える会プロジェクトチーム」（通称明日プロ）と称したまちづくりグループを立ち上げ、まちの課題を洗い出していた。そのなかで空き家に問題意識を持った有志が、最初の空き家実態調査となる2011年（共同研究が正式にスタートする前）に、独自に空き家の所在を確認してリスト化をはじめた。

　K市では、高齢化した市内の住宅地の再生に関する検討プロジェクトの手がかりとして、ある外部資金による研究助成を2012年に申請することとなった。このためにI住宅地を対象として産官民学による連携体制を作り応募したのが契機となって、ここで紹介する一連のプロジェクトが進められることとなった。はじめの申請の結果は不採択だったが、このときの議論がもととなって、2013年4月から、正式に産官民学の連携協定による「長寿社会のまちづくりに関する共同研究プロジェクト」が立ち上がり、さらに後になって財団や科学研究費などからの研究助成を得て進められることとなった。共同研究プロジェクトの目標は、長寿社会におけるまちづくりの課題把握および解決と郊外戸建住宅地の再生モデルの構築で、共同研究のメンバーはI住宅地町内会、神奈川県K市、住宅総合建材企業1社、横浜国立大学（建築計画研究室）の4者である。

　また、空き家活用システムの開発に関しては、共同研究プロジェクトのなかに「空き家ワーキンググループ」を設置して進めた。

3 拠点形成期（第0段階）

　共同研究プロジェクト開始にあたっての視点としては、このような住宅地の既存資源を最大限に活用することで

あった。それは、高齢者という人材資源と空き家・空き店舗という物的資源であり、まずはこれらの資源の発掘と自覚を促す体制作りのための自由な「場」が必要となった。そこで、協力企業が空き店舗を一つ借り受け改修し、「M工房」と称して住民の集いの場として提供してくれたことによって、定期的に大学はじめ連携するグループの活動が実施される拠点となった。

この拠点施設は、商店街の便利な場所に位置し、最大30人ほどが集まれる空間で、さまざまなイベントなどを展開した。サロン（定期的に自由に街の課題と将来像を討議し、対応策を話しあうもの）、セミナー（課題を設定し、外部講師などを招き学習するもの）、ワークショップ（住民自らが、課題に対しての解決策を作り上げるもの。実際はミニワークショップや分科会ではこのM工房を使用したが、大勢が集まり作業を行うワークショップは収容人数の関係で町内会館のホールを借りて行った）。

この拠点施設には、1000分の1の住宅地全体の模型がおかれ、ギャラリーやイベントを開催し、まちづくりセンターのような拠点の役割を果たしただけではなく、活発なサークル活動のためにスケジュールが一杯だった町内会館の分室のようにも貸し出しされ利用された。従来の町内会サークルと別個に新たな生きがい活動のサークルも発足し、現在は、同じ並びの空き店舗を拠点として活動するなどの波及効果も生じた。後に、この拠点の整備による住民活動への効果を計ったが、散歩の途中の雑談の場所から交流が生まれ、自主的なカフェ活動も気軽に立ち寄り場所としての拠点として機能したものとして評価される[注1]。この拠点において、さまざまな地域の将来像を描き、次の段階としては、民間企業による店舗活用ではなく住民の主体的な活動として空き家を改修して地域課題の解決に役立てる企画を立てていった。

4 調査研究期（第1段階）

第1段階は、地域実態の調査により地域課題を明確化し、計画づくり、方向付けを固めていくことであった。

1 空き家データベース構築

空き家データベースは、空き家実態調査と空き家実測調査の二つの調査によって得られたデータにより構築される。

まず最初の本格的空き家実態調査は、2013年7月、住民グループが中心となり行い、以来毎年行ってデータを更新している。まず空き家・空き地のリストアップのため、目視調査を通じて空き家・空き地の位置を地図上にプロットし、空き家の隣家住民に聞き取り、使用状況を再確認し、空き家か否かを判断した。さらに所有者の連絡先については、不動産登記情報閲覧および隣家からの聞き取りによって把握した。

加えて、多世代の使える地域交流施設に活用する可能性を捉えるため、2013年9〜10月、102軒を対象に、空き家実測調査を住民グループと大学の研究室が共同で実施した。敷地境界の外側から目視で調査できる範囲内で、道路と敷地との高低差、敷地と建物との段差、入口の幅員、庭と建物の配置や向き、前面道路の幅員・勾配、セットバック、駐車場の有無や幅員などを実測し、写真などを加え、各空き家のカルテを作成しデータベースとした。

これより、具体的な転用可能性を知り、介護施設などの実現可能性が具体的に数値として実感できることとなった。世間で実施されている空き家バンクや既存住宅インスペクションでは、単に物件としてのデータしか搭載できていな

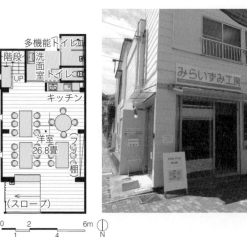

図1　空き店舗だったM工房の改修前と改修後

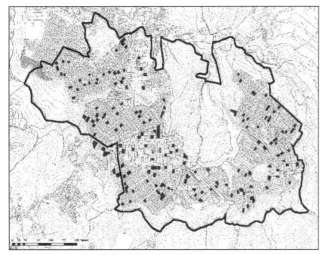

図2　対象地区の空き家分布

いことがほとんどで、たとえばバリアフリーや地域交流可能性などの情報のように、利活用を目的としたデータベース構築こそ、必要とされているのである（図2）。

2　地域住民の活用意向調査および提案プラン作成

次に、地域住民の空き家に対する認識および空き家活用意向については、ワークショップとアンケートで把握した。まずワークショップでは空き家・空き地・空き部屋の活用をテーマとし、自分たちの暮らしのなかで空き家など地域資産をどのように活かしていけばよいかを考えた。この結果、空き家の活用において最も大きく支持された機能は、「コミュニティスペース」「シェアハウス」「子育て関連施設」の順であった。「コミュニティスペース」については、"昔の縁側のような場所"、"近所づきあいには場所が必要"といった意見が出され需要があることがうかがえた。また、「シェアハウス」「子育て関連施設」については、"若者を呼び込みたい"という声により、シェアハウスは若者が気軽に住むことができる安価な住宅として、子育てのための施設は子育て環境を良好にすることによりその世代の転入を増やす手段として支持された。

続いてアンケート調査を実施し、空き家に対する地域住民全世帯を対象に活用意向を調査した。回答者の年齢は、65歳以上が全回答者の7割以上を占めている。結果としては、半数以上の回答者が空き家の活用について期待していることがわかり、その用途は、若い家族世帯の住宅としての活用が最も多く、サービス系の施設としては、高齢者福祉施設、気楽に集まって話ができるコミュニティスペース、などの回答が得られた。

これらの結果から、空き家活用提案プランを作成した。提案プラン作成は、空き家所有者に活用についてのイメー

「保育施設＋シェアハウス」案は、1階は地域の子育て交流拠点としての活用を考えた幼児や児童のための保育施設として開放し、2階は学生など若者の居住を想定したシェアハウスとする案である。

「コミュニティカフェ＋シェアハウス」案は、1階をコミュニティ・スペースとして住民の活動に開放し、その一画で交流のためのカフェを運営し、2階に居住する新社会人や学生などの利用も考慮したものとなっている。

図3　空き家所有者への改修提案

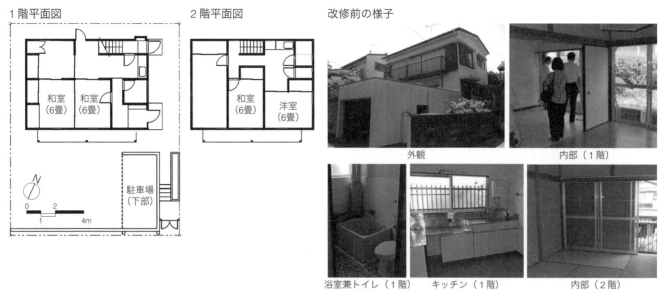

図4　地域貢献施設への転用候補となった空き家の改修工事前の平面図および写真

図5　コミュニティ施設＋シェアハウスへの改修後の平面図および写真

ジを浮かびやすいようパースやイラストを中心とした。「コミュニティスペース＋シェアハウス」案、「保育施設＋シェアハウス」案、「コミュニティカフェ＋シェアハウス」案の三つの提案プランとしてパンフレット状のものにまとめた（図3にはそのうちの2例を示している）。

3　空き家所有者の活用意向調査

いよいよ具体的な空き家所有者に活用意向についての調査を行った。連絡先が把握できた84人宛に調査票を発送したところ、10人は宛先不明で返送され、27人から回答が得られた。

今後の活用計画について多くは売却を希望していたが、「地域活性化につながる施設」に活用することについて3割以上が関心を持っているとの結果で、思ったより活用の可能性があることを確信できた。調査では本プロジェクトの趣旨を説明し、地域貢献に興味のある所有者に連絡先の記載をお願いしたところ、3軒とコンタクトをとることができ、そこに図3のような空き家活用提案プランを発送し意見を聞いた結果、1軒の所有者から"他地域に居住しており、今後10年程度は自ら活用する計画はない。自分も現在の住まいの地域でボランティア活動に参加しており、コミュニティ活動において場の大切さを実感しているところ。そこで、自分の持ち物が地域のために使われるのは嬉しい。特に高齢者のコミュニティスペースとして活用されたら嬉しい"とのことで、地域に貢献できるなら前向きに考えてみたいとの回答が得られた。かくして、およそ100軒の空き家のなかから該当1軒の、地域のための利活用の具体例が浮かび上がったのである。

4　所有者との交渉と対象空き家改修案作成

図4に対象空き家の改修前の平面や写真を示した。対象空き家は1974年建築で、増築などは行われていなかった。

所有者はこの地域より2～3時間の距離に住み、以前は賃貸していたが借り手がなくなり、当時は約3年間空き家の状態であった。前面道路と約1.5mの高低差があり、道路側は擁壁となっており敷地内には階段でアクセスするなど不利な条件でもある。また既存住宅現況検査をうけ、各部の劣化状況を把握した結果、著しい劣化はなく、活用は問題ないとの結果が得られた。

立地や面積、地域住民の活用意向、所有者の意見など諸条件を考慮して検討を重ねた結果、対象空き家の改修後の用途については、「コミュニティカフェ＋シェアハウス」案をもとにして、具体化することになった。

図5は、改修後の平面と写真を示している。空間構成は、1階がコミュニティスペース、2階を若者や若い世帯など居住する世帯類型に柔軟に対応できるように、東南に面する6畳の部屋とキッチンの間の間仕切りを撤去し、ダイニング兼リビングに改修した。

1階の中心的な空間は南側に面したコミュニティスペースである。可能な限り多くの利用者が同時に利用できる広いスペースを確保するように考慮し、また食をテーマとしたイベントや講習会なども開催できるように、キッチンとウッドデッキにより、改修前よりも活動が外部まで広がり、活用の様子が歩行者にも見られるように計画した。

5 実施運営期（第2段階）

計画が進められ、実施を具体的に検討した段階でもさまざまな課題に直面した。まず、改修後の活用用途について基本構想を作成する過程で、運営体制についての検討が必要となった。

1 運営の仕組みの検討と組織づくり

実際には所有者は離れて住んでいることから、管理運営を担う組織について検討が必要となった。町内会、住民団体、一般社団法人などへの委託運営の案が挙げられたが、いずれも結論までは至らず、一時は計画が頓挫する気配もあった。

そのうち、研究に参加していた空き家ワーキンググループの住民メンバーを中心に、本研究プロジェクト終了後もI住宅地を中心にまちづくり活動を続ける意識が高まり、まちづくりNPO法人（以下、NPO法人と称する。）を結成することになった。そこで、当空き家の管理運営も、NPO法人が担当することとなった。これまでの活動の実績が、これらの展開の自信と意欲につながっていったことは、まちづくり活動自体が優れた学習活動となっていることを示

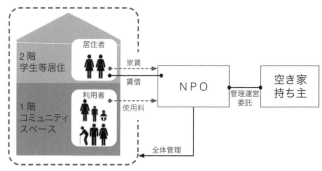

図6 Iサロン運営の仕組み

している。図6はIサロンの全般的な契約状況と運営についての概念図である。

2 契約・工事および運営準備

これらの結果、空き家の所有者にも出席してもらい、改修プランや運営体制を中心に空き家活用全般についてのプレゼンテーションを行い、空き家の活用について承諾を得て施工となった。家賃はかなり低額で借りることとなり、契約期間は10年間とし以降は両者の協議のうえ、契約延長も可とした。工事期間は、2015年8～10月で、工事終了後、約2か月間のオープン準備を行った。準備は主にNPO法人が行い、使用のルール作成、定期イベントの企画、町内会の便り、掲示板、ポスティングなどによるPR活動、運営に必要な物品や備品の手配など行った。食器類や家具類、冷蔵庫は地域住民からの寄贈による。

3 実際の運営

2016年1月から運営が始まり、現在、1階は「Iサロン」と名称がつけられ、NPO法人の事務所、地域住民のコミュニティスペース、コミュニティカフェ、ギャラリー、まちづくり拠点などとして使われており、地域のコミュニティの一つの拠点として位置づけられつつある。また、2階には若い家族世帯が居住することとなった。

6 地域展開期（第3段階）

Iサロンが開設され、利用の過程で隣地等周囲との調整なども必要であったが、順調に活動が行われ、M工房で実施されていたまちづくりの会合の中心的拠点となっている。さらに、Iサロン実現と運営の経験が、次の地域展開を生み出している。

たとえば、空き家調査も毎年継続しており、情報も入るようになり、次なる空き家利活用を数軒企画している。空き家ワーキンググループは、名称を「継続居住研究会」と変え発展的に継承し、この地域に最期まで住み続けられる住宅地を目指して空き家活用による分散型のシステムを一

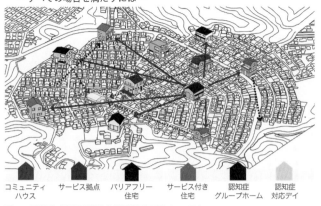

図7 戸建住宅活用地域分散型継続居住システム

つひとつ実現していく検討体制に入っている。アンケート調査などで地域の意向として挙げられた目標「エイジングインプレイス」を目指して、一歩ずつ実現していく手段として空き家を活用するというスタンスに立つ[注2]。これには、すでに第一歩としてIサロンを実現させてきたという自信とそのことによる学習効果が高いと言える。

目標とする継続居住システム（図7）を考えるにあたって、地域の周辺の介護事業者を招いて勉強会やフォーラムを開催し、事業者まかせではなく住宅地住民自らが考えるシステム作りへと意識的に活動の方向をより具体的に考えるようになった。実際に活用に理解のある所有者の空き家物件に、次は小規模多機能型居宅介護のサテライトを設けるべく計画中であり、住民側から周辺の事業者に依頼をすることになった。この過程では、事業者が見つからなかった場合に備えて町内会主催でプロポーザルコンペとすることなども企画している。

7 プラットフォームの役割

地域全体そして専門家間の協働作業として、スパイラルアップをはかるには、何らかの共通のプラットフォームが必要となる。これまでの一連のプロジェクトにおいて、プラットフォームとして形成されてきたものを整理すると、有形無形の次の五つが重要な役割を果たしてきたと言える。

1 計画立案のための議論のための場・拠点

当初M工房、今はIサロンが担ってきた、意見交換の場であり、協働作業を進めるにあたっての「協議」を進める場としての役割で、公共施設のように形式ばった利用手続きの場ではなく、自由で気軽な利用を許容する運営がなされると良い。

2 具体例となり参照できるモデル事例の構築

Iサロンの実現のように、実際に自らかかわって自力で作り上げた事例を持つことが、関係する組織にとって情報の蓄積ともなり共通の自信となり、次の活動展開への推進力ともなる。

3 組織としてのプラットフォーム

ここで結成したNPOのように、外部ではなく地域内団体として、まちを自主的に考える住民主体の活動組織の存在は重要で、今後とも住宅地版TMO（Town Management Organization）や活動型HOA（Home Owners Association）として、自らの地域の価値を高める活動を行い、見いだした地域資源の管理と活用運営を行っていくことが必要とされる。

4 方向性を共通理解するための共通ビジョン

無形のプラットフォームとして、情報を共有すること、特に共通の目標を据えることが重要であり、本プロジェクトのように「最期まで住み続けられる地域での継続居住」という目標概念があると、さまざまな個々の空き家転用や改修をそのための手段として構想できる。協議調整の場としてのプラットフォームには、このような共通ビジョン・目標を持つことが欠かせない。住民協定も本来その一つと言える。

5 地域価値を高めるための地域資源の総有観

とりわけ戸建て住宅地のような、すべてが私有財産として区分されている地域においてこそ、地域資源を共有財産として認め、地域のために活用するという意識が住民間で共有されるべきであろう。空き家をみんなのための地域資源であると考えること、その共通認識としての総有観が重要と考える。

（大原一興）

注
1) 杉本範子他「高台丘陵地戸建住宅団地における地域資産の活用に関する研究その7 コミュニティ活動拠点施設が住民の生活に与えた影響の考察」『日本建築学会大会学術講演梗概集』pp.1279〜1280、2015
2) 大堀夏紀他「高台丘陵地戸建住宅団地における地域資産の活用に関する研究その9 地域内での居住継続志向に関する考察」『日本建築学会大会学術講演梗概集』pp.1149〜1150、2016

3-6 福祉転用がつくるまちの居場所
ケアがおりなす地域共生

　西圓寺は70世帯ほどの小さな町にある寺が廃寺の危機になったことをきっかけに生まれた福祉施設である。雄谷理事長は、ここの特徴を「ごちゃまぜ」と表現し、「ここで起こったことは人をミックスすると元気になったこと」と語る。実際西圓寺を訪れると、福祉施設というイメージはなく、昼夜を問わず住民である乳幼児、小学生、大人、高齢者、障害者といったさまざまなが人が自由に出入りし思い思いに過ごしている。その光景から西圓寺は地域住民にとっての居場所であり、まちの居場所と呼べる。西圓寺の取り組みは、従来の福祉施設という枠組みを超えて地域にとって必要不可欠な生活の拠点を作り出しており、今後わが国で期待される取り組みである。そこで西圓寺の取り組みを紹介し、その特徴である「ごちゃまぜ」の意味を解読していく。

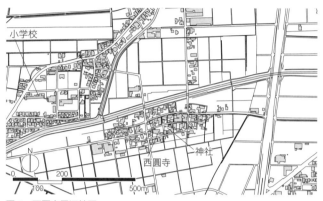

図1　西圓寺周辺地図

1　三草二木西圓寺

1　誕生の経緯

　西圓寺は小松市の小さな町の中心部に立地する。江戸時代から続く寺の住職が2005年に死去したのち、跡継ぎがおらず廃寺の危機に陥った。住職の死後1年、宗派の異なる寺の住職でもあり、社会福祉法人佛子園（児童養護施設を中心に運営）の理事長が、縁あって歴代区長（町内会）や酒造の会長や檀家に呼ばれて西圓寺のことについて依頼される。ちょうどこの時期、佛子園ではある地域で障害者のグループホーム建設に反対される出来事があった。何十年とその地域で活動していた佛子園でも、障害者の地域移行の一環であるグループホーム建設が反対される現状を鑑みて、「地域全体を変える、福祉を利用する人と『特別な』関係ではなく、『日常』な関係にするために必要なことを西圓寺で考える」こととなった。

　住民から要望があったとはいえ、一方的に法人に任せたというのでは従来の福祉を利用する人だけを対象にした福祉施設の建設と何ら変わりはない。そこで障害者の参画と地域住民が協力することを条件として寺と土地を買い取ることにした。その時点で地域住民の協力の内容は特に決まっていなかった。1年以上かけて何度も法人と地域住民が会合を重ねて、また理事長が海外青年協力隊で経験したプロジェクトサイクルマネージメントを用いて住民の積極性を引き出していった。その結果、温泉を掘ることに決まり、障害者・高齢者の福祉サービス（デイサービス等）にカフェ・温泉・駄菓子販売の機能も加えた三草二木西圓寺が2008年に誕生した。本堂だったところをみんなが集えるようにし、本堂の脇を調理場・カウンターに改修した。温泉は寺に隣接して増改築し、足湯はお寺と浴室・脱衣室の間に設けられた。寺や寺の付属建物（住職の住居部分など）はほぼそのまま転用している。

2　誰にとっても必要な場所

　高齢者は働く場（ワークシェア）やデイサービス、障害者は働く場やデイサービス、子どもは遊び場として西圓寺で自由に過ごしている。町内全世帯は無料で温泉に入れ、入湯するときに住民自ら世帯ごとの木札を裏に返す仕組みである。木札を裏に返すことで、他の住民が来たとき誰が温泉にいるのかがわかり、近所付き合いのきっかけになっている。温泉は住民だけでなく観光客の利用もあり、1日30〜40人の利用がある。住民以外の人は入湯料400円を支払うが、石川県の銭湯代よりも数十円安い価格設定である。西圓寺ができるまで近所付き合いが皆無であったが、今では楽しく談笑していると住民は語る。法人所有の建物ではあるが、住民たちは自分たちのお寺と思って自由に過ごしている。たとえば元々なかった体重計を自分たちが

事業者：社会福祉法人　佛子園
所在地：小松市
所在地人口（高齢化率）：10万6900人（26.9％）
用途：児童・放課後等デイサービス、
　　　障害者・就労継続支援事業B型、
　　　生活介護、高齢者デイサービス、
　　　温泉、地域コミュニティセンター、
　　　食堂他
定員：10人（高齢者デイサービス）
転用前建物：寺（1929年頃竣工）
建物構造：木造1階（一部2階）
開設年：2008年
転用床面積：572.2m²
改修費：1億5000万円（温泉掘削費含）
所有形態：所有

年表：　2005年　住職、死去
　　　　2007年　改修工事（3月〜12月）
　　　　2008年　開設

図2　西圓寺の概要

写真1　旧本堂：ここでデイサービスの高齢者・障害者や住民等が共に過ごす

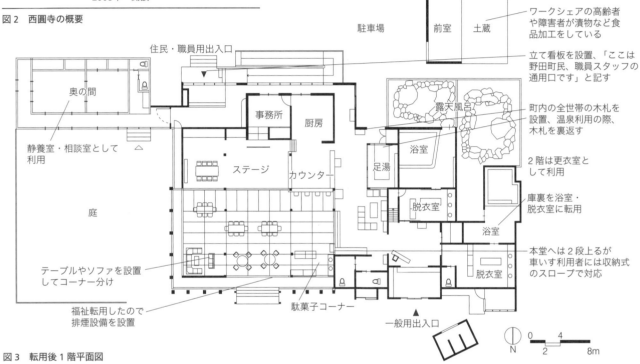

図3　転用後1階平面図

写真2　ロビー：カウンターの前に野菜・漬物・味噌などの保冷庫を設置

写真3　浴室：定期的に男女の浴室を入れ替えている

写真4　正面の庭：旧本堂に直接アクセスできる階段もある、奥に一般用出入口がある

写真5　駄菓子コーナー

写真6　飲食カウンター：奥に旧本堂

写真7　旧本堂：ステージから見る

3-6　福祉転用がつくるまちの居場所　97

買ってくる。ランチョンマットがないと誰かが買ってくるといった物資の支援はよく行なわれている。

退職した高齢住民のなかにはワークシェアの形で西圓寺にて手作り販売する梅干しなどを作っている。また畑で作った野菜が余分であれば西圓寺で販売するなど、高齢者は単なる温泉や食事の利用者や福祉サービスの受け手ではなく西圓寺運営の担い手でもある。いつでも自由に西圓寺の受け手、担い手に変わるというよりも、その境界線がない点で、理事長が西圓寺を引き受けるときの条件「地域住民が協力する」ことをあっさりと実現できている。

町内にコンビニがないこともあり、西圓寺には駄菓子コーナーを設けている。子どもを引きつける仕掛けではあるが、そもそも西圓寺全体が子どもたちにとって魅力ある場所であった。ある小学生は西圓寺におもちゃを隠している。元々のお寺をそのまま転用したのでおもちゃの隠し場所には困らない。

西圓寺には鐘があり、17時に決まった子どもが鳴らしている。当初はスタッフが鐘を鳴らしていたが子どもたちがやり出した。そのうちある男の子が必ず鳴らしにやってくるようになった。いつも鐘を聞いているよと町のお年寄りから言われることも彼にとってはやりがいになっているのだろう。今では高学年になり、17時に鐘を鳴らしに行くことが難しくなってきたので後継者を探している。いつのころからか町の子どもが別の町の同じ小学校の子どもを西圓寺に誘っている。西圓寺は子どもにとって単なる遊び場以上の場所であり、自分たちの町になくてはならない、大切で誇りに思える場所になっている。

障害者のなかには電動車いすを使う重度心身障害者の方がいる。みんなと居たいと大空間で過ごし、本人は高齢者やさまざまな人からケアを受けているがケアも提供している。認知症高齢者がその障害者に食事をあげようとしたが当初はうまくいかなかった。いつのまにかその障害者が動かせなかった首を少し動かして認知症高齢者から食事をもらえるようになったと言う。

障害者は食事の給仕など表に出て働くこともあるが、掃除や調理・片付け、味噌などの食料品の仕込みなど裏方として働いている。障害者は住民の見える場所で働いているので障害者と地域住民との接点は多い。

西圓寺では温泉に入浴したり、食事や酒に興じたり、働いたり、目的もなくやってきて長居したり、多くの人がさまざまな過ごし方をしている様子を日々お互い目にしている。そのなかで他者としっかりかかわったり、距離をとっ

たかかわりをしたりと他者との関係の濃淡はさまざまである。年齢や属性に関係なく同じ地域に住み、お互いが同じ大きな空間でともに時間を過ごすからこそ、後述する「ケア」が生まれている。

3 「ごちゃまぜ」を実現する工夫

西圓寺は元本堂にみんなが集まるから「ごちゃまぜ」が実現しているわけでない。西圓寺には温泉、カフェや駄菓子コーナー以外にさまざまな工夫が施されている。

1 温泉利用客等は表玄関から、住民は裏の玄関から

西圓寺には2種類の玄関がある。一つは温泉に入りに来る客や観光客が利用する玄関である。もう一つは住民専用の玄関である。西圓寺を自分の生活の一部として利用できるように寺の裏に玄関を設けて住民は自由に出入りしている。この配慮は長いスパンで考えると住民の西圓寺に対する愛着につながってくると思われる。

2 足湯

温泉は入湯料が必要であるが、もっと気軽に使ってもらえるよう足湯も設けている。小学生のあいだでは暇になったら足湯に行こうという合い言葉があり、学校が終わると待ち合わせに足湯にやってきて、そのまま西圓寺に滞在しゲームなどに興じる。駄菓子コーナーもあるが足湯があるからみんな来ていて、足湯は子どもたちの集い場になっている。

3 寺の機能はそのまま大事にする

寺は元々町内の信仰の機能だけでなく文化・教育の機能も担っていた。その機能は残して文化・教育の発信基地として定期的に音楽会などさまざまな行事を開催している。また年末には町内の有線放送を通じてお寺の大掃除の呼びかけを行っている。西圓寺が誕生するとき、できるかぎり建物や植物もそのまま活用した。柱・梁の色や庭に植えられている大きなもみの木などは新築には絶対できないものがあると理事長は語る。

---

2 居場所—誰にとっても必要なもの

西圓寺の特徴は「ごちゃまぜ」であり、「ここで起こったことは人をミックスすると元気になったこと」である。この理由を探ると「居場所」と「コミュニティケア」というキーワードが出てくる。これらは子ども・障害者・高齢者といった「福祉」を必要としている人はもちろん地域住民にとって必要なものでもある。

1 居場所の種類

　子どもだろうが、障害者だろうが、高齢者だろうがどんな人にも居場所が必要である。居場所があることによって、自分を取り戻せたり、他者と接点を持つことができる。それでは居場所とは何であろう。居場所の意味・類型は、さまざまな分野の研究者が行っている。ここでは藤竹による居場所の類型を引用すると、居場所には人間的居場所と社会的居場所がある[注1]。人間的居場所とは「自分であることを取り戻すことのできる場所」であり、「そこにいると安らぎを覚えたり、ほっとすることのできる場所である」。要は自分の身の置き所である。社会的居場所とは「自分が他人によって必要とされている場所であり、そこでは自分の資質や能力を社会的に発揮できる場所である」。社会的居場所は一人がいくつも抱えている居場所であり、同じ物理的な場所であっても他者との関係や役割によって変化する居場所である。社会的居場所は「自分が他人によって必要とされている場所」とまずは記しているとおり、とりわけ子ども、障害者や高齢者にとって他者との関係がきわめて重要であるが、何も難しいことをする能力が求められているのではない。前述の子どもが17時に鐘を鳴らすように自分ができることをして、他者から「ありがとう」という感謝の言葉をもらうだけで社会的居場所になりうる。ここで大切なことはお互いに「ケア」を持つことである。

2 ケアの意味

　「ケア」（care）は「介護」と同じ意味で用いることが多いが、ここでは明確に「介護」と区別して使用する。英和辞典ではケアには「関心」「配慮」「注意」「世話」「保護」「介護」といった意味が記されていて多くの意味を有している。広井によると「ケア」には、多彩な意味があり、①「介護」「看護」、②中間的なものとして「世話」があり、③広くは「配慮」「関心」「気遣い」という広範な意味を持つ概念である[注2]。「人間は誰しも、『ケア』する対象を求めずにはおれないし、また自分が『ケアされる』ことを欲」し、その対象は人に限定されず「普通『自分以外の何ものか』に向けられたものであるのに、その過程を通じて、むしろ自分自身が力を与えられたり、ある充足感、統合感が与えられたりするものである」と述べている[注2]。「ケア」は子ども、障害者、高齢者も含めてすべての人が行うことができる見過ごされがちな行為であり、社会的居場所の根本を成すものである。

3 高齢者・子ども・障害者の居場所

　一般的に高齢者は、居場所を維持することを願っても、リタイアという環境の変化、身体能力の低下や精神状態の変化、さらには介護が必要な状態になることにより居場所を喪失してしまう。今までしてきた家事や趣味の活動がおっくうになり、外出もままならず、親しい友人とも疎遠になり住み慣れた自宅や地域で住み続けることが困難になり、そして最後には福祉施設や病院に入ることになる。このような状況は居場所の喪失にほかならない。高齢者にとって社会的居場所をどう維持するのかが大きな課題である。とりわけ60歳半ばで一線を退いても、まだまだ元気で誰かの役に立ちたいと考えている高齢者は多い。リタイアすると自分の環境が大きく変わってしまうので居場所を喪失してしまう高齢者もいる。西圓寺では元気な高齢者にはワークシェアという形で社会的居場所を提供している。

　子どもにとって「ケア」は必要である。自宅や学校で築く親と子の関係、先生と児童・生徒の関係を「タテの関係」、同じ子ども同士との関係を「ヨコの関係」とよく言うが、子どもの成長には「ナナメの関係」も必要である。親・先生や子ども同士とも違う第三者と関係を築くことである。近年特にこの第三者として親や先生ではない地域の大人との関係が注目されている。たとえば近所のおじさん・おばさん・お店の人が子どもに何かを教えたり、見守ったり、親や先生には相談しにくいことの相談に乗ったり、アドバイスしたりすることである。第三者だからこそできる役割をもって子どもと関係を築くことができる。そこには強く関与はしないけど、いつも「関心」を持っているという「ケア」がある。地域にこの「ナナメの関係」による「ケア」があるかどうかが子どもの居場所の成立にかかわってくる。

　「ナナメの関係」に関連して鷲田は次のように述べている。「現代の社会には、そういう『自然に育つ』場所がほんとうに少ない。『自然に』育つというのは、無視する、放置しておくということではない。そこにいたら子どもが勝手に育つような『場』がしっかりあるということである。よその子どもたちを見て見ぬふりをする大人たちが、かつての地域にはたくさんいた。いまは、ちゃんと見ないで、見たようなことを言うひとが多すぎる。（中略）大人たちにそんなふうに監視されるのではなく、ちょっと距離を置いたところから見て、しかも見ぬふりをする大人にまじって自然に育つ、そんな開けた場所が、いまの子どもには必要ではないかとおもう。」[注3]

西圓寺には現代社会がなくした子どもに対する地域の大人の眼差しが存在する。さまざまな大人がときには優しく見守り、ときには厳しく接している。

障害者も子どもと同様「ナナメの関係」は重要である。これまでの障害者福祉では、日頃かかわるのは親・職員・仲間だけという閉鎖的な関係であることが多い。第三者からのちょっとした「ケア」で、意欲が湧いたり、自信を深めたり、誰かの役に立っていることで居場所ができたりする。

西圓寺では、一人ひとりの年齢や属性が違うからこそ、それぞれにできることとできないことがあり、自分ができる限りのケアを行うことで誰からも受け止められ、お互いがケアをするという人間の要求が満たされ、社会的居場所になっている。誰もが「ケア」を受けているだけでなく、「ケア」を相手にも行う。それを受けて相手もまた「ケア」を行うことを繰り返す。その結果として社会的居場所が形成される。社会的居場所が存在するには個々を尊重したうえで「ごちゃまぜ」にすることは効果的である。

4 規範の変容

多数の人が滞在する空間では明文化されているか暗黙かにかかわらず規範やルールが存在する。ルールが厳しく禁止事項が多ければ、主体的に過ごすことができないので居場所になることは難しい。渥美はまちの居場所に「規範の変容」が起きていると言う[注4]。たとえばなじみのない人がやってきて、はじめは常連やスタッフとよそよそしい言葉遣いで挨拶程度だったのが、何度も通ううちにしだいに親しい言葉遣いに変容している。今回はここまでの言葉遣いにしよう、相手もここまでの言葉遣いなら許すという具合に暗黙の線引きが存在する。「決めたルールでないルールがいっぱいあって、そのことがコミュニケーションを成立させていて変容」していると指摘している[注4]。

西圓寺は地域住民にとって行動や過ごし方の許容度が高い。最初から禁止事項で縛るのではなく、地域住民にとって西圓寺は大切な場所だからこそ常にお互いが快適に過ごすことができるよう「ケア」しあって、規範が時間の経過とともに変化しているのだろう。

3 コミュニティケアという考え方

コミュニティケアは1960年代から主に個々の精神障害者の支援として言われてきたものであり、1990年代イギリスでコミュニティケアによる障害者の地域での支援が行わ

れるようになり注目された。コミュニティとケアの関係を見ると、ベイリー（Bayley）は以下のように言及している[注5]。

第1段階：在宅放置の状態
　　　　（care at home out of the community）
第2段階：在宅放置か入所施設隔離の状態
　　　　（care out of the community）
第3段階：入所施設中心の隔離の状態
　　　　（care in the community in institution）
第4段階：公的な入所・在宅福祉の整備中心の状態
　　　　（care in the community）
第5段階：地域社会を巻き込んで公私が参画した状態
　　　　（care by the community）

第1段階とは何の支援も得られていない状態である。日本では1960年代以降、人の住むところから隔離された地域などに入所施設が建設され始めたが、多くはコミュニティと何らかかわりがなかった。1990年代から第4段階に突入し、現在は第5段階に進行しつつあると考えられる。渡邉によると「in」と「by」の違いについてベイリーは「in」はあくまで公的な援助だけであること、「by」は公的や公的以外の個人・民間もケアにかかわって支援している状態と明確に区別していることを指摘している[注6]。第5段階は障害者が健常者と何ら変わらず地域で普通に暮らすことを目指し、コミュニティの一員として彼らを支援する取り組みである。「ケア」は前述のとおり、介護を専門とする職員から介護を受けるのではなく、地域住民から「ケア」されたり、ときには障害者が地域住民に「ケア」を行うことを意味する。ベイリーは精神障害者を想定していたが、この考え方は地域包括ケアや地域での見守りが全国各地で見られるように、現在では子ども、高齢者さらにはコミュニティに暮らす誰にでも当てはまる考え方であろう。

第5段階が進行しつつあるなかで渡邉はケアの担い手について以下の指摘をしている。「社会福祉を志向するコミュニティには、それ自体にはケア（具体的援助）の解決装置を包含しないものの、ケア（精神的援助）を相互関係として構築されるという理解である。社会福祉を志向するコミュニティの構成要素としての福祉アソシエーションが具体的な日常生活でのケア（具体的援助）を展開するという位置関係を設定したい。すなわちコミュニティケアは、福祉アソシエーションを核として制度的な展開と非制度的な展開が求められることである。」[注6]

「福祉アソシエーション」すなわち社会福祉法人などの組織を中心に多様な個人・団体が当事者の生活全般を地域の

中で支援していくことが求められている。近年障害者福祉や高齢者福祉の分野では「地域に住む」ことが強く求められるようになった。その実現に向けて地域包括ケアに代表されるようにまさしく社会福祉法人などの組織を中心にしたネットワークが形成されようとしている。同じ地域に住む人同士の関係が希薄になっているコミュニティにとって、渡邊の指摘はケアの視点からみた今後のコミュニティの望ましい姿と捉えることができよう。

こうしたコミュニティケアに関する指摘は西圓寺で実践できていることは前述から知ることができる。今後ケアの実践が西圓寺から町全体に広がっていくことが期待される。広井は前述の「地域社会を巻き込んで公私が参画した状態（care by the community）」をさらに進めて次のように述べている[注7]。「おそらくそれは単にケアの提供される場所が施設からコミュニティに移るということに尽きるのではなく、より積極的に、『コミュニティ支援としてのケア』、あるいは『コミュニティ（づくり）のためのケア care for community』という意味までをも包含するものと思われる」。

ここではコミュニティで暮らす年齢や障害を問わない誰もが対象となり、誰もがコミュニティで過ごしていくために「ケア」を行っていくこと、制度と非制度の二分法を超えていくことが福祉事業に求められている。また広井が指摘するように近年は「福祉」の概念が拡張していて、そのなかには現在は地域の中で健康に生活できる人ももちろん含まれている。福祉施設が単なる「施設」を超えて、まちの居場所として日常的にいつでも誰もが立ち寄れて、お互いに何らかのケアを持ちつつ過ごすことができ、なおかついざというときには具体的な援助（介護）を受けることもできる場となること、すなわち「コミュニティづくりのためのケア」が西圓寺で展開されている。

4　西圓寺から学ぶべき点

かつてはお寺が地域の中心であったことは誰もが知る点である。小さな町の中心に立地するお寺という地域資源のなかでも恵まれた資源を福祉転用したから西圓寺は成功しているという単純な見方をすることは間違いである。お寺を福祉転用したという器だけを捉えるべきではない。開設するまでに時間をかけて話し合いの機会を作ったこと、住民専用の玄関を設け自由に出入りできるようにしたこと、多くの人が来て思い思いに過ごすことができるような仕掛けや空間があること、なによりも誰もが排除されることなく同じコミュニティ、同じ建物でともに過ごすために職員ややってくる人が意識／無意識にかかわらず努力・協力していることが大切である。そのことが誰にとっても居場所になっていて、共にケアしながら共に過ごしている。

福祉転用で求めている開設するまでのプロセスが重要であることや、地域住民の参加、地域資源の活用、開設後の取り組み、今後実現に向かうコミュニティケアや地域共生社会といった多くの含蓄が西圓寺に見ることができる。

西圓寺の立地する町の人口は開設した2008年1月には57世帯199人であったが、2017年1月には71世帯217人と世帯数・人数も増加している。きっと西圓寺の影響もあるのだろう。

(松原茂樹)

注
1) 藤竹暁編著『居場所を考える、現代人の居場所』至文堂、2000
2) 広井良典『ケアを問いなおす―〈深層の時間〉と高齢化社会』筑摩書房、1997
3) 鷲田清一『新編普通をだれも教えてくれない』ちくま学芸文庫、2010
4) 渥美公秀インタビュー「専門家の立場からまちの居場所を語る 地域におけるボランティア研究の実践を通して」日本建築学会編『まちの居場所』東洋書店、2011
5) Bayley, M, *Mental Handicap and Community Care*, Routlege Kegan Paul, 1973
6) 渡邊洋一『コミュニティケアと展望』相川書房、2005
7) 広井良典『ケア学　越境するケアへ』医学書院、2000

3-7 福祉転用による歴史的建造物の継承

1 古民家の福祉転用という道

　国土開発、生活様式の変化、建材の劣化等により、歴史的建造物はつねに存亡の危機に瀕していると言わざるを得ない。とはいえ、一般の人たちにしてみれば、こうした歴史的建造物の保存問題は専門性の高い学術的関心事にすぎず、なかなか身近に感じることはないだろう。けれども、話題が古民家であれば、どうだろうか。「古民家」と聞くと、「昔話に出てきそうな家」、「田舎のおじいちゃん、おばあちゃんの家」といった親近感が一気に湧いてくるのではないだろうか。

　実際、古民家が実社会にもたらす影響の範囲は広い。人びとに与える一種の心理的「あたたかみ」を追い風に、あるいは、大胆なリフォームを紹介するテレビ番組のおもしろさも手伝って、古民家の再生は、文化財保存事業のみならず、現代の住宅産業の一角にも市場を広げ、広く認知されるようになっている。元々、民家はわれわれの日常生活に最も身近な建造物だから、「歴史」や「文化」の継承のみならず、地域コミュニティの充実や強化を図るうえでも格好の建築資源である。そうであればこそ、古民家の再生が個人住宅の需要にとどまるのではもったいない。古民家が地域の風土や文化を代表する資源であれば、これを地域再生の拠点にし、まちの活性化に役立てたいという発想が出てくるのはごく自然な流れであろう。

　かつて歴史的建造物は貴重な文化的存在（文化財）として往時の姿のままに守られることが最大の目標であった。しかし近年では、保存のみならず、活用についても一体的に議論されるようになっている。すなわち、歴史的建造物が、いかに人びとの暮らしや幸福に寄与するのかという問題を抜きに、物の保存だけが求められる時代ではなくなっているのだ。結果、歴史的建造物の問題は、それを利用する人びとへの心理効果、地域コミュニティに果たす役割等、さまざまな角度からより柔軟な姿勢で捉え直す必要に迫られている。

　こうした状況のなかで、地域に根ざした福祉施設として、古民家を保育施設へ転用した実例に注目することができる。

転用のメリットとしては、施設建物を新築するよりも初期投資コストを削減しやすいこと、整備期間を短縮しやすいこと、利用圏域となるエリアごとの年齢別人口構造の変化に伴う保育ニーズの増減に対応しやすいことなどが挙げられる。加えて、特に古民家転用の場合は、転用前の既存建物に「あたたかみ」や、日常的な生活感がすでに備わっているといった利点もある。さらに、文化的価値のある歴史的建造物（古民家）を利用する場合においては、景観も含めて地域文化の継承に貢献できること、歴史的建造物を"使いながら保存"することで文化財をコミュニティの精神的な支柱にできることなど、大いに注目すべき点がある。

　とはいえ、こうした転用例がまだまだ少ないのもたしかである。よって、古民家を保育施設として活用する栃木県の二例を対象に、歴史的建造物が地域の福祉施設の計画と運営にどのような効果を上げているのか、また、こうした転用にはどのような課題があるのかを見てみたい。以上は、古民家を継承していくための方策を、歴史的建造物保存単独の課題とするのではなく、地域施設の多様なあり方と関連づけて考察するところに今日的意味がある。

　実例として取り上げる二例は、保育施設として民家の風情を持つ点で共通するが、歴史的建造物の扱い方において、解体した民家の古材を可能な限り使いながらぬくもりのある保育施設とした例と、大規模な民家を文化財として維持しながら保育施設として活用した例に分けられる。前者は古材の積極的な活用例、後者はいわゆる文化財建造物の活用例として貴重な知見を与えてくれる。

1 古材を活用したアットホームな保育施設

　宇都宮市の陽だまり保育園は、埼玉県にあった民家古材を活用した保育棟を持つ。この保育棟が道路に背を向け、雑木林を臨む広々とした園庭に開かれることで、自然に溶け込むような保育園環境が実現した（図1）。放し飼いにされる鶏を見れば、園庭はさながら民家の庭先である。

　保育棟に用いられた古材は、埼玉県鷺宮町の高橋荘之丞住宅に由来する。高橋家住宅は 1892 年に刊行された『大日本博覧図』に収録されたほどの豪農邸宅であった（写真1）。

写真1　転用前の高橋家住宅

写真2　転用された梁

写真3　転用された柱

写真4　保育棟外観

クラスルーム見上げ

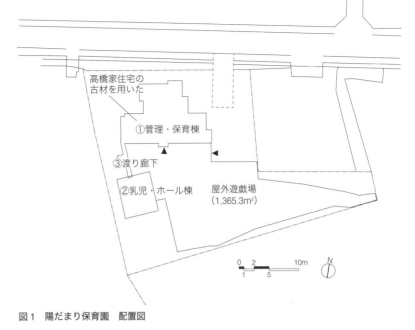
図1　陽だまり保育園　配置図

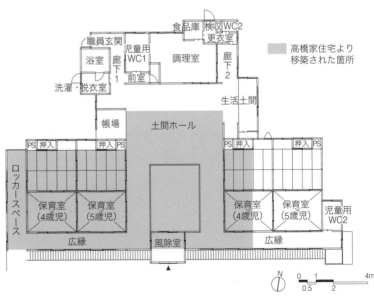
図2　高橋家住宅平面図（上）、陽だまり保育園保育棟現況平面図（下）

3-7　福祉転用による歴史的建造物の継承　103

その後、主屋は医院となり、軽微な改修が施されたが、2010年に所有者の意向によりやむなく解体されることとなった。このとき、高橋家住宅の主屋から取られた古材が場所を移し、陽だまり保育園保育棟に用いられた（2011年竣工）（写真2〜5）。

〈転用のポイント〉

陽だまり保育園保育棟は、中央土間ホールと西翼部が高橋家住宅主屋の平面形状を踏襲する。中央ホールを挟んで東翼部を付け足すことで、保育棟全体は左右対称形に整備された（図2）。

東西両翼に配置されたクラスルームは、「四間取り」の古民家を思わせる空間、まさに"園児たちの家"でもある。隣り合う年上のクラスを見て学び生活をしてほしいという教育理念に従い、各年齢児には同じ条件の部屋が与えられた。各クラスは、食事や動的活動に使われる庭側の部屋、午睡や静的活動に使われる奥の部屋の2部屋1セットで構成される。前者は板敷きの開放的な吹き抜け天井とし、外光をハイサイドライトから採り込む一方、後者は畳敷きで通常の座敷空間に近いしつらえとしている。

各クラスルームの要の位置にあるのが中央ホールであり、ここは園児たちの遊び場にして、貴重な集会場にもなるため、高橋家住宅主屋の土間よりもっと奥側に空間を拡張する必要があった。ホールの見せ場にもなっている大梁は、古材と新材をうまくつなぎながら、コントラストのある表現となっている。

外観については、急勾配の屋根が印象的だが、すでに高橋家住宅の時点で、元来の茅葺きを瓦葺きに変更してあったようである。全体が民家的シルエットを維持しているにもかかわらず、屋根上に暖房用煙突がそびえる点がやや不自然に見えるが、保育棟のシンボル性を高めてはいる。

2 登録文化財の古民家が保育施設に

古民家の広い敷地を保育施設に活かした例が、足利市の小俣幼児生活團（大川家住宅）である。保育施設としてクラスルーム機能を担うのが、2014年に竣工した敷地内北奥の低層木造園舎群である。この現代的園舎以外に、保育園敷地となる大川家住宅には、創建を明治初期に遡る主屋をはじめ、敷地東側に続蔵と呼ばれる塀蔵（旧味噌蔵、旧穀蔵、旧巽蔵、巽蔵、旧納屋）、南側に大門がある（写真6〜8、図3、4）。いずれも登録有形文化財[注1]である。敷地北側には山が控え、緑豊かな自然環境が現在の施設とゆるやかに接続している。敷地の離れた西側アネックスには、現代的な

設備を備えた乳児棟がある（写真9）。

敷地内の園舎は、主屋から最新の保育棟、塀蔵を模した大型遊具まですべて分棟としている（写真10、11）。園長によれば、路地裏長屋文化を再現したもので、すべての親がすべての子どもの親になれるような配慮だと言う。

〈転用のポイント〉

登録文化財のうち、内部を保育園として活用しているのが、主屋と塀蔵である。主屋は室内外に改築や増築の跡が確認されるものの、全体にほぼ創建時の姿をとどめている。保育園になった戦後は、1階土間部分に床を張り、ここが保育機能を一手に担ったが、現在は、遊戯室として使っている。大門脇から旧納屋、巽蔵、旧巽蔵、旧穀蔵・旧味噌蔵と続く塀蔵のうち、旧巽蔵が図書室、巽蔵が倉庫として利用されるほか、旧納屋はミーティングルーム、保健室、宿泊所として使用されている。

登録文化財の中核である主屋の座敷空間は、園児たちがときおり訪れ、節句飾り等を鑑賞するいわば展示空間になっている。かつての大川家住宅の格式を伝える居住空間、すなわち「玄関の間」「茶の間」「奥の間」「二の間」は元々装飾性の高い接客小空間の連なりであり、こうした歴史的価値のあるしつらえを保持しようとすると、ある程度限定された活用法にならざるを得ない。園児だけでなく、地域住民向けにイベント・スペースのように使うことができれば、登録文化財として主屋の存在はさらに高まるだろう。

2 古民家活用の課題と展望

1 法規的課題

ここに紹介した陽だまり保育園、小俣幼児生活團は、いずれも敷地にゆとりのある郊外の保育施設として、自然豊かな園庭と民家風情を持つ園舎をうまく両立させていた。そうした理想的環境を実現させるには、法規制のクリアも当然必要である。

陽だまり保育園の場合は、古材を用いる点で、通常の新築以上に苦労は多かったと言う。たとえば、「燃え代設計」によって準耐火建築物にするためには、構造材となる柱や梁に求められる材料規格をクリアしなければならない。ここで問題になるのが、古材の性能判断である。現行の法規制は新材を基本としており、基準が古材と新材でまったく同じで良いのか、については検討の余地がある。古材のなかには、現在流通する新材よりもかなり良質なものがあるという声も聞かれるからだ。そうした良質な古材の性能を

写真 6　大川家住宅の主屋と塀蔵

写真 7　敷地外から見た塀蔵

写真 8　敷地外から見た大門

写真 9　乳児棟

写真 10　大門脇に整備された黒塀（兼大型遊具）

写真 11　敷地外から見た黒塀（兼大型遊具）

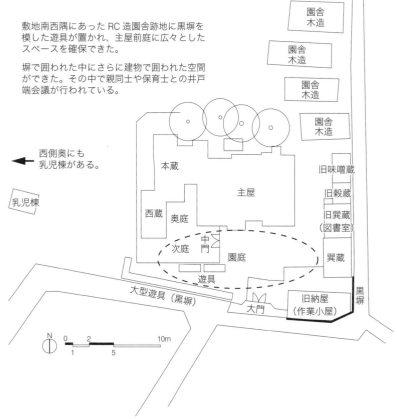

敷地南西隅にあった RC 造園舎跡地に黒塀を模した遊具が置かれ、主屋前庭に広々としたスペースを確保できた。

塀で囲われた中にさらに建物で囲われた空間ができた。その中で親同士や保育士との井戸端会議が行われている。

図 3　小俣幼児生活団配置図（2015 年）

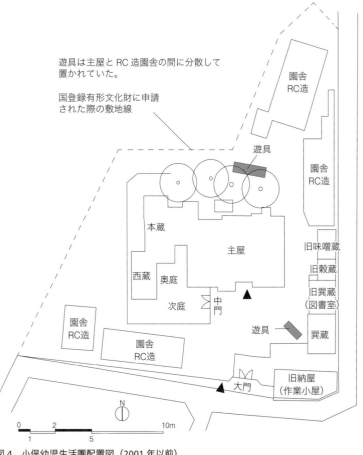

遊具は主屋と RC 造園舎の間に分散して置かれていた。

国登録有形文化財に申請された際の敷地線

図 4　小俣幼児生活団配置図（2001 年以前）

いかに適切に保証してあげられるかが、今後の制度整備の課題だろう。場合によっては、良質な古材をいわゆるJAS材同様に扱う、といった検討も必要だろう。

かつて保育機能を一手に担った小俣幼児生活團主屋が遊戯室としての使用にとどまるのも、現行制度に従うがゆえである。ただ、この主屋をさらに活用するため、遊戯室の床レベルを下げ、天井を取り払うことで、一回り大きなホールとして再生する将来構想があると言う。ホールが園児のみならず、地域住民のためのイベント・ホールとして使われることになれば、文化財が地域に貢献する度合いもいっそう高まる。ただ、この構想が実現するためには、建築基準法、消防法のクリアが課題で、古民家の保存を考慮すればするほど、高いハードルになっている。

登録文化財であっても、福祉転用に際して本格的な整備を行おうとすれば、原則、現行の建築基準法に従う必要がある。だが、活用にあたって、地方自治体が条例を設け、建築審査会の同意が得られれば、建築基準法の適用除外とする道はあるのだ。さらに、古民家等の保存活用促進に向けた制度的な後押しも現在進行中である。「国家戦略特区における規制改革事項等の検討方針」（2013年10月18日、日本経済再生本部決定）によれば、多くの歴史的建造物の活用がより円滑に進むような制度運用が検討されている。通常であれば時間と手間を要する建築審査会の個別審査を経ることなく、地方自治体が設ける専門委員会[注2]によって基準法の適用除外を認めてもらう仕組みである。これにより特例制度がかなり迅速に運用できることになる。

消防法についても、歴史的建造物が基準の適用除外になるかどうかの判断が円滑に行えるような仕組みが検討の途上にある。時代の全体的な趨勢としては、地域の活性化、建造物の利活用にバランスの取れた規制改革が模索されているところであり、地方自治体のイニシアティブが発揮されやすいような体制が期待されるところである。

② 計画的課題

福祉転用される古民家は、文化財建造物の保存から古材の積極的な活用まで手法にかなりの差があるものの、古民家を地域の文化資源として活用することで通常の新築計画では得難い土着的な雰囲気をつくり上げていた。また、伝統的木造空間体験を幼児教育の中核とする点、こうした教育現場が地域の文化的核にもなるような地域貢献を目指していた点においても共通する。

古民家を保育施設に転用した2例に共通して、一にも二にも、民家の風情が幼児教育に資する、という運営側の強い信念があった。だからこそ、活用に対してあらゆる努力が投じられた。建築への具体的要求としては、いずれも古民家に備わる伝統的な木造空間に価値の比重が置かれていた。土間空間が集会イベント・ホールとして機能し、園児たちの伝統的木造空間体験の中核となっている点は、両園に共通する。一方で、座敷空間を園児たちの日常空間にするためには、陽だまり保育園のようにかなり大胆な改変が必要となる。

転用計画においては、土間、座敷といった古民家の空間的特徴に配慮し、①土間空間の柱割および小屋組を活かしつつ、いかに集会ホールとして一体的に機能させられるか、②座敷空間については、特に座敷群が優れた建築意匠を残す場合、連続する小空間の活用について、利用者と利用形態をいかに細かく設定できるかが、転用の成否を分けるポイントと言えるだろう。

こうした施設が、耐震性、耐火性といった安全性に配慮し、快適な室内空間の実現を目指すことは当然である。そのうえで、幼児教育の現場が伝統的空間であり、そこに世代を超えて、園児、保護者、地域住民が集えることの意義は大きい。だからこそ、さまざまな世代を巻き込んだ地域拠点として魅力的なのだ。

制度面、計画面、いずれにしても、近年は問題解決のための情報共有がますます重要になっている。とりわけ歴史的建造物の活用については、「HARNET（歴史的建造物活用ネットワーク）」等、さまざまな立場の人びとが知恵を出し合う全国的なプラットフォーム組織が2013年にできている。古民家活用の先行事例、最新動向については、各種メディアで情報発信されているほか、古民家自体がイベント開催の場ともなっている。こうした人びとの輪、情報共有の輪が広がることで、歴史的建造物の保存と活用の可能性、福祉転用の可能性も着実に広がっていけるだろう。

（横手義洋）

注
1) 比較的新しい時代の歴史的建造物を幅広く後世に継承していくために1996年につくられたのが登録文化財制度である。指定文化財とは異なり、緩やかな保護措置を講じるため、改造、改修、転用も可能である。
2) 委員会は、歴史的建造物の活用、構造安全性に係る専門家等によって構成される。

謝辞
小俣幼児生活團團長大川眞氏、陽だまり保育園理事長木村厚志氏には、施設調査にあたり多大な御協力をいただいた。記して感謝申し上げたい。

3-8 福祉転用による地域の「小さな文化」の再生

1 地域資源の福祉転用と地域文化

1 大きな文化と小さな文化

「文化」とは、その地域の人びとによって共有される、その地域特有の考え方や振る舞い方の総体である。それは、私たちを取り囲む社会的な環境の一部であり、好むと好まざるとにかかわらず、私たちの行動や考え方に制限をかけたりルール付けをするような形で影響を与えている。と同時に、慣れ親しんだ文化的環境の中に身を置くとき、自分の考え方や振る舞いかたが周りの人と共有されていることを感じ、そのことが私たちに安心感をもたらしている。

「文化」という言葉は、伝統芸能や文化財など、その地域特有のイベントや技術、衣食住の環境として結実しているものを指すことが多い。このような、長い時間をかけて共同体の中で醸成され、形として確立されているものを、ここでは「大きな文化」と呼んでみよう。「大きな文化」は見た目にもわかりやすく、それぞれの地域の「地域性」と密接に結びついている。ただしそれは固定化してしまっているがゆえに、その「文化」の中に身を置いたとき、考え方や振る舞い方を一つの枠組みに組み込もうとする規範的圧力として感じられることもあるし、ときには拘束感や閉塞感を感じることもある。

現在の私たちの生活においては、かつての集落のような共同体として体験を共有する機会は少なくなっている。地域ごとの独自性も希薄化し、私たち自身も、あまりに固い文化的な枠組みに対しては違和感を抱くようになっている。私たちの生活や活動の中心は、地域から個々の所属する集団へと移行しており、「大きな文化」は多くの人にとって生活と結びつかない、いわばシンボルとして形式化されてしまっている。

それでも、私たちの生活は地域の中で、地域の人たちとかかわりながら営まれており、私たちの生活の体験や記憶の多くは、地域の人たちと共有されている。ある地域に適応して生活することは、私たちの考え方や振る舞い方が地域の人たちからさまざまに影響を受け、その地域の持つ価値観になじんでいくことでもある。私たちは地域の中で、学校や職場、サークル活動や友人グループに至るまで、さまざまなコミュニティに所属し、さまざまな体験を共有している。その共有体験が意識の共有をもたらし、そのコミュニティに帰属しているという感覚を高めていく。そのような形でコミュニティで共有される意識を、「小さな文化」として捉えてみたい。

「小さな文化」は、「大きな文化」のように私たちの外側に固定化されてあるものではなく、私たち自身がそこにかかわってともに作り上げ、私たちのかかわりによって日々更新され続けているものである。私たちは日々「小さな文化」に実践的に参加してしており、そこで共有される意識こそが、その文化に対する帰属感をもたらしている。

2 地域資源の役割

地域における「小さな文化」の醸成を担ってきたのは、おそらくさまざまな「地域資源」である。「地域資源」とは、地域に暮らす人たちによって共通に利用され、共通に認識される場所を示す。たとえば、多くの人が立ち寄る商店街、溜まり場となるような飲食店、なじみの顔が合う銭湯や診療所、地域のランドマークとなっているモニュメント、定期的に会合の開かれる集会所、祭りなどで地域の人が集う神社や広場。いずれも、日々の生活に溶け込み、生活とかかわり、地域の人たちと居合わせ、かかわる場所である。

こうした場所は、そこにふらりと立ち寄ったり、そこで行なわれている出来事に参加したり、そこで居合わせた人とコミュニケーションしたりしながら、地域の人びとと体験を共有する機会となる。そこに集う人の生活の一部が営まれ、重なり合い、居合わせた人たちと共有される。実際、同じ地域の人同士であれば、あの場所を知っている、あの場所でこんなことをした覚えがある、そこにいる人を知っている、そこでこういう情報を得た、などの共通体験を持つだろう。そのときそれぞれの場所は、一人ひとりの生活場面を提供するとともに、その場所を介して多くの人の生活を紡ぎ合わせる媒介としての役割を果たしている。

私たちはこうした場所での他者とのかかわりを通じて、地域のさまざまな情報を得たり、コミュニケーションのし

3-8 福祉転用による地域の「小さな文化」の再生　107

かたや、その場における適切な振る舞い方など、さまざまなことを学んでいる。その場所が自分にとって居心地のいい場所だったり、思い入れの深い場所であるほど、その影響は大きいだろう。その小さなコミュニティの中で、自分なりの役割を見つけ、それを果たそうとするかもしれないし、他者から見てどのように振る舞えばその他者も心地よく過ごせるのかを考え、少しずつ実行するようになる。このようなプロセスを通して、私たちの考え方や振る舞い方は多かれ少なかれ、コミュニティの中で共有されていく。そのとき私たちはそこが自分の居場所だと感じるし、私たちはこのような居場所を通して「小さな文化」を育み、その文化に身を置くことによって安心感を得ている。

このような地域資源が地域の中に多様に存在することによって、「小さな文化」が互いに重なり合い、より多くの人に共有されるようになり、「地域の文化」として醸成されていくのではないだろうか。もしその地域に、長い伝統によって培われた「大きな文化」が見当たらないとしても、多様で豊富な地域資源の存在によって、おそらく私たちは生き生きとした文化を育み、その地域の文化に自分を繋ぐことができてきたように思う。

3 地域資源の減少・衰退

「文化」の拠点としての地域資源の多くは、その中心となる機能や目的はもちろんあるものの、明確な目的遂行のために運営されてきたわけではなく、昔ながらのルールや地域とのつながりによって維持されてきた側面が強い。結果的に、さまざまな人のさまざまな行為・居方を含み込む、多義的で曖昧な存在となっている。だからこそ、一人ひとりの利用者は、自分なりのかかわりかたが可能となり、自分なりの意味を見つけることができるのだろう。しかし、それがゆえに、かつて地域の中に豊富に存在していたこのような地域資源は、経済性や合理性を追求する現代社会の中では、しだいに減少していく傾向にあることは否めない。

個人商店の並ぶ町の商店街も、団地のタウンセンターとして設けられた商店街も、安くて品揃えもよい大規模店舗やチェーン店に押されて経営が悪化し、空き店舗が増えてシャッター通りと化しているところは多い。店主の趣味で営業していたような商店は、次々と姿を消しつつある。銭湯は多くの町から撤退して久しい。プライバシーや快適性・利便性を求める傾向が強まるとともに、開放的な民家は建て替えられ、オートロックの閉鎖的な集合住宅が増えている。社会の高齢化と人口減少に伴い、郊外や田舎から

は若い世代が離れ、空き家も目立つようになっている。代わりに建てられる建物や施設は、明快な目的に従って計画され、その目的を果たすことに特化した環境やサービスが提供される。そこには提供される目的を果たそうとする人のみが集まり、曖昧で多義的な「小さな文化」の形成は望めない。場所の質は明らかに変貌し「地域資源」とは呼びづらいものとなっている。

おそらく、地域の文化が衰退し希薄化していると感じるのは、「大きな文化」が保存されてこなかったことよりも、「小さな文化」を育んできた地域資源が失われつつあることのほうが大きいのかもしれない。

4 福祉転用によって地域の文化を維持する

こうした状況において、近年、空き家・空き店舗などの使われなくなってしまった「地域資源」を転用し、活用しようとする動きが注目を浴びてきている。町家をカフェやレストラン、ギャラリーなどにリノベーションして人気を博している事例も少なくない。それは、失われようとしている地域資源の質を再評価し、その場を維持するとともに、そこに新たな価値を吹き込もうとする試みとして捉えられる。福祉用途への転用も、こうした流れに沿うものである。そして文化という側面から見ると、そこにより多様な意味や役割を見出すことができる。

地域資源の特性を活かそうとすることは、地域の人びとの共通体験の記憶を残し、その場所で形成されてきた「小さな文化」を継承することでもある。たとえば、伝統的な地域行事の舞台として、すなわち「大きな文化」の拠点として親しまれてきた民家があるとしよう。そこに住む人もいなくなって、空き家となったり取り壊されてしまうと、地域文化の拠点そのものが失われてしまうことになる。そんな地域の人にとって貴重な地域資源を、たとえば宅老所として活用することによって、その地域行事（＝地域文化）も継承されるかもしれない（写真1）。

福祉転用はこのように、地域資源の機能にさらに、新しい役割を与えて生き生きと使いこなしていくための手法の一つである。これまで集まっていた人に加え、そこに新たな人たちが集い、居場所として共有されるようになることで、ささやかながらも新しい「小さな文化」が生まれ、地域の中に新たなレイヤとして重ね合わせられるようになるだろう。地域資源の再活用は、地域の文化を維持し、再活性化させることに寄与しうるのである。

写真1　宅老所：地域行事の舞台として親しまれてきた民家を再活用

写真2　デイサービス：町の金融機関として地域で親しまれていた建物を再活用

写真3　グループホーム：町の造り酒屋を再活用。多様な生活行為が喚起される

5　福祉の場を文化的実践の場に変える

　従来「福祉」の対象となる高齢者や障害者などは、社会的弱者として、社会の文化的実践の場から遠ざけられてきた経緯がある。特に「福祉施設」は、「福祉」目的に特化した空間として整備されてきた。その利用者はあくまで福祉の対象者であり、主体的な生活者としては捉えられてこなかった。つまりその環境は、受動的で依存的な行為に対応し、一人ひとりの生活が蓄積されうるものにはなっていないのである。文化が、時間をかけて環境を形成しながら意識を共有することで醸成されるものであるならば、施設利用者は、地域の文化から切り離されただけでなく、新しい文化の形成も困難な状況に置かれていると言える。

　しかし、元々地域の中で共有されてきた地域資源を福祉用途に再活用することは、福祉の場が生活の場として再構築される可能性を拓くものである。

　地域資源は、地域にあって多くの人の生活が重なり合い、共有される場であった。多くの人に認知されてきたその存在自体が、「福祉」という特殊な場に比べ、利用者が訪れる際の心理的ハードルを下げうるものである（写真2）。

　そして、その環境には多くの人の振る舞いの歴史が刻み込まれている。生活とは、起床して、食事して、入浴して、という行為の断片ではなく、他の人たちとコミュニケーションしたり、何かしら自分の役割を遂行したり、趣味に没頭したり、ぼんやりと考え事をしたり、みんなで楽しく騒いだり、さまざまな行為が重なり合ったものである。そのような生活の刻み込まれた環境は、自然とその環境にあった振る舞いを喚起しうる。利用者は、多様な生活行為や他者とのかかわりを回復し、すなわち生活の主役としての自分を再獲得することができる（写真3）。

　地域資源は元々地域の文化的実践の場であり、転用後にもその機能を継承することができると、利用者は、これまで訪れていた地域の人たちと触れ合いながら、その文化的実践にかかわることができる。地域の文化から隔離されてきた福祉の場が、地域の文化の拠点としての役割を担いうるのである。たとえ利用者の身体状況が悪く、自ら能動的に動くことが困難だとしても、文化的実践の場に身を置き、その場に適合した振る舞いが促されるだけであっても、文化の維持・形成に周辺的に参加しているという感覚につながるだろう。

6　福祉の場が新しい地域文化をつくる

　福祉の対象となる高齢者や障害者の人たちは、かつてのように、地域社会から隔絶された集団居留地に押し込められてはいないとしても、福祉施設の存在は現在でも社会に溶け込んでいるとは言えず、私たちの日常生活のなかで目につきにくい存在となっている。私たちの「小さな文化」から、そうした人は抜け落ちていると言ってもよい。

　そうした状況において、地域資源に福祉用途を導入することは、これまで分離していた地域社会と福祉の場と間の存在した壁に風穴を空け、両者を結びつけることを可能にする。福祉の対象者として扱われていた人たちが、自然な形で地域という生活の場に投げ込まれ、私たちの目につねに触れる存在となり、地域の文化の中に組み込まれていく。それは社会の一員として受け入れられるというだけでなく、地域資源において、ともに「小さな文化」を形成する担い手として再構成されることである。それは、停滞していた地域社会の中で、地域に新しい文化を形成していくポテンシャルになりうる。

　すなわち、福祉用途を担う地域資源は、対象者の生活の質を向上させるという福祉拠点としての役割にとどまらず、地域自体に影響を与え、地域社会を再構成しうる可能性を持つ。その影響が地域に展開されていくと、より多様な人を受け入れ、より多様な人が主体的にかかわるような、インクルーシブな文化の醸成にも寄与しうるのである。

写真4 別府のアーケード商店街：車いすで外出する障害者の姿を多くみかける

写真5 ドアの障害者用マーク：障害者用トイレ設置を示す

写真6 ユニバーサルスペース夢喰夢叶：すべての人と「楽しい」が共有できる空間

2 「ユニバーサルスペース夢喰夢叶」にみる文化的実践

1 障害者の多い町

　大分県別府市はおそらく、車いす等の障害者がふつうに生活している様子を、最も多く目にすることのできる町の一つである（写真4）。ここでは、地域資源を活用した福祉転用が地域の文化形成に大きく寄与している事例について紹介したい。

　別府は古くから温泉療養の地であり、国立重度障害者センターやリハビリテーションセンターなど、障害者のリハビリを行う大規模な医療施設が立地している。それに加え、まちなかに障害者の姿を見ることができるようになったことの背景には、障害者の就労支援を行う「太陽の家」の存在が大きいと言われる。

　1965年に設立された「太陽の家」は、障害者が地域で自立して生活するうえで欠かせない就労の場づくりに取り組んできた。障害者の職能開発に力を入れるとともに、さまざまな企業と提携し、障害者の働く工場や金融機関、スーパーマーケット等を次々とつくり出してきた。ふつうに就労し、ふつうに賃金を得ることで、この町に暮らす障害者は、救済されるべき福祉の対象者ではなく、主体的な生活者として振る舞うことが可能になった。つまり、地域の一住人として、ふつうに町に出て、買い物し、飲食し、楽しみ、コミュニケーションをとりながら、町を生活の場としているのである。

　町の住人もしだいに、障害者を特別視することなく受け止め、受け入れるようになってきた。障害者も町でふつうに生活をすることで、さまざまな場所で体験が共有され、健常者と障害者との協働による「小さな文化」が形成されるようになる。そうしたプロセスを経た価値観の共有こそが、町に社会的受容力をもたらしている。

　別府の文化的実践は、物理的環境の変化にも及んでいる。障害者が、客として店舗を利用し、店主とコミュニケーションすることで、店主の側も、障害のある客にとって自分の店の環境が不便であることに気付かされる。その結果、客を受け入れるために店舗の改修を行う店舗が増えている。障害者用のトイレが完備された店ではその旨が外に示され、誰でも利用しやすい店であることがアピールされている（写真5）。ここでは、障害者もふつうに店を利用する客の一人であり、店にとっても客にとってもよりよい環境のあり方が共有され、物理的環境として実現されている。

　そんな別府の町に、障害者にとって暮らしやすい生活環境、就労環境、余暇環境を実現するために、障害者が中心となったNPO法人が立ち上がっている。障害を持っている自分たちこそが、他の障害者の要望や課題をすくい上げることができる、という考え方から、障害を自分たちの特徴として、それを活かした仕事をしようとしているのである。町の中で生活するために、実際にユニバーサルデザインの集合住宅を建てたり、日常生活の上でのさまざまな相談・サポート業務を請け負い、幅広く情報発信を行っている。障害者自身が地域の文化にかかわり、直接参加することによって、その環境に変化を加え、町の住人と障害者を包摂する新たな地域の文化を生成している。

2 「夢喰夢叶」の誕生

　「ユニバーサルスペース夢喰夢叶（むくむく）」は、障害者自身によって開設された、自分たちの居場所である（写真6）。開設の主体は、別府において障害者の自立・生活サポートを行うNPO法人「自立支援センターおおいた」である。

　障害者が地域で自立して生活するためには、居住の場も就労の場も必要であるが、もう一つ、自由に集って楽しむことのできる余暇の場、地域内外の人がかかわり合うきっかけとなる交流の場がまだまだ不足している、という問題意識がその根底にある。まず飲食店を改修して2006年に最初の「ユニバーサルスペース」がオープンした。その後、別府の目抜き通りでもあるアーケード街に面した店舗を再

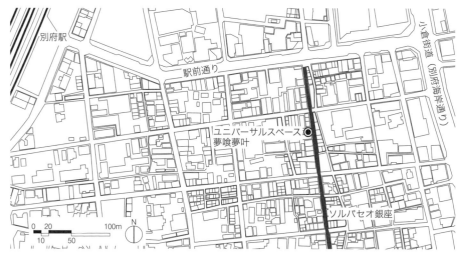

写真7 「ユニバーサルスペース夢喰夢叶：商店街に対してガラス張りの外観

図1 別府市街における「夢喰夢叶」の立地：ソルパセオ銀座通りに面する

活用し、より便利で多様な活動に対応した空間へ2014年に移転したものである（写真7、図1）。

つまり「夢喰夢叶」は、もとは自分たちNPOの福利厚生の一環として、自由に集って飲食できるたまり場として開設された場所であった。移転を機に、収容人数を拡張し、自分たちだけでなく多様な人の多様な利用を可能にすることを意図して、改修工事が行われた。

障害者が店舗を利用する際の最大のネックが、トイレの環境である。自分たちの体験と知見をもとに、必要な広さと設備を備えた車いす仕様のトイレに改修した。多様なレイアウトの可能な広さを確保した店内には、高さの変えられる丸テーブルを導入し、利用目的や利用者の状況に合わせて自由にレイアウトを変更できるようにしている（写真8）。一人でも過ごせる落ち着いたカウンター席を設け、ふだんは居酒屋として営業しつつ、さまざまな会合や研修会、交流会等のスペースとして活用されている。通りに対しては全面ガラス張りとして、外から人を呼び寄せやすい表情となっていることも大きな特徴である（写真7）。

3 「小さな文化」形成の場

「夢喰夢叶」は、「ユニバーサルスペース」という名前が示すように、特定の機能に特化したものではなく、また障害の有無にかかわらず誰でも利用でき、いろんな活動、いろんなかかわり方を許容できるようにデザインされている。

夜は地域のたまり場となる居酒屋として運営され、気軽に立ち寄れる場所、そこに来れば楽しくコミュニケーションできるサードプレイスとなっている。そこには仲間で訪れてもよいし、一人でふらりと訪れてもよく、行けばスタッフや他の客との出会いが生まれている。たまたま通りかかった地域の知人が中の様子を見て引き込まれ、コミュニケーションの輪を広げていくこともある。

また昼間は、バリアフリー観光センターとして、障害者のための観光情報の提供や観光サポート業務を行っている（写真9）。日本の現状では、障害がある人の観光には、付き添いによるサポートが不可欠である。しかし、こうした場所で相談できたりサポートが受けられれば、障害があっても一人で遊びに来ることができるようになる。そうした自立サポートの場であるとともに、外部の人を巻き込む仕掛けともなっている。

「夢喰夢叶」ではこのように、障害者と地域の人、あるいは地域外から訪れる観光客との共通の体験の場が築かれている。「楽しさ」を軸として、一部の人に閉じたものではなく、できるだけ多様な人がかかわり合うことで、開かれた「小さな文化」が少しずつ形成されているように思う。

4 当事者による文化の拠点づくり

「夢喰夢叶」の最大の特徴の一つは、障害者自身によって設置され、運営されていることである。そこにあるのは、福祉の対象としての社会的弱者の姿ではなく、自分たちに必要なものは自分たちでつくる、という、生活の主役であり文化の実践者としての姿である。

障害があってもまずは自分たちの生活を楽しむこと、そのために環境を整え、人間関係を広げ、仕組みを作る。そして他の人たちも楽しめるように、情報を提供し、イベントを企画し、サポートを行う。「夢喰夢叶」はそのための拠点であり、居場所であり、実践の場としても機能している。障害のない人には気づきにくいことで、障害がある人にとってはきわめて有用な情報や知識や仕組みはたくさんある。それを自分たちの仕事とすることで、障害がバリアではなく、活用すべき特性として捉え直されている。

その姿は、地域の人たちとのかかわり方にも変化をもたらしている。地域の人たちの意識から、健常者と障害者と

写真8 高さ可動式の丸テーブル：状況に応じたさまざまなレイアウトを可能にする

写真9 バリアフリー観光センターの看板：情報提供や観光サポートを行う

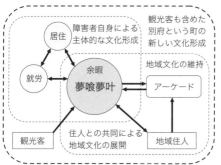
図2 「夢喰夢叶」を中心に、多様な人を結びつけ、地域文化が展開されていく

いう枠組みはしだいに薄れ、ときには店に集う飲み友達として、ときには仕事のパートナーとして、ときには障害に関する専門家として、さまざまな場面で接することになるだろう。「夢喰夢叶」を拠点として、これまでにはなかった新しい出会いが生まれ、多くの人を巻き込みながら、新しい文化を形成しようとしている。

5 余暇の場がつくり出す文化

地域の溜まり場のような、楽しみのためのスペースを「福祉転用」の範疇に入れることに、違和感を覚えるかもしれない。確かにこれまで「福祉」には、居住や就労は含まれていても、余暇・交流についてはほとんどサポートされてこなかった。

しかし、「福祉」の概念が「困窮者の救済」から「生活の質の保証」へと変化してきている現在、総体的な生活の質の向上には余暇をも考慮する必要がある。人の生活の質は、居住・就労・余暇のバランスをとることにあり、必要最低限の居住の場と就労の場が提供されるだけでは、健康で文化的な生活とは呼べないだろう。特に「文化」という側面からは（特に「小さな文化」では）、余暇こそが文化形成の大きな要素なのである。

「夢喰夢叶」は、交流や飲食や観光といった、障害者に楽しみをもたらすためのスペースである。その余暇を介して、障害者も健常者も、さらには外部からの観光客まで含めた、さまざまな人の生活が重ね合わされ、その体験や思いが少しずつ蓄積され、地域の中で共有されていく場所となることが目指されている。そして実際に、障害者の姿を日常のレベルで町の中に溶け込ませ、町の住人に共通認識させる役割を果たしている。すなわち「夢喰夢叶」は、余暇を通して障害者の文化的実践をもたらすという、「福祉」の概念を拡張させる事例と言えるだろう。

6 地域への展開

「夢喰夢叶」の面するアーケード街は、かつては大勢の人で賑わっていたが、現在では駅から離れるにつれて空き店舗も目立ち、更地化されて駐車場として利用される箇所も多くなっている。アーケード自体の老朽化も進み、他の多くの町と同様、撤去されていく可能性が高い。

「夢喰夢叶」は、そのような状況にあるアーケードの持つポテンシャルにあらためて気づかせてくれる。車いすの障害者にとって半屋内空間であるアーケードは、外出のバリアを下げる装置となっている。そしてこの商店街はこれまでも、購買の場、飲食の場、交流の場、散歩の場、出会いの場等々、地域住人の生活の舞台として多くの人に共有されてきた。アーケード街全体が、地域文化を醸成するための地域資源なのである。

実際に「夢喰夢叶」を拠点とする取り組みは、アーケード街の店舗に訪れる障害者を増やし、町の中に障害者の姿を増やしている。誰にとっても歩いて楽しい町、ふらっと立ち寄りたくなる場所の多い町、障害があってもふつうに受け入れられ、ふつうに生活できるような町にしていくことが、地域の住人たちと共通に了解されている。

このように、「夢喰夢叶」にみる既存の建物の転用は、その空間の再活用にとどまらず、立地のポテンシャルを活用することにつながっている。地域住人の生活の場としてのポテンシャルを押し上げることに寄与し、地域文化を維持もしくは再活性化する取り組みであるように見える。

さらに「夢喰夢叶」では、障害を抱えた観光客をも巻き込もうとしている。観光地・温泉地としての別府の地域文化を活かしながら、そこに「障害」という特性を織り込むことで、より開かれた形の、新しい地域文化への展開へとつながっている（図2）。「夢喰夢叶」という小さな拠点における小さな文化は、少しずつ地域に広がりを見せ、小さな文化同士が重なり合い、より大きな文化として定着しようとしている。

（橘弘志）

コラム③ リファイニング建築から考えるこれからの既存ストックの利活用

1 リファイニング建築とは

リファイニング建築は、改装とか改築、リニューアルやリノベーションと違う五つの大きな特徴がある。

①廃材をほとんど出さない、環境に優しい
②耐震補強をしっかりとする（新耐震設計基準に適合）
③建物の用途変更が可能である
④内外観ともに新築のようなデザインとなる
⑤新築と比較してコストが約半分になる

環境に優しいという点は東京大学、東京理科大学、首都大学東京の共同研究で二つの建物の調査を行なった。その結果、建替に対してリファイニング建築は廃材が43%しか出ないこと、つまり57%減となった。同時に工事段階別のCO$_2$排出量の比較も行った結果、建替と比較し17%しか出ない、つまり83%減となった。また、リファイニング建築では既存建物の約80%を再利用するため、必然的にエネルギー消費量が少なく、環境にやさしい手法である。

次に耐震補強については、阪神大震災以来、地震に対する考え方は大きく変わり、旧耐震基準の建物は、現行法規の25%から50%の耐力しかない。そのため、リファイニング建築では、まず、耐震診断を行い建物の健康状態をチェックする。そして、再生後に不必要と思われる部位を解体し建物全体の重量を軽くすることで、軽微な補強工事で耐震補強が済み、新耐震設計基準および耐震促進法にあったレベルまで耐震性能を向上させることができる。

用途変更は、ヨーロッパでは当たり前に行われており、教会が美術館に、駅が美術館に、ガスタンクが集合住宅になったりと、既存建物の「用途」を変えて利用することが可能である。つまり、コンクリート強度が一定以上の建物には再利用できない建物はないと言っても過言ではない。

また、リファイニング建築では、デザイン面でも新築同様に一新することができる。用途変更を含む再生後に建物がどのような用途でどのように利用されるかを考えて設計することが、建築家の仕事において最も重要な作業であろう。躯体は再利用するが、仕上げはまったく新しい材料を使用することで、新しい用途、機能にふさわしいインテリアが出来上がるのだ。そのためには、先に述べた軽量化と補強と機能上のプランの考案を同時進行することが重要である。

事業計画で最も重要となる予算についてであるが、これまでのリファイニング建築で増築が最も少なかった宇目町役場では同規模の町の同規模の庁舎が8億から10億かかっているのに対して、その半分の約4億円でつくることができた。また、八女市多世帯交流館では、全スペースの約半分を増築したにもかかわらず、新築した場合の3分の2の予算でできた。リファイニング建築は、新築の場合のコストと比較して50%から60%で実施できると言える。その理由として、既存建物の「構造躯体」を残したままそこに補強をして再生を行うことから、通常の建物工事の費用の内訳（躯体に1/3、仕上げに1/3、設備に1/3）のうち、躯体分の費用が不要のため、必然的に工費は通常の70%になる。加えて、工期も大幅に短縮できるため、プロジェクトの総費用で見ると60%から70%の費用でできることになる。

リファイニング建築では、確認申請をあらためて提出した後に着工し、完成時に検査済証を取得している。法的に新築と同様の権利を取得するためである。そして、工事中には耐震や補修の記録を取り家歴書として残すことで、安全の確認を行っている。青木茂建築工房では銀行3行と業務提携を行い、調査から設計、施工、監理、そして融資までワン・ストップでできる仕組みをつくっている。

2 「烏山住宅8号棟」のリファイニングの事例

2章でも紹介されているコーシャハイム千歳烏山の事例をプロセスの視点から説明したい。烏山住宅は1956年にJKK東京によって建設され、京王線千歳烏山駅から徒歩5分の好立地に位置している。近年、8号棟を除き、すべての住棟がスクラップアンドビルドされるなかで、8号棟がリファイニング建築の手法により再生できたことは、公営住宅のみでなく今後の公共建築再生のあり方に一石を投じたのではないかと考えている。

1 基本構想

基本構想ではフィールドワークを実施して、千歳烏山駅をはさんで南北に地域の歴史を物語る寺社があり、それら

のネットワークを整備すれば、日曜日の散策など、まちの新たな魅力につながるのではないかという発見をした（欲をいうなら、地域の歴史的遺産を発掘し、都市の発展に寄与することをプログラムとして組み入れて欲しかった）。このような視点を、基本構想を打ち立てるための重要な手がかりとした。実施設計にあたっては、設計者と詳細な打ち合わせをしながら、リファイニング建築塾（このプロジェクトを機に設立した）の塾生も参加して作業を進め、2013年5月1日、工事に着手した。

2　建設コスト

工事請負者の選定にあたっては、今日の建設案件の爆発的な増加に伴い、一度目の入札では落札せず、再入札を行い、やっと決まったのだが、このことも重要であると考えている。つまり、建設コストは社会情勢を反映して乱高下する。プロジェクトはそうしたことも加味しながら進めなければならない。これが新築であったならば、膨大なコスト増になったであろうが、リファイニング建築という手法は躯体を残しながらの工事なので、躯体をつくるための鉄筋やコンクリートなどのコストには左右されない。近年、ある新築工事が予定金額の1.5倍でやっと落札された。このような時代背景のもとでは、リファイニング建築が有効な手法の一つではないかと考えている。

3　設計のポイント

なお、建物のリファイニングによる設計のポイントを以下にまとめておく。

- 多様な平面／断面計画：同じ30m²の住戸が並ぶ構成を多様なプランに変更。さまざまな住み手の居住が可能とした。
- 耐震性の確保：不要部分の解体による軽量化を図り、増し打ちや新設RC壁による補強、および炭素繊維による補強を行った。
- エレベーター、エントランスホールの新設：エレベーター設置により住戸へのアクセスを容易とし、ホールを設けて、居住者の交流の場を生み出した。
- 設備壁・設備スペースの設置：設備の更新を容易にし、長寿命化に対応した。

（青木茂）

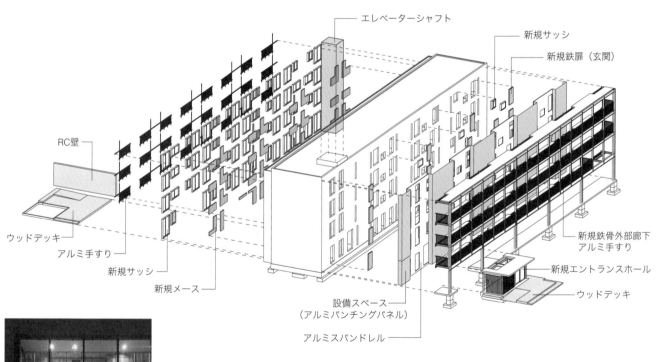

コーシャハイム千歳烏山でのリファイニングプロセス
1. 給水タンクや屋根スラブの解体などによって既存建物を軽量化する
2. 住戸内の内装を解体する
3. 新設や増し打ちによるRC壁の補強や炭素繊維による補強を行う
4. 住戸プランの変更とともに設備壁や設備スペースを設置する
5. エレベーター、エントランスホールを新設する

外観：エレベーターが設置された北側エントランス回り

図1　リファイニング建築の事例

4章

海外に学ぶ
福祉転用の考え方

日本とは建築、地域や福祉に対する捉え方が異なる海外の事例を紹介することを通して、
福祉転用に対する捉え方や福祉転用を可能にした制度・仕組みを知り、その際の利点と課
題について整理する。日本において良好な福祉転用への誘導と地域の文化的価値の向上を
図ることができる要素について海外から学ぶ。
具体的には、イギリス・オーストラリア・スウェーデン・フィンランドに共通して住まい
をベースにした福祉の制度が整っていて、そのための住宅への転用事例が多いことや転用
しやすい仕組みがあること、ソーシャルインクルージョンの考えが浸透していることが注
目点であり、今後日本でも進めるべき点であろう。

4-1　イギリスにおけるリノベーションの計画手法

2017年2月、住宅セーフティーネット法改正法が国会で成立した。空き家を高齢者、障害者、子育て支援世帯の住宅として活用する制度であり、最大4万円の家賃補助のほか、家賃債務保証にも公的な補助を行うなど、空き家のいっそうの福祉的利活用が目指されている。

しかし、一建物一用途を原則とするわが国の建築制度では、既存ストックを他用途に転用しようとすると、既存不適格として扱われる場合があるなど、乗り越えなければならない制度の障壁は大きい[注1]。諸外国とりわけ歴史的な街並みを維持するイギリスにおいても、増築、改修、用途変更の扱いは建物を長く利用するうえでは避けて通れない課題と言える。どのように既存ストックの利活用を位置づけているのだろうか[注2]。ここでは、低所得者、高齢者、移民など、要配慮者向けの住宅供給を含めて、イギリスにおける既存ストック活用の仕組みの特徴を明らかにしたい。

1　新築・改修時の計画許可方法の違い

イギリスでは、わが国の建築確認申請に相当するプロセスが、建築前の計画許可（Planning Permission）と、建築中の建築規則（Building Regulation）への適合の審査の2段階に分かれている。図1にイギリスにおける建築の計画申請と建築基準審査のプロセスを示す。

ここで、わが国との大きな違いを挙げると、環境を変える建築行為や、周囲の環境に影響がある建築行為には、新築、改修、用途の変更を含めて、すべてまず計画許可を得なければならない点である。たとえば、既存建物の窓を取り替える場合、同じ位置に同じ形の窓なら許可は不要だが、窓の位置や形を変更する場合は計画許可が必要になる。病院の寮を一般向けの共同住宅に改修した事例（写真1）は、用途の変更のみであれば計画許可が必要ないと推察されるケースであったが、建物の外壁やバルコニーなどの外観を変更したことから計画申請を行っていた。

計画許可では、インターネットを介して図面などが公開され、パブリックコメントを受け付け、それに対する議論や結果も踏まえて許可が下りる。そこでは、審査官の裁量も大きく、法律に記載のない内容も要求される。**事例1**では、計画許可の得にくいグリーンベルト内の開発であり、アフォーダブル住宅や看護師や消防士などへの優先物件を設け、公益性を重視することで許可を得ていた。

また、近年の環境保護の流れのなかで、生態系への配慮が求められているため、計画申請（Planning Application）では、火災の専門家だけでなく、バリアフリーやエコロジー、樹木の専門家などからのコメントも準備しなければならない。**事例2**は、ハンプシャー州の公立学校の転用事例であり、夏季の休暇中の合宿等に活用していた住宅を吹き抜けのホールに改修したうえで、教室群を増築した事例である（写真2、3）。**事例2**では、既存建物にコウモリの巣

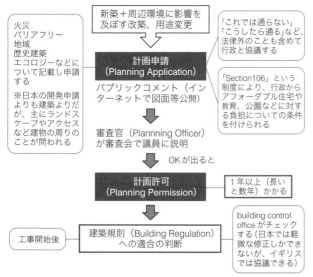

図1　イギリスにおける建築の計画申請および建築基準の審査過程

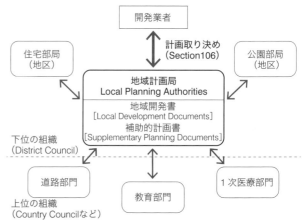

図2　計画取り決め（Section106）を調整する仕組み

があり、建て替えると地域の生態系が壊れるというエコロジストからの意見にもとづき、新築ではなく改修が選択された。

さらに、計画許可では、Section106と呼ばれる取り決めがディベロッパーと行政の間で結ばれることも特徴的である。図2にSection106の取り決めにかかわる組織を示す[注3]。地区にある地域計画局を中心にさまざまな部局が地域の公共サービスや福祉に必要な機能について議論し、それぞれの開発に対して、面積もしくは金銭により負担を求める仕組である。あるプロジェクトで求められた内容が表1である。アフォーダブル住宅を始め、教育や健康、オープンスペースなどに関して金銭的な負担が求められている。

このように、イギリスでは、地域にインパクトを及ぼす場合は、新築、改修、用途変更を問わず、計画許可が求められ、そのために多大な労力、時間、コストがかけられている。仕組みを一見するとストックの活用は難しと思えるが、次に見られるような柔軟な側面も有している。

表1　計画取り決め（Section106）により求められた内容例

負担の内容	面積	金銭（万円）
アフォーダブル住宅	1941.5m²	—
教育	—	5462
健康福祉	—	516
図書館	—	156
スポーツ・レジャー	—	504
地域施設整備	—	118
オープンスペース	—	669
遊び場	—	614
公共空間整備	—	128
大気汚染防止	—	32

1£＝150円換算

2　住宅のシェアハウスへの柔軟な転用

わが国では住宅を一般のシェアハウスとして活用する場合、建築基準法上の扱いを緩和する動向も見られるものの、図3のように、ケアや食事サービスが付随すると住宅から外れて特殊建築物として扱われる。たとえば、認知症高齢者グループホームは「児童福祉施設等」や「寄宿舎」、障害者グループホームでは「寄宿舎」や「共同住宅」への用途変更を行政から求められることが多い。いずれも、建築基準法では、特殊建築物にあたり、適法に事業を実施するには厳しい防火対応等が求められるため、改修に多大な費用がかかり、既存ストックの活用の障壁になる場合がある。

イギリスにおける建築用途[注4]は、大きく商業施設、オフィスや産業関連の施設、居住系に区分される。さらに、

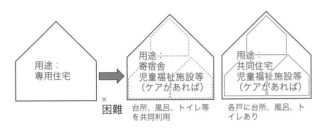

大きな1住戸のシェアハウスに活用した場合や、複数人の共同居住に利用した場合、日本では、生活の独立性、ケアの有無によって、「寄宿舎」「共同住宅」「児童福祉施設等」とみなされる場合がある

図3　わが国において住宅をシェアハウスなどの共同居住に活用する場合の扱い

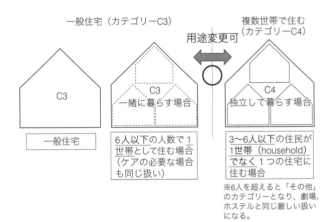

1住戸（カテゴリーC3）をシェアすると、日本では「寄宿舎」「共同住宅」「児童福祉施設等」になるが、イギリスでは6人までは同じC（居住系）のカテゴリーに留まる。また、C3とC4は転用可能

図4　イギリスにおいて住宅をシェアハウスなどへ転用する場合の扱い

写真1　事例1／改修工事中の外観：病院の寮から住宅への改修事例。外観変更するため、計画許可が申請されたほか、グリーンベルト内の開発のため、アフォーダブル住宅として許可を得ている

写真2　事例2／公立学校の外観：左側の住宅部分が既存建物で、右側に教室群を増築している

写真3　事例2／公立学校の内観：既存建物部分は2層吹き抜けのホールに改修したが、コウモリの巣を守るため、天井裏を保存している

居住系は、ホテル・ゲストハウス、ケアの必要な人の居住施設・寄宿舎・入院施設・ナーシングホーム、刑務所・少年院・留置場・兵舎、一般住宅に分かれる。注目すべきは、図4に示すように、ケアが必要な住宅でも、6人以下の人数で1世帯（Household＝同じ住居に住み、一緒に食事と生活をする）で共同生活する場合は、一般住宅として扱われる点である。

一方、3〜6人の住民が一つの世帯でなく、一つの住宅に独立して住む場合（独立性の高いシェアハウスに該当）は、複数世帯が住む住宅（House in Multiple occupation）のカテゴリーに区分される。なお、一般住宅とこの複数世帯が住む住宅は相互に用途変更が可能である。なお、6人以上はその他に区分されて、劇場、ホステルと同じ、厳しい規制がかかる。この理由は、移民などが一つの住宅に大人数で住むことへの懸念が背景にあると思われる。

以上のように、イギリスでは住宅からケア付きのシェアハウスへの転用が生活規模に合わせて柔軟に扱われている。

3　用途変更時の行政との協議

わが国では建物を用途変更する場合、変更後のビルディングタイプに求められる建築基準への適合が求められる。建物の質の確保に向けた規定だが、これにより既存不適格の問題が生じる場合があり、既存ストックの活用の障壁になっている。

イギリスでも、変更後の用途に求められる建築規則の遵守が必要になる点は、わが国と同様であった。しかし、建築基準法が厳密に運用されて行政との協議の余地の乏しいわが国に対して、イギリスでは曖昧な部分が残されており、行政との協議によって決められている点が特徴であった。

たとえば、わが国では基準よりも避難距離を長く緩和することはあり得ないが、イギリスでは古い建物を活用する際、避難距離が足りなければ、排煙設備を設けて避難のための時間を延ばすことで性能を満たせるかを行政との協議により判断していた。また、階段の蹴上げと踏面に関しても、建築基準の施行令とブリティッシュスタンダード（British Standard）が若干異なるため、行政との協議によって調整するなど、法律の運用が柔軟になされている。

イギリスにおいても、建築規則の下にPartMと呼ばれるバリアフリーに関する規格[注5]がある。また、ライフタイムホーム（Lifetime Homes）と呼ばれる生涯住宅に向けた推奨基準[注6]（ドア幅1m、廊下幅1.2m、車いすの回転半径、基準階にトイレ、風呂、台所を設けるなど）もあり、多くの自治体では、新規に開発する公的補助を受けた住宅で遵守を求めている。実際、1960年代に建設された962戸の大規模な集合住宅団地に、保育園やオフィス等の機能を追加して改修したシェフィールド市のパークヒル団地（Park Hill）の事例3（写真4、5）では、当初はそれらの基準を満たすか、あるいは準ずるバリアフリー住戸の設置を全体の10％の割合で求められたが、既存ストックの状態により段差解消が難しく、10％の設置が困難であったため、行政との協議によって4％の設置で認められている。

このように、イギリスでは、改修によって現在の基準に適合することが物理的に困難な場合、行政との協議にもとづいて柔軟な対応を行い、古い建物の福祉的リノベーションに対応している。

写真4　事例3／大規模団地の再生：外観からアフォーダブル住宅と分譲住宅がわからないようにテニュアブラインドの手法が取り入れられている

写真5　事例3／大規模団地の再生：外廊下は住宅内から自然な見守りが可能なように、外廊下側に小窓が設けられている

4 ソーシャルミックスの取り組み

イギリスでは社会的包括の視点から、多様な階層や民族、障害者などのソーシャルミックスが重要視される。

民間事業者は計画申請（Planning Application）を行う際に、Section106 の取り決めによって開発住戸数の 10％〜40％をアフォーダブル住宅として設置することが義務づけられる。主なアフォーダブル住宅には表 2 に示すように三つの区分がある。カウンシルハウスはわが国の公営住宅に該当する区分であるが、それ以外にも、家賃を抑えた住宅や、一部を自己資金で買い取る方法などがあり、**事例 1**（写真 1）のように 1 事業のなかに低所得者向けに複数の選択肢が用意されることも多い。これらの仕組みにより、ソーシャルミックスを進めている。

また、居住者が差別や区別を受けないようにするため、デザインにも工夫が見られる。**事例 3** の大規模団地の再生（写真 4、5）では、ソーシャルミックスを進めるため、内装には値段に応じた差は設ける一方で、外観には区別を設けず、どの住戸がアフォーダブル住宅なのか、見分けられなくするテニュアブラインドと呼ばれる手法が取り入れられていた。

5 イギリスから学ぶ点

1) 新築・改修ともに地域への影響について、合意形成を得て進め、計画の議論に時間とコストを掛けている。
2) 現行基準への適合が物理的に困難なケースに対しては、行政との協議にもとづいて柔軟な対応がなされ、その結果、古い建物であっても幅広い改修、活用が可能になっている。
3) 建築用途の区分では、既存住宅からケア付き住宅への転用が生活規模や世帯形態に合わせて柔軟に扱われている。
4) 低所得者向けのアフォーダブル住宅などの福祉住宅の提供にあたっては、民間開発による整備や複数のアフォーダブル住宅の種類を設けること、テニュアブラインドの手法などにより、居住のソーシャルミックスが進められていた。

このようにイギリスでは、わが国よりも建築や改修を行う際、議論や協議、交渉に多くの時間と手間をかけていることがわかった。こうしたプロセスは、経済的には早期に開発が進まないというデメリットもあるが、設計に時間を確保できるため、建築の質が高くなるメリットもある。ま

表2　アフォーダブル住宅の種類

カウンシルハウス	低所得等の場合、一切費用支出のない場合もある
インターミディエイト	家賃の上限がある。地区の平均家賃の 8 割以下など条件がある
シェアードオーナーシップ	25〜40％程度を購入して、残りを家賃で支払う

た、地域での合意形成をベースにして地域に必要な機能を計画許可の段階で求めていく仕組みは、施設ケアから在宅ケアへの流れに適した方法である。

歴史的な街並みを保ちつつ、良質なコミュニティ形成に必要な機能を追加するイギリスの既存ストックの活用手法は、わが国の今後の福祉転用のあり方の参考になるだろう。

（三浦研）

注
1) 日本建築学会編『空き家・空きビルの福祉転用』学芸出版社、2012
2) 国土交通省『諸外国の建築基準の体』
（http://www.mlit.go.jp/common/000162169.pdf）
3) Department for Communities and Local Government, *Planning Obligations Practice Guidance*
（https://www.gov.uk/government/uploads/system/uploads/attachment_data/file/7770/151363.pdf）
4) Nathaniel Lichfield & Partners, *Guide to Use Classes Order in England*（6 April 2016）
（http://lichfields.uk/media/2913/lichfields-use-class-order.pdf）
5) Department for Communities and Local Government, *The Building Regulations 2010 Approved Document M*, Access to and use of buildings Volume 1 : Dwellings
（https://www.gov.uk/government/uploads/system/uploads/attachment_data/file/506376/AD_M_Corrigenda_SECURE.pdf）
6) Hbinteg Housing Association, *Lifetime Homes Design Guide*, IHS BRE Press, 2011

4-2 イギリスの福祉転用を支える組織

1 福祉転用を支える制度

1 コミュニティケア

イギリスのコミュニティケアは、社会保障、国民保健サービス、地方自治体が運営するパーソナルソーシャルサービスの三本柱で構成されている。

1970年地方自治体社会サービス法で、コミュニティケアの総合的推進とソーシャルワーカーの資格制度を確立し、地区チーム体制が構築された。ソーシャルワーカーは、保健、医療、住宅、教育など地域社会の多様な資源との連携が必要であり、なかでも、プライマリケア（家庭医）との連携を行っていた。その他、社会サービス部と住宅部の連携はコミュニティワーカーが連携に貢献した。1972年には地方自治体社会サービスが再編され、ホームヘルプ、給食、デイケアの包括的供給が整備された。なお、コミュニティケア改革では、施設、在宅の各ケアサービスの民営化を促進し、2000年ケア基準法（Care Standard Act）やケアの質委員会（Care Quality Committssion）でサービスの最低基準を設定した[注1,2]。

2 居住保障

イギリスの居住保障は、1950年から地域での在宅居住を進めており、1958年に保健省は「高齢者に最善の場所は、住み慣れた家であり、必要なサービスの提供が行われること」と勧告している。さらに1969年の住宅法では、在宅

ケアを推進するため住宅改造が重視されるなど福祉の基盤として住宅を位置づけている（表1）[注1]。

3 住宅改善機関（Home Improvemnet Agency, HIA）

HIAは、イギリスに約200機関あり、年間約120件程度（2009年）の住宅改造を行うなど、政府が進める健康とケアの統合システムのなかで在宅生活推進の中心的役割を担っており、病院退院チームと連携し、安全な自宅復帰サポートも行っている。たとえば、2004年に設立されたリッチモンドのHIAは、自治体の「課」として位置づけられて、そこに職員が所属する。住宅改造には、ケースワーカーを中心に、作業療法士、積算士、施工業者の専門職がかかわっている[注3]。

HIAの住宅改造は実務上のガイダンスであるPartMにもとづき行われる。なお、PartMの上位に建築規則（Building Regulation）があり、さらにその上位に建築法（Building Act）が位置づけられている。

4 イギリスの空き家活用法（EDMOs）

住宅改造を行うにあたり、空き家活用も実施されており、2004年から住宅法に空き家活用法（Empty Dwelling Management Orders, EDMOs）が設けられた。この空き家を解消するための法律は、暫定的な空き家活用法（interim EDMOs）と最終的な空き家活用法（final EDMOs）の2段階に分けられる。1段階目は、地方住宅局が空き家の所有者の同意を得て、居住できる手続をし、一時的（12か月間）に空き家を利用することができる。2段階目は、1段階目の居住者の居住を継続（最長7年間）するものである[注4]。

2 戸建住宅を転用した高齢者住宅の支援組織

1 イギリス・アビィフィールドの取り組み

1956年にロンドンで開設され、イギリスを中心に展開しているアビィフィールド（Abbeyfield）には、自立型・生活支援型・認知症型・在宅ケア型などがあり、空き家を活用し多様な高齢者共同住宅を提供している[注5]。

表1 居住保障の歴史

1954年	・住宅、改修および家賃法（Housing, repairs and Rent Act） →住宅改修が助成制度として位置づけられ、自治体の裁量で実施
1957年	・住宅法 ・家賃法
1950年代末	特別なニーズに対する住宅の供給 ーシェルタードハウジング ー障害者グループホームなど
1969年	住宅法（Housing Act） ー1954年の住宅修理賃貸法（Housing, Rpairs and Rent Act）が制度化
1980年代	・家賃補助 ー住宅給付 ー家賃減額制度による家賃補助 →自宅に住み続けるための居住環境整備
1996年	・住宅補助金、建設および再生法（The Housing Grants, Construction and Regeneration Act） →住宅改善支援（Home Repair Assistance）の規定が設けられる

120　4章　海外に学ぶ福祉転用の考え方

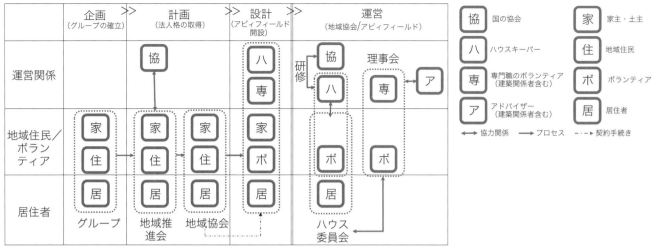

図1 アビーフィールドの開設までのプロセスと運営組織[注6]

地域コミュニティで相互に支え合い、高齢者が楽しく生活することを目的とし、入院してもアビィフィールドに戻ることができる。定員は5〜10人である。

アビィフィールドは、「企画」、「計画」、「設計」の各段階を経て、「運営」される。

まず企画段階では、アビィフィールドに住みたい人・アビィフィールドがまちに欲しい人・土地や家屋を持っている人、地域住民が集まりグループを作る。次に、計画段階では、その国のアビィフィールド協会の協力を得て、地域推進会が、事業計画や居住者候補の検討など事業計画を策定し、NPO法人格を取得し、地域協会に発展する。そして、設計段階では、地域協会が、建物設計の請負契約・土地建物賃貸契約・入居契約・ハウスキーパー雇用契約など、開設準備を行う。

開設後の運営は、地域の実状に応じて、主に地域協会やハウス委員会を設置し行う。まずアビィフィールドの周辺住民によるボランティアと居住者で構成される「ハウス委員会」で、ハウスキーパーやボランティアの支援や居住者の要望が満たされていることを確認する。さらに年間のアビィフィールド内の活動を計画する。ハウスキーパーは、掃除や食事の提供、ボランティアが働きやすいように配慮するなど、生活面のサポートをする。なお、ハウスキーパーがアビィフィールドに住み込みで常駐しているケースもある。ボランティアは、アビィフィールドの周辺居住者であるため、居住者の友達として立ち寄ったり、アビィフィールド内の仕事を手伝う。

ハウスキーパーやボランティアの研修は、国の協会が行う。アビィフィールドの運営や活動、さらに参加するボランティアを通して地域との連携や交流を行っている。理事会は、ボランティアや各専門分野の人で構成されており、建築・税務・法律・介護・医療・社会・心理などの専門性を有するアドバイザーと協力関係にあり、運営の最終的な責任を持っている。

2 アビィフィールドの実例：アッシュハウス

生活支援型のアッシュハウス（Ash House）は、牧師が管財人を集め、建築士、積算士、医師等で構成される委員会を始め運営等の議論を重ねた。1975年に家を購入した中古住宅で、1980年代半ばにアッシュハウスを開設した。

写真1 アッシュハウスの個室

写真2 アッシュハウスの食堂：一般家庭で使う家具や食器を使用

家は住宅共同組合[注7]から物件返済時に返せば良い無利子ローンを借りて購入した。

アッシュハウスの入居者の要件は、60歳以上で食堂まで歩くことができることである。職員は、介助を行わないため、必要に応じて個人で訪問介助を雇い、サービスを利用する。有給の職員は、常駐ハウスキーパー1名とパートの副ハウスキーパー、コック、掃除や洗濯をする人、事務、夜間警備で24時間の人員配置がされている。

アッシュハウスは戸建住宅の転用に伴い3回の改造を行った。1回目は1980年代半ばに、共有部のキッチンの拡大と、書斎・リビング・各室・ロフトをそれぞれ居寝室に改造した（写真1）。2回目は1990年代に、①増築、②病院などへの送迎待ちのため玄関ポーチの改造、③トイレをシャワー、トイレ、洗面台の一体型に変更、④階段昇降機の設置が行われている。3回目は2006年に、1階の洗濯室、共用のバスルームを改造し、入居者の居室およびシャワー室（トイレ、シャワー、洗面室）とした。

アッシュハウスのように、アビィフィールドは戸建住宅転用であるため、その立地を活かし、地域住民がボランティアとして出入りすることで、地域住民もアビィフィールドとそこの居住者を理解し、自然と地域の中に溶け込んでいる。

（西野亜希子）

写真3　アッシュハウスの玄関：座って外の様子を見ながら送迎の車を待っていられる

注
1) 田端光美『イギリス地域福祉の形成と展開』有斐閣、2007
2) 増田雅暢『世界の介護保障第2版』法律文化社、2014
3) The collaborative home improvement agency
　（www.foundations.uk.com/media/4667/chia-report-32pp-interactive-low-res.pdf.）
4) Guidance Note on Empty Dwelling Management Orders
　（https://www.gov.uk/government/uploads/system/uploads/attachment_data/file/7827/151111.pdf）
5) J.デイヴィッド・ホグランド・湯川利和・延藤安弘『世界の高齢者住宅プライバシーと自立の実現』鹿島出版、1989
6) アビィフィールド日本協会が発行のパンフレット「アビーフィールドへのご案内 その活動と概要 第4版」とイギリスAbbeyfield発行パンフレット（http://www.abeyfield.com/our-services/ をもとに筆者作成）。
7) The Co-operative Housing Finance Societyは、市場金利と制限付き株式住宅共同融資方式で構成されており、①新しい共同住宅建設費の調達をしやすくし、②新しい共同住宅へのローンで得る利益を減らし、③ローンにより購入者（居住者）が負担するコストを減らすために、1997年に設立された。

3階（ハウスキーパーの階）

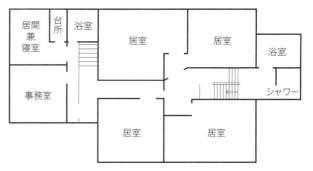

2階

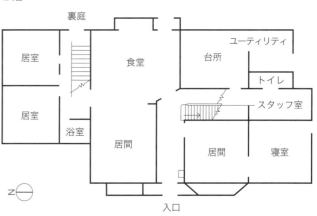

1階

図2　アッシュハウス平面図

4-3 オーストラリアにおける福祉転用

1 オーストラリアの高齢者福祉

1 在宅重視の福祉サービス

オーストラリアの国全体では約2400万人の人口に対し、65歳以上の人口の割合（以下、高齢化率）は15.5％である[注1]。オーストラリアは日本と比べて高齢化率は低いが、1985年の「高齢者ケア改革戦略」によって施設ケアから在宅ケアへと転換した。ナーシングホームの増加とそれによる連邦政府の費用負担の増加が理由である。それによって、在宅ケアサービス（Home and Community Care, HACC）を州政府の責任で実施しはじめた。なお、費用負担の面では州政府だけでなく連邦政府も負担している。HACCは、名称が示すように在宅でのサービスだけでなくコミュニティでのケアサービスも提供し、高齢者が在宅・地域生活を継続できるような個別的なサービスとして多様で柔軟なケアサービスを提供してきた[注2]。在宅ケアにはHACC以外にも軽度の高齢者を対象としたホステル入所が相当と判定された高齢者が在宅サービスを受けられるサービスや高ケア（ナーシングホーム入所が相当）と判定された高齢者が在宅サービスを受けられるサービスも取り組まれてきた。

2010年以降連邦政府では高齢者福祉の改革を推し進めている。大きくは在宅支援サービス（Commonwealth Home Support Programme）、ホームケアパッケージ、施設ケアの3本立てにまとめられている[注3]。これらは順に軽度の人、介護を受けながら在宅での生活を続けることができる人、在宅で自立した生活ができない人を対象としたものである。オーストラリアでは「エイジングインプレイス」すなわち在宅・地域での生活を継続することを重視しているので、重度になってもできるかぎり施設に入所せず住宅でのさまざまな支援に取組んでいるのが特徴である。

1997年の高齢者ケア法（Aged Care Act 1997）によって、アボリジニをはじめ多くの文化的背景が異なる人、さらには経済的・社会的に不利益を受けている人、ホームレスやその危機にある人、LGBTの人などに対する特別なニーズにも応えることが定められている。文化的背景ごとにコミュニティを形成しているので、在宅サービスでも個別的になることや特定の民族に限定したナーシングホームもある[注2]。また高齢者がサービスを受けたいとき最初にアクセスするホームページ（My Aged Care）は18言語に対応している。このようにオーストラリアでは早くからソーシャルインクルージョンを取り入れたサービスが展開されている。

2 在宅支援サービス

近年開始した在宅支援サービス（Commonwealth Home Support Programme, CHSP）はこれまでのHACCなど四つのプログラムを統合している。またHACCはこれまで各州政府が行ってきたが、CHSPは連邦政府によって一元化された。ただしビクトリア州と西オーストラリア州は州独自のサービスを実施している。

具体的に提供されるプログラムは四つから構成され、①地域・在宅支援、②ホームレスの人やそのリスクのある人を対象としたケア付き支援とハウジング、③介護する家族や介護を行う人へのサポート、④サービスシステムの開発である。高齢者に直接かかわる①～③について詳しく見ていく。

①地域・在宅支援には、HACCの内容を受けて家事（掃除・買い物など）、パーソナルケア、訪問や電話などのコンタクトなど個々が必要とするソーシャルサポート、調理関係サービス、健康・セラピーサービス、家屋のメンテナンス、福祉機器の提供、食事（在宅やコミュニティセンター）、移動、特別なサポートサービス（認知症のアドバイザリーなど）がある。

②ケア付き支援とハウジングでは低所得やホームレスあるいはその危険にさらされている高齢者もしくは50歳以上で衰えが進んでいる人を対象に住宅やソーシャルサポート、仕事、コミュニティケア、ファイナンスの助言などを提供している。

③介護する家族や介護を行う人へのサポートでは、家族など介護を行う人へのサポートとして精神的にリラックスできるよう日中や泊まりのレスパイト（一時休息）がある。オーストラリアでは介護を行う人に対する支援が充実している点が日本と大きく異なる。

2 建物にかかわる規制

本節で紹介する事例は歴史的環境を保全するためのヘリテージに登録されている建物を福祉転用したものである。オーストラリアの建築規制とヘリテージ制度について簡単に紹介する。

1 建築規制

オーストラリアの建築規制は連邦政府のため州単位を基本としているが、国全体の技術的建築基準としてオーストラリア建築コードを定めている。ここには建築物や他の構造物の設計と建設に関する技術規定が記されている。たとえば構造安全性（風、地震、積雪荷重など）、火災安全性（耐火性、早期消化システムなど）、健康とアメニティに関する規定（天井高さ、遮音、換気など）などが含まれる。この建築コードをどの程度適用するかは州が独自に規定している[注4]。

建築規制が変更・強化された場合、既存建築物は建設時に適用された規制に適合し続けていれば改正された規制に従う必要はない。しかし、州によっては特定の建築に対して改正された規制を適用しなければならない。既存建築物の用途変更や増改築を行う場合、適用される規制は以下である。用途変更する場合、用途変更時の建築規制に原則適用させる必要がある。増改築等工事を行う場合は全体に対する増改築等の部分の割合が50％以上を超えていれば、そのときの建築規制に全体に適用する必要があるが、50％未満であれば工事部分だけが適用される。なお増築部分の面積が全体の25％または1000m²を超える場合は、増築部分に緩和規定は適用されない[注5]。

建築規制はイギリスと同様、基本的に許可制となっており、日本の確認制と異なる。確認制では法令の基準に一律従う必要があるが、オーストラリアの建築規制は許可制であるので適用の緩和は行政庁が作成したガイドライン等を参考にするが個別に異なる。

2 ヘリテージ制度

オーストラリアでは1970年代後半以降にヘリテージ制度という歴史的環境を保全するための制度が整備された。連邦政府、州、自治体それぞれにヘリテージを扱っているが、自治体レベルのヘリテージはヘリテージの要素としての基準は州に準じているものの、ヘリテージそのものについての条例はない[注6]。ヘリテージの種類は連邦政府、州、自治体レベルでいくつもの種類に分類されるが、樹木、庭園や建築物に関する部分ではヘリテージプレイス（Heritage Place）が該当する[注7]。

そもそもヘリテージは「『豪州の歴史や社会を特徴付け、語るもので、後の世代にも伝えていくべきもの』であり、豪州においては必ずしも、『古い』ことだけが『ヘリテージ』の要素ではな」く、「都市環境デザインの一つと見なされている」[注6]。そのため、たとえばサウスオーストラリア州のヘリテージプレイスの開発ガイド（SA Guide to Developing State Heritage Places）を見ると、「ヘリテージ登録されたプレイスは変化することを妨げない。サウスオーストラリア・ヘリテージ・プレイス法1993では、高い水準での維持改修、ヘリテージの価値の保持と適切な開発政策からなる手法による継続的な使用とヘリテージプレイスの適用を奨励する」ことが記されている[注8]。ヘリテージは誰もが申請することができ、専門家の審査や一般公開して市民への意見を求めた後に決定される。

登録数をみると、たとえばアデレードでは州のヘリテージプレイスが647か所、市のヘリテージプレイス（景観含む）が1850か所の合計2497か所が指定されている[注9]。

ビクトリア州のヘリテージプレイスにかかわる開発行為の定義を表1に記す。ビクトリア州の各自治体の開発行為の定義はビクトリア州に準じている。ビクトリア州で許可が必要な開発行為は敷地の分割、建築物の取り壊しや移転、増改築や住宅設備の取り付け、外装や内装の変更などである。

表1　ビクトリア州のヘリテージプレイスで許可が必要な開発行為

> ・敷地の分割
> ・建物の取り壊しもしくは移転
> ・以下の内容を含む建物の建設
> 　・通り（路地は除く）または公園から見える位置に壁に取り付ける住宅設備
> 　・太陽光発電、雨水槽
> 　・フェンス
> 　・道路工事と一部のストリートファニチャー
> 　・パーゴラやベランダ
> 　・デッキ
> 　・家庭向けでない身障者用アクセス
> 　・自転車用の小道
> ・建物の外装部の変更（架構の組み立て、下塗り、サンドブラストもしくはその他の方法による）
> ・掲示物の設置もしくは表示
> ・建物の外装部の塗装（この制限がかかる地域に所在するヘリテージプレイス）
> ・塗装が宣伝となる場合の外装部の塗装
> ・建物の内装の変更（この制限のかかる地域に所在するヘリテージプレイス）
> ・ヘリテージプレイスの外観を変更することもしくは同じディテール・仕様・素材によらない施工、修理、日常的な補修
> ・樹木の移転、除去、枝打ち（この制限のかかる地域に所在するヘリテージプレイス）

一部抜粋。筆者、翻訳

写真1 事例1／ベルモント 南側全景：煙突が見える部分が既存棟、スロープと庇を増築し、車いすでのアプローチが可能

写真2 事例1／北側入り口：階段を残す、右側のレンガ造が既存部、左側の木造が増築部

写真3 事例1／キッチン・食堂（南側）

写真4 事例1／リビング（北側）

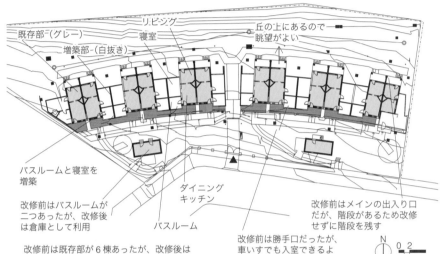
図1 事例1／転用後配置図兼1階平面図

写真5 事例1／増築部内部：シャワー、洗面、トイレ、ランドリーを設置

3 地域居住のための福祉転用事例

1 女性対象の住宅から重度高齢者対象の住宅への転用

事例1：ベルモント（図1、写真1～5）

ベルモント（Belmont）はメルボルンの中心部から約80km離れた都市に立地する。元々の建物は1928年に建設された6棟の計12戸ならびにバスルームの2棟からなる平屋の住宅群であり、市内の複数の敷地に建設された高齢の女性や低所得の女性を対象とした住宅群の一つである。地元のビジネスマンの慈善家が1909年にこれらの女性を対象とした住宅の提供を始め、彼の死後設立した財団が複数の市でこの事業を継続してきた。2008年にこの財団がより強力な専門的な居住の支援（介護サービス）を求めて、現在の非営利法人に運営者となって再開発することを依頼した。再開発の内容は、入居者を高齢の女性や低所得の女性に限定していたものからホームレスの男性や重度の高齢者も入居するアフォーダブルハウジングに変更することと、そのための事業性を考慮した低コストの増改築を行ったこ

とである。

図1の平面図を見ると、変更内容は元々1棟につき2戸あり住戸面積が狭かったが、住戸面積を大きくするため各棟の両サイドに木造の増築を行った点と、元々勝手口があった南側を主たるアプローチに変更し、アプローチ、キッチン、浴室、トイレなど車いす利用も想定してゆったりした諸室配置の構成にしている点である。その結果、元々棟が独立していたが、3棟分が連結して1棟の建物となり、大きく2棟の建物になった。

事例2：マニフォールド・ハイツ（図2、写真6～10）

マニフォールド・ハイツ（Manifold Heights）はベルモントと同じ都市に立地する。元々の建物は1929年に建設された庭を囲うように半円状に配置された5棟の計10戸ならびにバスルームの2棟からなる平屋の住宅群である。事例1と同じく高齢の女性や低所得の女性を対象としていたが、2008年に現在の非営利法人が再開発の検討を開始し、事例1と同様の再開発を行った。

図2の平面図を見ると、変更内容は元々1棟につき2戸

写真6　事例2／マニフォールド・ハイツ　半円形平面の新築部：重度高齢者が住んでいる

写真7　事例2／外側のアプローチ：スロープと庇を増築し、車いすでのアプローチが可能

写真8　事例2／内側のアプローチ：改修前のメインアプローチ、新築部は屋上緑化している

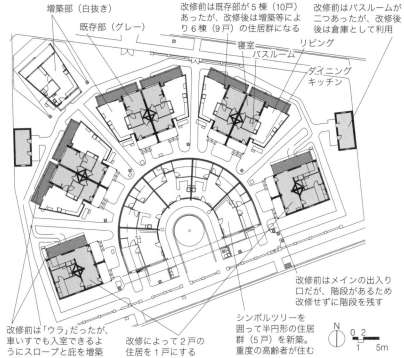
図2　事例2／転用後配置図兼1階平面図

写真9　事例2／増築部内部：リビング奥に寝室（既存部改修）

写真10　事例2／既存部内部：バスルームに改修

あり住戸面積が狭かったが、住戸面積を大きくするため棟の周囲に増築可能な部分はサイドに木造の増築を行い、棟の周囲に増築ができない道路に面する2棟は2戸から1戸の住宅に改築した。特にアプローチは、元々中心部の庭から階段で出入りしていたが、車いす利用も考えて段差が不要となる棟の外周からも出入りできるようにした。また、敷地の中央付近の庭であったところに5戸からなる1棟の建物と敷地北西部に1戸の建物を新築した。

両事例とも生活水準を高めるために簡素な材料を用いて住戸面積を増やす増改築を行っているだけでなく、景観に対しても配慮している。新築の建築物は既存建築物や周囲の景観になじむようにボリュームを抑えている点でヘリテージ制度の意義が読み取れると考えられる。**事例1**と**事例2**とも増築部分面積が全体の25%を超えているが50%を超えていないので、既存部分は現在の建築規則は適用せず、増築部分だけが現在の建築規則が適用された。

4　入所施設への福祉転用事例

1　小学校からコミュニティセンター・グループホームへの転用

事例3：イングル・ファーム（図3、写真11～13）

イングル・ファーム（Ingle Farm）は非営利法人が運営し、アデレード市内の郊外住宅地に立地する。この法人は教会を母体として1953年に**事例4**の事業を開始した非営利法人である。イングル・ファームは元々1973年に建設された小学校の敷地・建物を1995年に認知症高齢者グループホームに転用した。開校当初は児童も多くいたが、町の人口を集約する国の方針があり、この地区に学校が多すぎるので住民と合意のうえで廃校になった。図3の平面図を見ると、小学校の空き教室を転用することは認知症高齢者にとって大きすぎ、小さな家庭的な空間を求めたため中心部の建物の一部だけ残し、他の建物を取り壊して合計98名の認知症高齢者が生活する九つのユニットと一つのサービ

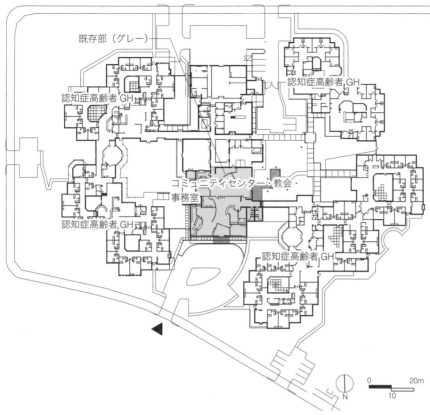

写真 11　事例 3／コミュニティセンターの正面：小学校当時のまま

写真 12　事例 3／コミュニティセンター：左奥の曲線の壁内部が教会

写真 13　事例 3／コミュニティセンターの正面入り口

図 3　事例 3／イングル・ファーム　転用後の配置図兼 1 階平面図（GH：グループホーム）

ス棟を増築した。構造が問題ないという理由で残した中心部の建物の一部はサービス棟であり、この地区のコミュニティセンター、教会、事務室に転用した。認知症高齢者グループホームは新築したが、転用した建物は小学校という地域コミュニティの中心的役割を転用後も引継いでいる。またグループホームのユニットは廊下で中心部の建物とつながりコミュニティとの関係も重視している。

2　住宅から特別養護老人ホームへの転用

事例 4：ノース・アデレード（図 4、写真 14 〜 16）

ノース・アレデード（North Adelaide）はノースアデレード地区に立地する。ノースアデレード地区はアデレードの中心市街地から川を挟んだ北部にある歴史的な地区にある。元々医者の住宅（2 階建て）であったが、1953 年に買い取り第 2 次世界大戦で夫を亡くした未亡人向けの住宅として利用し、1955 年からはナーシングホームとして利用したが歴史的な建物であったため建物自体は元のまま使用していた。しかし利用者が増えたため 1992 年に隣接敷地を買い取り順次ナーシングホーム等を拡大し、現在では三つの通りに囲まれた敷地を有している。

元の住宅である既存部は現在はナーシングホームの事務所として利用し、外壁を一部取り壊して増築のナーシングホームと二つの扉で接続されている。この住宅部分が自治体レベルのヘリテージプレイスに指定されている。その評価を見ると、この住宅はノースアデレード地区で 1880 年代に建設された貴重な建物であり、当時の様式・ディテール・素材がそのまま残されている点や、多くの石や煉瓦がこの歴史的地区の特徴を示している点で評価されている。

この住宅は室内の壁を取り壊すことができずに道路の前面は保存し、外壁の横と背後の一部を取り壊すだけとなった。要介護高齢者が利用するのは難しいので事務所として、個室、会議室、厨房などがある。増築部分に 155 名の高齢者が生活するナーシングホームの主機能がある。そこには認知症高齢者専用ユニット、ショートステイ、カフェ、図書館、ショップや教会を設けていて、町に開いた施設としてナーシングホームの高齢者以外にも周辺住民が利用できるように配慮している。

5　オーストラリアから学ぶ点

このようにオーストラリアでは、地域をキーワードとし

写真14 事例4／ノース・アデレード　正面アプローチ：右側の石造りが既存部、左側のれんが造が新築

写真15 事例4／既存部の事務所：1955年から1992年までナーシングホームとして使用

写真16 事例4／入り口：左側が事務所入り口、新築部とのアクセスのため2か所の開口がつくられている

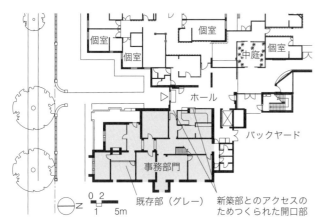
図4 事例4／配置図兼1階平面図（既存部周辺）

て高齢者のケアサービスや既存建物の活用が制度的に位置づけられている。高齢者のケアサービスは、軽度の高齢者に限らずホームレスや重度の高齢者も在宅をベースにしたケアサービスが充実し、エイジングインプレイスとして住み続けるための住宅改修や社会的関係を維持するための支援等が充実している。また地域によっては高齢化が深刻であり、これまで担ってきた機能が新しい機能に変更・追加され、既存を含む建築物が福祉施設として地域の中で新たな役割を担うようになった。

ソーシャルインクルージョンの観点から、文化的背景の異なる人やLGBTの人など個々の高齢者に合わせた多様で柔軟なサービスが用意されている。今後日本でも外国籍の人が増加していることや少数の人への配慮、生活困窮者への配慮など一人ひとりの違いを尊重したケアサービスが求められるようになるだろう。

既存建物の活用でも地域を重視していて転用のための改修も実現しやすい。歴史的環境を保全するためのヘリテージ制度により、都市や町のアイデンティティーをつくり町並みの保存や歴史の連続性を残すことができる。また不動産としての価値も高まるので、地域の資産としてヘリテージの認証を受けた住宅でも積極的に活用できる。自治体レベルのヘリテージプレイスの認証を受けた既存建築物は、開発行為に各自治体の許可が必要になるが、壁の除去や内装変更などの増改築が可能であり現在の用途に合わせた転用がしやすい。地域の資産を作るというからも学ぶ点も大きい。

（松原茂樹）

注
1) Austraian Bureau of Statistics（http://www.abs.gov.au）
2) 木下康仁『改革が進むオーストラリアの介護ケア』東信堂、2007
3) Ageing and Aged Care
（https://agedcare.health.gov.au/news-and-resources/publications/fact-sheets/commonwealth-home-support-programme-programme-manual-2017）
4) 建築・住宅国際機構「日本の建築基準の目指すべき目標像を探る―海外の状況と経験を踏まえて」『建築・社会システムに関する連続シンポジウム〈第13回〉（日本建築学会都市・建築にかかわる社会システムの戦略検討特別調査委員会）』2011
5) 日本建築学会編『建築ストック社会と建築法制度』技法堂出版、2009
6) 財団法人自治体国際化協会『オーストラリアにおける歴史的建築物の保存と活用』2001
7) 今村洋一「オーストラリアにおける歴史的環境保全に係る制度体系と開発規制計画―ニューサウスウェールズ州及びシドニー市に着目して―」『日本都市計画学会都市計画報告集』No.10、pp.224～227、2012
8) http://www.environment.sa.gov.au/our-places/cultural-heritage/
9) http://www.adelaidecitycouncil.com/planning-development/city-heritage/heritage-listings/

4-4 フィンランドにおける福祉転用と地域居住

1 フィンランドの建築遺産保護

　フィンランドの首都・ヘルシンキの街には、アールヌーボースタイルからナショナル・ロマン主義の外観を持つ建物や石造アパートなどが立ち並び、歴史的町並みを大切にしている印象を受ける。しかし、近代フィンランドの建築の歴史は1917年のロシアからの独立で始まり、ヨーロッパ諸国と比べてその歴史は浅い。それゆえ当初は建築遺産に対する意識はそれほど高くなかった。20世紀の建築遺産が大切な国家の文化、アイディンティティの一つとして位置づけられ、その保護に対する関心が高くなったのは1970年代以降である。2001年に策定された「建築遺産政策」よると、1921年以前の建築は現存建築の約5%、1921年から1950年のものは約10%、第二次世界大戦後に完成した建築は80%を占めている。1960年代から1970年代にかけては新しい建築技術による工業規格建材、プレファブ、RCを使用するようになり、これらの建築もフィンランドの建築史上の重要な建築遺産として認識されている[注1]。

　フィンランドの建築遺産保護の歴史を時系列的に概観すると、1960年代からの10年間は保護・修復事例は多くないが、学術分野においては建築遺産保護への関心が高まりつつあった。改修・修復に関しては、1985年に建造物保護法が制定され、この年を境に事例が急増した[注2]。

　改修事例の転用前の用途は、産業系施設、公共系施設、事務所・居住施設に大別することができるが、産業系施設が占める割合が大きい[注3]。建築遺産として指定された建物を改修する際には、外観の保存が絶対の条件として重要視されている。アルヴァ・アールトなど国民的建築家の作品を除き、内部は改修の自由度が比較的大きく、吹き抜けやガラスボイドなど大規模かつ大胆な建築操作が施されることも珍しくない。古典的な外観に対して、近未来的な内部空間を持つというギャップも改修物件の醍醐味である。

　建築遺産として指定されていない建築に対しても、機能の転換が要請される際には、まずは改修による機能転換および継続使用の可能性を検討し、それが難しい場合は別の既存建物を探すことが一般的である。

2 精神障害者の社会生活を支える地域居住

　福祉先進国として、フィンランドの高齢者の居住環境の充実は一般的に知られており、近年は教育、子育て環境でも注目を浴びているが、精神障害者の地域居住を中心に紹介する。

　1980年代より、長期入院中心の精神科医療への見直しが行われ、精神科専門病院の閉鎖、入院病床数の削減、在院日数の短縮が図られた。退院した患者の自立を支えるためのセーフティネットとして、リハビリテーションホームを含めた住まいの確保、退院後の医療サービスの充実と職業訓練による手厚い就職支援の三つのアプローチから取り組まれた。これらの改革は1990年代前半までは、国主導で行っていたが、その後は各自治体の責任となる。公的サービスではカバーし切れない部分は第三セクターとの連携で担われた。ヘルシンキ市の場合は市のヘルスケア部門（医療、介護サービスの提供）とソーシャルケア部門（住まい、就労などの自立プログラムのサポート）、さらに第三セクターのニエミ（Niemikoti）財団が連携しながら各種サービスを提供している。

　ニエミ財団はヘルシンキ市立精神科アウロラ（Aurora）病院の看護師長と医師らによって1983年に設立された。財団は精神障害者の地域居住(1201戸)、デイケアセンター(85か所)、職業訓練ワークショップ（20か所）などのソーシャルサービスを中心に提供している。また、在宅の利用者を対象として、二つの在宅サービスチームによる夜間の安否確認、服薬確認が実施されている。サービス圏域はほぼ市全域をカバーしている。

　設立当時から市から空き家など使わなくなった建物を融通してもらうなど、市との協力関係を築いてきた。建物の一般的な改修工事は財団が擁している建築部門が担っているが、大規模工事の際には専門業者に依頼する。精神障害者の住まいとしては、地域住民になじみのある建物がよいという考えで運営してきたが、換気や防火の法律変更によって、既存建物の改修ではクリアできない部分も増え、また改修コストもかかるため、今後は新築することも考え

ていかなければならない段階にきている。現在、新築の建物はリハビリテーションホーム1か所のみであるが、新築の際には、いずれ一般住宅や事務所としも転用しやすいように建物の汎用性に留意して計画したそうである。

3 精神障害者施設への福祉転用事例

1 産業系施設から職業訓練センターへの転用
事例1：U6失業者の職業訓練センター（写真1）

1997年に使わなくなったゴミ処理場をリノベーションしたもので、精神障害者も含めて、移民、低所得者など生活弱者のための職業訓練施設としてヘルシンキ市が運営している。元の建物がゴミ処理場ということもあり、廃材を利用して芸術作品から生活用品までを製作し、販売もしていることが特徴である。焼却炉や建物の外壁は当時の雰囲気を残したまま、売店やトイレ、休憩室を必要に応じてその都度改修、増築しながら使っている。訪問時には建築、金属、木工、ジュエリー、繊維など計11もある工房で作業する利用者間のコミニケーションを図るために、利用者が集まる場としての食堂の増築工事が建築工房の利用者によって実施されていた。

写真1　事例1／U6失業者の職業訓練センター（上：外観、下：テキスタイル工房）

図1　事例3／スカルッピ　転用後1階平面図

写真2　事例2／ITワークショップ（上：外観、下：消防署の面影が残る内観）

写真3　事例3／スカルッピ（上：外観、下：連続性が優れた内部空間）

写真4　事例4／ティナセッパ　転用後（上：アジアンガーデン風の庭、下：食堂）

2 公共施設から職業訓練ワークショップへの転用

事例2：ITワークショップ（写真2）

建築遺産として指定された築100年の消防署を改修した。長期失業者の職業訓練センターとしてニエミ財団が運営している。改修は2001年に実施され、間取りの大きな変更はなく、壁の塗装やフローリングの張替え、換気設備の更新が行われた。改修には財団の建築部門がかかわったものの、建築家や大工の手には委ねず利用者自らが実施した。建築遺産として指定されているため、ファサードの改修は一切認められない。扉一枚の色についても行政との相談が必要である。元消防車の車庫はパソコンが置かれているメインワークスペースになっており、車庫の大きな扉はそのままではあるがタペストリーや植物で装飾されている。消防員の休憩室だった場所は食堂や厨房、オフィスとして使われている。

利用者は精神障害者のほか、長期失業者、職業歴のない人、職業訓練をドロップアウトした人びとである。警察や病院ではない場所で皆で助け合うコミュニティづくりを大切にしながらも、病院との連携も保つことで、利用者を社会のセーフティネットに包摂することができる。

3 事務所・居住施設から居住系施設への転用

事例3：スカルッピ（Skarppi）（図1注4、写真3）

定員10人の精神疾患患者のためのリハビリテーションホーム。2軒の住宅を会計事務所として使用していた建物からの改修である。改修時は躯体を残し、間取りは大きく変更した。木材がふんだんに使われ、住宅と同様の雰囲気を大切にした。日本好きな設計者が日本的エッセンスを空間に取り入れており、内部と外部がつながる池はその一例である。みんなの空間として、リビング・ダイニング、キッチンとデッキに連続性を持たせた。安全的配慮としては、事務室から各箇所の見通しの良さを重視したこと、および火災報知器と非常ベルを設置したことのみである。2階のグループワーク室には外から見えるガラス扉、廊下には監視カメラが設けられている。居室内のプライバシーは保障されている。

現在の利用者は精神科病院からの退院後、24時間ケアを必要とする依存症の若年患者である。

事例4　ティナセッパ（Tinaseppä）（図2注4、写真4）

1969年に建てられた高齢者施設からの改修である。エレベーターがなく、高齢者施設に要求されるアクセシビリティ要件を満たせないため、定員35人の精神疾患患者のケアホームとして利用することになった。高齢者施設と精

図2　事例4／ティナセッパ　転用後1階平面図

神障害者入居施設はいずれも「住まい」として位置づけられており、法律上の大きな違いはないため、転用工事は約半年かかったがおおむね順調に進んだ。ほかのホーム同様、共用食堂にキッチンを設け、利用者の生活リハビリの一環として調理の訓練をしている。また、食堂にアールテック社のアルヴァ・アールトの家具が無造作に使われていることが印象的で、質の高い生活空間がしつらえられている。

高齢者施設からの転用で良かった点としては、普通の住宅として周りの町並みに溶け込み、施設らしさがないことである。一方で、利用者の高齢化によって、生活リハビリの一環としての調理がより大切となるため、居室から共用キッチンが設けられている食堂への移動のためのエレベーターの設置など、アクセシビリティ対応の整備が今後の課題である。

4 フィンランドから学ぶ点

フィランドの事例は近似したビルディングタイプに転用することが多いため、比較的軽微な改修によって機能要件が満たされる。その理由の一つは建物は改修を前提に建てられていることにある。たとえば、設備系メンテナンス等は改修の都度に変わる室名や部屋番号ではなく、扉の目立たない場所に記されている通し番号で管理されている。近年、空間の利用効率を高めるために、計画・設計においては空間の汎用性が重視されている傾向が見られる。

日本では、地域住民に受け入れやすく、地域居住として展開しやすいことが既存建物の福祉転用の利点の一つと捉えられている。フィンランドでは高齢者、障害者、失業者などの生活弱者の自立を包摂的に支える社会的セーフティネットが確立されている。ゆえに、なじみのある建物であるかどうかにかかわらず福祉施設は地域社会に受け入れられる土壌と、それに見合った民度が備わっている。

建物の保存と転用は建築文化の継承という側面において大きな意味を持つ。建築遺産保護に対する成熟した法制度の整備、建築を社会資産として位置づけ、汎用性の高い建築要素をあらかじめ建築に持たせて、社会要請に応じて改修しながら末長く使っていく建築文化、生活弱者を社会全体で支えるインクルーシブ理念の浸透によって、フィンランドでは建物の福祉転用はごく当たり前に行われている。

一方で、近年は換気や防火などの新たな設備基準をクリアすることができなくなってきた建物への対応という、日本と同様の課題を抱えている側面も伺えた。　　　　（厳爽）

注
1) 堀内絢子「建築家アルヴァ・アールトの建築遺産保護の現状に関する考察―フィンランドにおける二十世紀建築遺産保護に関する研究　その１―」『日本建築学会計画系論文集』第 74 巻、第 629 号、2009
2) 堀内絢子「フィンランドにおける 20 世紀建築遺産保護の歴史的な経過に関する研究―建築雑誌 Arkkitehti を基にして　その１―」『日本建築学会大会学術講演梗概集（中国）』2008
3) 小林克広、他 3 名「フィンランドにおけるコンバージョン建築事例の調査研究―産業系施設からの転用におけるデザイン手法―」『日本建築学会大会学術講演梗概集（中国）』2008
4) 松田雄二、他 6 名「フィンランド・スウェーデンにおける既存施設の福祉転用事例に関する研究―空き家・空きビルの福祉転用研究　その 4 ―」日本建築学会地域施設設計計画研究シンポジウム、2016

4-5 スウェーデンにおける福祉転用

1 スウェーデンの制度について

スウェーデンでは1900年代前半に建設された救貧施設としての老人ホームや年金受給者のための年金者住宅、1970年代より建設されるようになった、比較的自立した高齢者のための「サービスハウス」、認知症高齢者のためのグループホームなどが存在していたが、1992年の高齢者福祉制度の改革（エーデル改革）によりそれら施設・住宅が一元化され、介護の付いた「特別な住居」となった。入居者は介護度に応じて施設を変わることはなく、最期まで住み続けることができる。自治体によって身体疾患中心のユニットと認知症ユニットに分けられることがある。入居には社会サービス法による行政の認定が必要である[注1, 2]。

2 高齢者住宅への転用事例

1 年金者住宅から特別住宅へ

事例1：エドサートラ（Edsätra）

ストックホルム市に1965年に年金者住宅として建設された建物を、法制度の変更に合わせて「サービスハウス」から「特別な住居」に用途変更された。1階に1ユニット、2〜3階に各2ユニットの計5ユニットがある。土地と建物は「エドサートラの友財団」が所有し、その上部組織である「エマニュエル会」が運営する。

1985年のサービスハウスへの変更にあたり、最も大規模な改修が行われた。改修以前の個室はトイレの付いた1室で、9〜10室で1ユニットを構成していた。改修後は二つの個室を1室とし、居間、寝室、トイレ・浴室が設けられ、6室で1ユニットとなった。現在の居室面積は約33m²である。図1、2に改修前後の図面を示す。

特別な住居への変更では、労働環境法により便器の前に車いすがアプローチできるよう1.3mのクリアランスを設けることが求められた。現在の壁を15cm動かす大掛かりな工事が必要となり(写真2)、すでに改修した部屋もあるが、逐次工事を行う予定である。改修後のトイレは便器が壁掛式になり洗面台は上下に動くタイプとなっている。また、トイレ・浴室の扉は、法律では幅1mが求められているが、協議の結果、現状の0.9mが認められている。

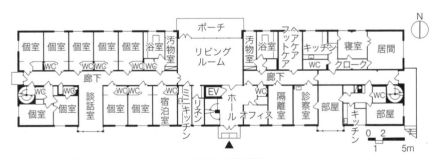

図1　事例1／エドサートラ　1985年時の改修前1階平面図

写真1　事例1／外観：1980年代にベランダをガラスで囲う改修がされている

図2　事例1／1985年時の改修後1階平面図

写真2　事例1／トイレ：基準を満たすため壁を後退させる改修が今後必要

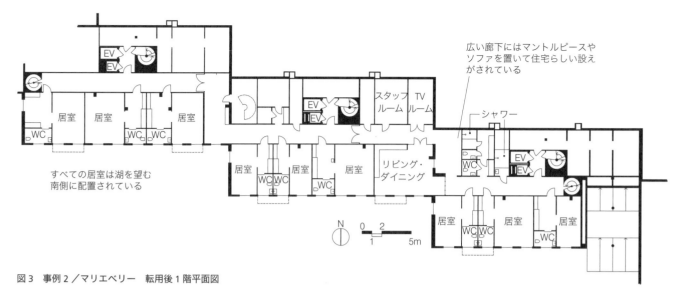

広い廊下にはマントルピースやソファを置いて住宅らしい設えがされている

すべての居室は湖を望む南側に配置されている

図3　事例2／マリエベリー　転用後1階平面図

写真3　事例2／南側外観：1、2階部分は道路より低い

写真4　事例2／居室：すべての居室は湖を望む採光を確保

写真5　事例2／廊下：ガラス越しにリビングが見える。手前はスタッフコーナー

写真6　事例3／マイヴィーケン　外観

写真7　事例3／改修を行った居室

写真8　事例3／トレーニングジム

2　事務所から身体疾患のための特別住宅へ
事例2：マリエベリー（Mariebergs）

　1960年代にストックホルム市内の傾斜地に建てられた10階建て共同住宅であるが、1、2階部分は、片面採光のため住居機能が認められず、事務所として使われていた。その後、片面採光でも住居として認められるようになり、2000年代初めに事務所部分が身体疾患のための特別な住居に転用された。建物は住宅協同組合が所有し、改築費用も組合が負担した。運営は全国展開のヴァーダガ社が行っており入居者の賃料をまとめて組合に支払う。

　1フロア9室、2フロア計18室からなり、居室面積は25m²～35m²。キッチンのある玄関ホール、ベッドルーム、水まわりの3室で構成される。廊下、エレベーター、階段は元のままで、螺旋階段が追加され、水回りはすべて新しくさ

れた。夜間は2人の職員が2フロアを見るため、ベッドルームの床にセンサーが取り付けられ入居者の動きが察知できるようになっている。

3　集合住宅の住戸を高齢者住宅へ
事例3：マイヴィーケン（Majviken）

　1967年にヨーテボリ市により建設された集合住宅で、1K～3Kの住戸320戸に640人が住んでいる。入居者の約半数が高齢者となり、2007年からは希望した入居者の住戸を高齢者住宅に改修している。改修にはおよそ6～8週間を要し、その間は別の場所に仮住まいをして改修後に戻ってくる。改修費用はヨーテボリ市が負担し、改修内容によって賃料が上るが、増加分はさほど高くなく、市は長期的に費用を回収する。住み続けられるという点で入居者に

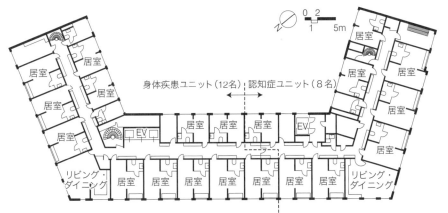

図4　事例4／ロッツェン　転用後2～4階平面図

写真9　事例4／外観：1階にホテル機能を残している

写真10　事例4／居室：騒音対策の二重窓はホテル当時のまま

写真11　事例4／リビング・ダイニング：テラスから船を眺めることができる

写真12　事例4／廊下：ホテル当時のまま、手すりはない

とってはメリットが大きい。

当初、1階には外部の人が利用するレストランが入っていたが、騒音問題により2007年にトレーニングジム(写真9)や映画室、サウナ、工作室など、住民向けの共用施設に変更された。これらの部屋の使用料もすべて家賃に含まれている。この集合住宅への入居には市の住宅局の許可が必要であり、現在多数が入居を待っている状態である。

4　ホテルから特別住宅へ

事例4：ロッツェン（Lotsen）

ヨーテボリ市に1976年に建てられたホテルの建物を、高齢者住宅の不足に悩んでいたヨーテボリ市が1994年に購入し、2～4階の3フロアを「特別な住居」に転用したものである。1階にホテル機能を残し、5～7階は学生寮、6階は市のオフィスとして利用している。定員は60人で、各階に身体疾患ユニット（12人）と認知症ユニット（8人）が配されている。ホテルを転用した理由は新築よりコストを抑えるためで、転用にあたって工事は小規模なものにとどまり、廊下や居室はほぼホテル当時の姿が残された。スタッフからは廊下の幅やバスルームの広さが課題として挙げられたものの、エレベーターなどが古いことに対してはそれほど大きな問題はなく、むしろ、古い雰囲気を大事にし、古い家具や絵の寄付を呼びかけているとのことである。

3　スウェーデンから学ぶこと

スウェーデンの事例では、事務所、集合住宅、ホテルなど多様な用途の建物の一部のフロアや一部の住戸を高齢者住居に転用し運営を民間に委託するという手法が見られた。高齢者が安心して最後まで暮らせる住宅の確保は日本でも依然として大きな課題であり、福祉転用はこうした問題を解決する一つの手段と言える。住宅としての質を確保しつつ、大胆な発想で地域の建築ストックの活用を図る体制の構築や、柔軟な対応が、今後の福祉転用に望まれる。

（二井るり子）

注
1) 奥村芳孝『スウェーデンの高齢者ケア戦略』筒井書房、2010
2) 2010年から一般住宅から特別な住居へ移る中間的な住居として介護スタッフが常駐しない「安心住宅」の整備が進められている。市の任意の業務であり、社会サービス法による入居認定は不要である。

コラム4　ヨーロッパにおける不動産の価値向上への一考

先日ロンドンで初見の歯医者に検診に行った。"本当にここ？"と思える"住宅街の一画を地図は指している。通りを何往復かした後注意深く見ると確かに医院らしき小さな表札の架かった家がある。典型的なビクトリアンあるいはエドワーディアン風2階建住宅だ—外壁ブリックは建設当時のまま、煙突が少し傾いてスッと立つ。屋根瓦は3割強入れ替えられ、外壁に警備用アラーム、窓枠塗装も真新しく庭も刈り込まれている。最近は地方行政の情報公開も進んだせいかウェブでもかなり資料が手に入る。それによるとこの建物は2009年に用途変更申請提出で2階部分が住宅から歯科医院となり、二つの治療室と消毒室および医療用具等倉庫へ改修されたようだ。用途変更提出者は地元設計者が代行。デザイン、アクセス申告書の他に現況図/設計図と音響分析書が提出されている。"当該エリアの歯科需要の増加に伴い歯科医院を拡張し公共医療も提供したい"[注1]と申請理由が述べられている。元々住宅兼診療所として2階が住宅で1階が診療所の建物を購入して2階の住宅部分を用途変更し建物全体を医院に改修したい、という趣旨のようだ。

- 土地・建物の所有権を購入 2008年5月末
- 申請提出 2009年3月
- 申請許可 2010年6月

とある。事前協議・設計等に9か月は仕方ないとして申請後許可に15か月は長すぎる。近隣か当局の反対があったのだろうか？書面から見る限り反対意見が提出された形跡はないが、9年3月に出された申請がその後10年2月と4月に修正され騒音測定報告書が提出されている。結果、10年6月の許可書に6条件が付加されその一つが"屋上機器からの騒音レベルを現状の暗騒音より5dB以上低くすること"とある。地区計画記載の"住宅減少防止基準"および住宅街ゆえの"騒音・汚染・交通"が懸念とされたようである。一方、8年5月の販売価格は57.5万ポンド（約8000万円）とある。病院収益が不明のため収益還元ベースでの資産評価は難しいが、周辺と同じ住宅に再度用途変更すれば（住宅街で住宅への変更はより簡単）17年現在100万ポンド（約1億4000万円）は下回らない。用途変更・改修による価値上昇とは必ずしも言いきれないが、既存の住宅兼診療所を買取り用途変更や建物新築リスクを減らし、資産保有期間中は医療収入を確保し（借入金の金利は控除可）、医療から引退時は（後継者等の有無にかかわらず）中古住宅価格上昇をベースに高値売却。そういうシナリオであれば成功例となろう。ただし同じイギリスでも地方都市だとこうはいかないし、それは欧州大陸側でも同様で大都市と地方都市の格差は大きい。

以上、事例の紹介が長くなったが、英国ロンドンの昨今の特徴としてロンドン東部やロンドン南部といったこれまであまり見向きされなかった"新しい"地域の不動産・建築価格上昇が最も高いことが挙げられる。—たとえばオリンピック開催で活性化したストラットフォード地域や再開発地域指定で開発が進むホワイトシティー地区の住宅開発、ユーロスター発着のキングスクロス駅地域等のオフィス開発。しかしそれは既存の不動産・建築をうまく用途変更・改修して活用することにより既存地域の既存物件の価値が高く保たれ手が出ないがために、新しい地域に出ていかざるを得ないという社会現象でもある。

つまり、不動産・建築の価値を考えるにあたり、今までの人口デモグラフィー・雇用・所得を中心とした需給分析の重要性に間違いはないが、ロンドン市民の"古いもの好き"的気質や価値観がその需給に大きく影響を与えるという仮説は十分に成り立つ。そして"古いもの好き"気質は単なる趣味嗜好にとどまらず、用途変更・改修の具体的手法、体制や具体例がどこまで一般的に社会に広まるかによっても左右されるとも言えないだろうか。歯科医のしたたかかつ確かな"改修"（我が古い歯の治療も含め）の腕を目のあたりにしてそう思わざるを得なかった。　　（田中康治）

注
1) London Lewisham Council-Planning

写真1　歯科医院前景（南面）　　写真2　近隣住宅街と街路（東西）

5章
福祉転用を始める人への 10のアドバイス

福祉転用では、これまでの設計手法とは異なる大きな考え方の転換が必要である。求められる心構えや作法を 10 のアドバイスとしてまとめた。人口減少社会を迎えるわが国においては、これからも空き家や空きビルの利活用が推進され、そのなかで福祉転用の重要性も高まっていくであろう。福祉転用が普及することにより、社会の居場所がつくられ、誰もが地域で普通の暮らしができるインクルーシブな居住環境が実現するのである。

概念

1 新しい価値観を持つ

既存建物を福祉の場へ変える行為は、新しい価値観をつくることにつながる。福祉転用の多くの事例では、これまでの施設、住まい、地域、福祉・ケアの概念では捉えきれない多様な取り組み、空間のつくられ方を目にすることができる。

① 施設標準の枠の外へ

たとえば、施設は、教育なら学校、労働ならオフィスというように機能と空間を1対1のセットとして提供することが求められてきた。そのため機能を保証する施設ごとの設置基準（必要な部屋、必要な面積）も制度によって定められている。数値基準は合理的な施設をつくるときには役立つだろうが、空間と機能が一致しない福祉転用では、空間の余白が生まれたり、建物規模に収まらず機能がはみ出すケースが非常に多い。そこに設計者や利用者の従来の形にとらわれない創意工夫の余地を見ることができる。福祉転用が当たり前となれば、「標準的」な福祉施設を整備するという固定概念は薄れ、地域のニーズを反映した多様なケア拠点がつくられていくであろう。

② 住まいとケア

福祉転用が普及することで住まいの概念も拡張する。それは、空き家を、高齢者や障害者、シングルマザーなどのシェアハウスやコレクティブハウジングとして活用する事例が増えていることからもわかる。これらは、単なる社会保障を目的としたハコモノとしての住居ではなく、入居者同士の生活支援（インフォーマルな助け合い、つまり互助的関係）を基礎にしつつ、必要なケアは外部から調達する新しい形の住まいとして位置づけられる。今後、老人ホームのようにケアサービスと住まいが一体化した環境ではなく、住み手が自分に必要なケアを主体的に選び取る方向に社会の仕組みがシフトするならば、元々生活の場であった空き家を、福祉的な住まいとして活用することに大きな意味を見出せるだろう。

③ ネットワークで構築する地域

高齢者福祉では、ケアが必要になっても住み慣れた地域にできるだけ住み続けられるような体制を整えていく地域包括ケアシステムの考え方が広まっている。ここでは、医療と介護の縦の関係を強めケアの連続性を確保するだけでなく、コミュニティに拡がる横方向のケアのネットワーク性も重視することが求められている。現在、この考え方は高齢者にとどまらず、障害者や子ども・子育ての分野でも幅広く流通するキーワードとなりつつある。

地域の記憶が埋め込まれた既存建物をケア拠点へと活用することは、その場所を起点とし、コミュニティにある互助のネットワークを掘り起こし、可視化し、再構築することでもある。福祉転用は、地域でさまざまな人・世代が日常的なつながりを持ちながら共生社会を創造する一つの手段となる。

実践手法

2 「福祉」を再定義する

① 福祉の対象は誰か

福祉転用により生まれたケア拠点においては、どのような人を受け入れ、どのような人がたずねてくることを想定すべきであろうか。福祉の対象は、一般的には要介護の高齢者や障害者と捉えられる。しかしながら、子育て世帯や独居高齢者のように、日頃は特別なケアが必要と感じていないが、ちょっとした出来事で困った状況に陥る人も多く暮らしているのがコミュニティの実相であろう。ケアの必要な人の利用だけでなく、このような心配や不安を持つ人もアクセスしやすい気軽な場所が地域には求められる。利用者を限定せず、「何かに困っている人」「困りそうな人」まで包括した幅広い「福祉」のすがたを、ケア拠点において形として実現していくことが大切である。

② 弱者のロジックを捨てる

「福祉だから、贅沢はできない」「補助金（税金）を投入しているから贅沢はできない」という抑圧的な目線は、社会的弱者に我慢を押しつけるだけでなく、そのような状況下では上質な空間を望むこともできないだろう。公的資金を投入しているからこそ、地域の共有資源となるケア拠点が構築されるべきである。

③ 「懐かしい環境」の罠

福祉転用にありがちな偏見にも注意が必要である。それは、認知症高齢者には懐かしいと感じる環境がありさえすればよいという福祉事業者側の姿勢に現れたりする。福祉転用では、とかく懐かしい環境を求める傾向が強くなるが、ノスタルジーに拘泥しないことが重要である。利用者の身体状況に十分配慮した環境を整備することが求められると認識し、既存建物の状況によって難しいならば福祉転用を

諦める選択・決断も行う。懐かしさをポジティブに捉えるためには現在の生活や活動が充実していることが前提となる。

3 新たな空間をデザインする

① 詰め込みすぎない

新築の場合、利用者数や用途に合わせて効率的に空間が配置される。しかし、福祉転用では既存建物の大きさや柱の位置などにより、改修後の空間構成や面積が制約される。そのため、事業採算を重視しすぎて多くの利用者数を確保した場合、利用者に窮屈な環境を提供してしまうかもしれない。また、十分な動線が取れずケアのしやすさも低下する可能性もあるだろう。余裕のある規模の空き家を探すこと、既存建物の大きさに対して利用者数を抑えて計画することが重要で、詰め込みすぎない環境が結果的に利用者の評価にもつながる。

② 地域に開かれた空間

ケア拠点は、高齢者や障害者など特定の人のだけでなく、誰にでも開かれた空間を有しているべきである。それは地域住民が最もアクセスしやすい位置にあり、機能を固定化せず柔軟なつくりにした空間とすることで、インクルーシブな居場所として利用されるだろう。

ハード面だけでなく、空間の使い方にも工夫がなければ居場所とはならない。たとえば、過剰な使い方のルールにより人を排除しないことや、子ども・障害者・高齢者という縦割りにこだわらず、幅広い年齢や障害を対象としてさまざまな人が混じりあって過ごせる事業を行うことが大切である。

③ 地域に埋め込まれた住まい

福祉転用によって整備される住まいは、大きな看板が掲げられたり、塀で囲まれたりする、これまでによくありがちな地域から浮いている福祉施設とは異なり、地域に埋め込まれた静かな佇まいにすることが可能である。過度なデザインをあえて施さず目立たない住まいをつくることで、地域にさまざまな人が暮らすソーシャルミックスの実現につながる。

④ インテリアにコストをかける

既存建物の改修によって、古さと新しさがバランスよく調和された空間が生まれる。この上質な空間を具現化するには、インテリア（特に、家具や照明）にしっかりとコストをかけることが重要である。

また、改修工事で全面的にバリアフリーとしたり、一室空間にする必要もない。たとえば、段差を残すことも高齢者の身体機能の維持には有効となるケースもある。既存空間の良さを活かすという観点から、コストをかけるポイントを見極めることが大切である。

4 多様な人を組織する

① さまざまな専門家が参加できること

福祉転用では建築や福祉以外にも、不動産や金融など多方面の専門家の知識やサポートが必要なる。既存建物を利活用する場合、制度や慣習によりケースで異なる対応を求められることも多く、新築のように計画通りにプロセスを進めることが難しいためである。プロセスを部分に分けて専門家に頼るのではなく、空き家を探すといった初期の段階から専門家が継続的に参加でき、異なる分野の専門家同士でもコミュニケーションが取れるような組織づくりが求められる。

② 地域住民に対するオープンなプロセス

福祉転用プロセスへの地域住民の参加は不可欠である。たとえば、住民のコミュニティに根ざしたネットワークを利用すれば適切な空き家が見つかりやすくなるかもしれないし、地域のニーズを把握するときにも役立つだろう。

このような実利的な側面もあるが、住民が参加することで地域の自治、つまり地域を自分たちの共通の資源として考える基盤になることも重要であろう。現存する資源を自分たちも受益者となるような地域のケア拠点にすることは、地域住民にとっては参加しやすいテーマである。地域住民も参加できるオープンなプロセス、専門家との対話の機会、住民同士で熟議できる時間と場所が用意されていることが重要である。

③ 所有者と福祉事業者をつなぐ役割

福祉転用において、空き家や空きビルを探すときに福祉事業者の多くが感じる「思い通りの空き家がなかなか見つからない」という課題が示すのは、建物所有者と福祉事業者をつなぐ職能の欠如であろう。空き家バンクなどの不動産データベースを参照し、地域の福祉ニーズに応じた事業に適した建物を探すマッチングシステムの仕組みが求められる。この仕組みは、空き家の対応に困っている所有者と、その地域で事業を展開したいと考えている福祉事業者の相談窓口としても有効であろう。

5 コストと価値をマネジメントする

① 小規模事業を支える仕組み

小さな空き家を福祉転用するのは、NPO法人に代表されるような小規模事業体がほとんどである。事業体としての実績が少なく、開設費用の資金を集めるにも苦労が生じることも多い。地域に密着した信用金庫などの金融機関のサポートや、小規模な投資を募るクラウドファンディングなども取り入れた仕組みを充実していく必要があろう。

また、小規模であっても事業計画と空間計画を同時に検討することで安定した事業につながる。たとえば、シェアハウスにおいてキッチンを何名の居住者でシェアするかや、建物の一部を他の事業者に貸し出す場合にその空間の広さや質の設定によって収益は変化する。設計者はこの事業性にも着目して改修計画に取り組みたい。

② 安心のためのコスト

既存建物を利活用するメリットの一つは、やはり新築と比較して初期コストが抑えられることが挙げられる。しかし、福祉転用では特別なニーズを持つ利用者への配慮を怠ってはならない。制度で定められた防火などの基準を遵守することに加えて、利用者個別に対応したバリアフリーの工夫を行うなど、安心して過ごせる環境の整備にかかわるコストを決して削減してはならない。

③ 地域の価値を高める事業計画

福祉転用では、建物所有者は短期間に事業を効率よく回す経済性の観点のみにもとづいてコスト計算を行うことは避けるべきである。福祉事業者とも協働して、社会的価値、つまりコミュニティにおける人びとの関係性の豊かさを醸成する長期的な視点を持つことが大切である。地域の建物の一つが、誰でも利用できる居場所となることで、結果として地域全体の価値向上にもつながるという意識を持って事業計画を行いたい。

6 「まち経営」の手段とする

① 自分たちで地域資源を把握

福祉転用は、まちづくりを過度に行政に頼らない「まち経営」の手段の一つになる。その基礎的な活動は、地域住民自身で空き家を把握することである。空き家に以前居住していた人や建物所有者の人となりをよく知り、信頼関係も持っているのが住民であるためである。空き家をすぐに活用する必要はないが、まち経営の選択肢を広げるベース

になるだろう。

たとえば、把握作業を進めていくと、空き家予備軍には「空き室」も多いことを見つけるかもしれない。見守りのための同居者（ホームシェア）、短期宿泊、オフィス、アトリエなど、借り手とのマッチングができれば、これまでは気づかなかった地域のさまざまな隙間を空間価値として変換できるだろう。

② 自分たちで決める必要な福祉

ケア拠点には地域の暮らしを豊かにするようなサービスを求める視点が重要である。そのためには、民間の福祉事業者が開設してくれるのをただ待つのではなく、地域に必要な福祉サービスを住民で協議し選び取れるような仕組みを設ける必要があるだろう。その一つとして、たとえば住民主催の福祉サービスのコンペはどうであろうか。地域のニーズや空き家の状況に応じた要件を定め、共感した福祉事業者に応募してもらい、住民参加のプロポーザル方式で評価を行うのである。

③ 急がない

まち経営には持続性の視点が不可欠である。福祉事業は公的資金が使われるため、年度内での開設、開設後も単年度ごとに成果や結果を求められることが多いが、地域における福祉サービスの必要性について、できるだけ長期的なビジョンを描くことが重要である。

福祉転用には多くのステークホルダーがかかわり、議論や協議、交渉に多くの時間と手間がかかる。このように思うように進まないという特徴は、まち経営の思考や方法になじむのではないだろうか。合意形成をベースにして、地域に必要な福祉を決めるプロセスを楽しむことが大切である。

生活の風景

7 ケアを日常にする

① 分散する住まいとケア拠点

空き家を高齢者や障害者が暮らす場へと転用することで、福祉的な住まいが地域の中に分散される。また、福祉転用により生まれたケア拠点は、空間的な制約があり従来の福祉施設に比べて規模は小さくなる。結果、地域には複数の小さなケア拠点が面的に整備される。そして、そこから分散した住まいへとケアが届けられるようになる。

福祉事業者は在宅サービスの質やケアネットワークの構

築がこれまで以上に求められるだろう。また、利用者を限定しないケア拠点では、さまざまな人が訪れ身近な地域のニーズが吸い上げられていく。このように、互助とケアが重層的に組み合わさって、住み慣れた地域に住み続けるための環境が整えられていく。

② 用途が混在した小さな街区

計画的に設計された住宅街や商店街、オフィス街などは単一用途の建物のみで構成されやすい。そのような街区において、既存建物を福祉転用することはさまざまな人がさまざまな目的で利用できる混在した環境を実現することにつながる。コミュニティを支えるためには、街角に地域の居場所やケア拠点が当たり前のようにあることが大切で、それが魅力的な街区の風景をつくっていくのである。

8 生活文化を継承する

① 福祉を巻き込む文化的実践

文化というと、伝統芸能や文化財のような大きな文化が注目されるが、そのレイヤーの下には、日常生活の営みのなかで無数の小さな文化が醸成されている。身近な地域に属しているという共有意識の形成につながるこの文化を継承していくことも重要である。

福祉転用により生まれた空間では、建物や土地に埋め込まれたさまざまな振る舞いや感覚が体験を通じて継承される。そこでは、高齢者や障害者が小さな文化をつくる実践者となる。これまで福祉の対象となる人は施設を利用すると、その時点で文化と切り離されていた。しかし、地域基盤の上にあるその場所では、文化に触れ続けられる。さまざまな人を巻き込みながら既存の文化の上に新たな生活の風景がつくられていくのである。

② 私有から共有の資源へ

空き家を福祉転用する際は、それまで人が使ってきた生活履歴を活かして、利用者にとってなじみやすい環境を提供することができる。また、小学校や病院のように地域のシンボルのような建物は用途が変わっても人を惹きつける求心力がある。このような視点に立つと、建物は所有者が個人であるか公的機関であるかにかかわらず、地域の住文化や風景をつくる貴重な財産であると言える。空き家や空きビルは制度上では私有財産であるが、そこに住むことあるいは利用することを放棄した時点から地域の財産として還元すべきである。地域住民の共有資源であるという認識が深まることで、日常生活における風景の見方も変化して

いくだろう。

9 多様な役割をつくる

① ケアする人とされる人の関係

福祉施設ではケアの提供者と受け手の二者の関係性が強調されやすい。寄り添ったケアのように利用者の個別性を尊重し、関係性を深める場面も見られるが、基本的には対面のコミュニケーションによってケアが行われる。限られた時間、閉ざされた関係性のなかで生活が展開しているとも言える。

他方で、利用者がこれまでの生活を継続したいと言うとき、それは食事や入浴などの細分化された福祉サービスを受けることよりも、知り合いとの世間話のような範囲が曖昧で総体的な生活としてのイメージを抱くことが多いのではないだろうか。地域に開かれた場所においてケアを受けられることは、輪切りにされた時間ではなく、社会とつながった生活者として一貫した暮らしを継続させやすくなる。そして、利用者とケアする人の関係性も、縦ではなく横のつながり（ネットワーク）へと変化していく。

② 働くことで社会につながる

働くことは社会参加の意識を高める。たとえば、長年にわたり障害者福祉の分野では就労支援に注力してきた。以前は福祉施設というハコの中で軽作業などを淡々とこなすことも多かったが、近年は、カフェや物品販売店において、接客などコミュニケーションが必要な仕事も就労支援の一環として積極的に取り入れている。

既存建物を高齢者や障害者の働く場所に活用することは、福祉施設以外のインフォーマルな関係性を広げることにも貢献する。加えて、その建物が商店街など地域の中心にある場合、地域住民の認知を促すことにもなるだろう。働くことは生活の一部である。高齢者や障害者が福祉施設の中だけで長時間過ごすのではなく、地域のメンバーとして役割を持って暮らせることが重要である。

制度

10 地域の価値を創造する

① 小さな建物を福祉転用しやすい制度

建築基準法は新築を前提としており、用途変更のための体系とはなっていない。また、最低の利用者定員を定めた福祉制度は一定規模以上の施設を想定している。したがっ

て、空き家のような小さな建物を福祉施設へ用途変更するにはさまざまな法的課題が生じている。

このような課題を解決するため、住宅並みの規模の建物で一定条件を満たせば、建築基準法上の用途変更に必要となる防火や構造の基準や福祉制度の定員規定を緩和できる制度や仕組みが求められる。緩和による質の低下に関するリスクについては、運営に公的補助を受ける福祉施設の特徴を利用し、福祉行政による年度ごとの定期的な監督を義務づける。つまり、小さな事業所に対しては開設時に厳しい基準を課すのではなく、運営後のチェック体制を強化することで福祉転用の普及を後押しすることが望ましいだろう。

一方で、地域によって必要な福祉ニーズの種類や量は異なる。そこでは、全国一律の基準を定めるのではなく、地域にあった制度の柔軟性も求められるだろう。地方公共団体が制定する空き家条例などの枠組を利用した規制緩和を進めることも福祉転用普及の一つの手法になりうる。

2 新たな施設の形：「地域共生施設」

良質な福祉転用を伸ばすには、用途変更しやすい制度的な仕組みを整えるのと同時に、利用者を限定しない地域に開かれたケア拠点の整備を推進することも重要である。そこで、新たな施設類型として「地域共生施設」をつくることを提案する。

これは、共同住宅や寄宿舎も含む住宅と、老人ホームや通所施設などの福祉施設の中間的な位置づけとし、ケアの機能を持ちつつ地域における健康拠点や互助拠点としての役割を担う施設である。条件として、①地域共生社会の実現のために有償と無償を組み合わせた活動が展開されていること、②地域包括ケアにおける地域マネジメントの手法によって整備されていること、③生活文化を継承していること、④地域でのインフォーマルな助け合いをベースに住み続けられることを支援していることを挙げる。

地域共生施設において、子どもから高齢者までがさまざまな機能やサービスを自由に利用し、関係が築かれることでインクルーシブな社会の価値が地域へと浸透していくだろう。そして、この新しい施設類型と制度支援が組み合わされれば、地域に住む自分たちのための福祉という視点を内包した新しいまちづくりの手法へとつながっていく。

（加藤悠介）

活動記録

　本書は、文部科学省科学研究費基盤研究（B）「地域資源の利活用マネジメントにむけた福祉転用計画システムの構築に関する実証的研究」の支援を得て、2014年度から2016年度の3年間に実施した研究活動の成果にもとづいて執筆されている。以下に活動記録と参加者を示す（敬称略）。なお、研究メンバーは次の13名である。＊は代表、＊＊は幹事である。

　森一彦＊（大阪市立大学）、加藤悠介＊＊（金城学院大学）、山田あすか＊＊（東京電機大学）、松田雄二＊＊（東京大学）、松原茂樹＊＊（大阪大学）、三浦研（京都大学）、厳爽（宮城学院女子大学）、吉村英祐（大阪工業大学）、北後明彦（神戸大学）、橘弘志（実践女子大学）、鈴木義弘（大分大学）、鈴木毅（近畿大学）、大原一興（横浜国立大学）

○ 2014年11月22日〜23日
【視察調査＋講演会】神奈川

視察先：

　①みらいずみ工房（地域活動拠点、鎌倉市）、②ふらっとステーションドリーム（団地内の地域交流サロン、横浜市）、③さわやか港南（在宅支援サービス拠点＋地域の居場所、横浜市）、④ペアレンティングホーム高津（シェアハウス、川崎市）

講演者：

　1. 大原一興「鎌倉、横浜で感じる福祉転用の（ひとつの）意味と（10の）課題」

　2. 瀬戸恒彦（かながわ福祉居住推進機構理事長）「かながわの福祉政策の実践と今後の展望―神奈川における地域福祉実践の試み」

○ 2015年2月7日〜8日
【視察調査＋座談会】石川

視察先：

　①西圓寺（福祉拠点＋カフェ＋温泉、小松市）、②シェア金沢（共生型の居住施設＋店舗＋温泉、金沢市）

座談会メンバー：

　雄谷良成（社会法人佛子園理事長）、松村秀一（東京大学）、山口健太郎（近畿大学）、鈴木毅、松原茂樹

○ 2015年3月14日
【公開研究会】「空き家・空きビルの福祉的活用のすすめ方」

場所：建築会館会議室

講演者：

　1. 森一彦「福祉転用研究プロジェクトの経緯と目標」

　2. 大原一興「我が国における福祉転用の現状と課題」

　3. 高草大次郎（ar-co.care）「福祉転用の実践からみえてきた有効性と課題」

○ 2015年9月30日〜10月5日
【海外視察調査】フィンランド・スウェーデン

視察先：

　①ティナセッパ Tinaseppä unit（精神障害者ホーム、ヘルシンキ市）、②スカルッピ Skarppi unit（リハビリホーム、ヘルシンキ市）、③エドサートラ Edsätra（高齢者住宅、ストックホルム市）、④マリエベリー Mariebergs（高齢者住宅、ストックホルム市）、⑤マイヴィーケン Majviken（高齢者住宅、ヨーテボリ市）、⑥ロッツエン Lotsen（高齢者住宅、ヨーテボリ市）

調査メンバー：

　大原一興、厳爽、松田雄二、橘弘志、二井るり子（二井清治建築研究所）、森一彦、北野綾乃（東京電機大学）

コーディネーター：

　（ストックホルム）奥村芳孝（Okumura Consulting 社）、Jonas E. Andersson（王立工科大学）（ヨーテボリ）Morgan Andersson（ヨーテボリ市 Göteborg）

○ 2015年11月5日
【視察調査＋座談会】大阪

視察先：

　泉北ほっとけないネットワーク（槇塚台レストラン・府営住宅）

座談会メンバー：

　木村吉成（木村松本建築設計事務所）、西上孔雄（NPO すまいるセンター代表理事）、宮部浩幸（SPEAC ／近畿大学）、松原茂樹、森一彦、吉村英祐

○ 2015年11月16日〜21日
【海外視察調査】オーストラリア

視察先：

　①アビーフィールド Abbeyfiled（高齢者村、ウィリアムスタウン）、②ノース・アレレード North Adelaide（老人ホーム、アデレード市）、③イングル・ファーム Ingle Farm（グループホーム、イングルファーム）、④ノースゲート Northgate（老人ホーム、アデレード市）、⑤ポッター・ストリート Potter Street（障害者共生村、ダンデノン市）、⑥アトキンス・テラス Atkins Terrace（アフォーダブル住宅、メルボルン市）、⑦ラスダウン・プレイス Rathdowne Place（老人ホーム、メルボルン市）、⑧ベルモント Belmont（アフォーダブル住宅、ジーロング市）、⑨マニフォールドハイツ Manifold Heights（アフォーダブル住宅、ジーロング市）

調査メンバー：

　森一彦、松原茂樹、大原一興、鈴木毅

コーディネーター：

　杉山岳巳（オーストラリアカソリック大学）

○ 2016年2月27日
【公開研究会】「空き家・空きビルの福祉転用―建物所有者にとっての価値向上と今後の促進に向けて―」

場所：建築会館会議室

講演者：
1. 安藤勝信（株式会社アンディート代表）「木賃アパートから地域に開くデイサービスへ──「タガヤセ大蔵」の取り組み」
2. 秋山怜史（一級建築士事務所秋山立花代表）「子育てを共有するシェアハウス──ペアレンティングホームの取り組みとその仕組み」
3. 周藤利一（明海大学）「空き家・空きビルの福祉転用のための政策課題」

○ **2016年3月26日**
【視察調査＋座談会】大分
視察先：
　①ユニバーサルマンション（バリアフリー集合住宅、別府市）、②ユニバーサルスペース「夢喰夢叶」（飲食店＋イベントスペース、別府市）
座談会メンバー：
　米倉仁（NPO法人自立支援センターおおいた会長）、鈴木義弘、橘弘志、松田雄二

○ **2016年5月27日**
【視察調査＋座談会】栃木
視察先：
　①陽だまり保育園（保育施設、高根沢町）、②小俣幼児生活團（保育施設、足利市）
座談会メンバー：
　大川眞（小俣幼児生活團園長）、木村厚志（陽だまり保育園事務長）、佐賀井尚（尚建築工房）、益子朋二（安藤設計）、横手義洋（東京電機大学）、山田あすか

○ **2016年7月30日**
【視察調査＋座談会】東京
視察先：
　コーシャハイム千歳烏山（高齢者住宅＋賃貸住宅、世田谷区）
座談会メンバー：
　青木茂（青木茂建築工房代表）、古澤大輔（日本大学）、中島康雄（東京都住宅供給公社）、永井太郎（東京都住宅供給公社）、三浦研、厳爽、加藤悠介

○ **2016年10月21日〜28日**
【海外視察調査】イギリス
視察先：
　①パークヒル Park Hill（集合住宅の団地再生、シェフィールド）、②ニューイズリントン地区 New Islington（再開発地区、マンチェスター）、③ベレロポーンハウス Bellerophon House（老人ホーム、ローチェスター）、④フログナルプレイス Frognal Place（アフォーダブル住宅、シドカップ）、⑤ウィンチェスターディスカバリーセンター Winchester Discovery Centre（コミュニティ施設、ウィンチェスター）、⑥ウエストゲートスクール Westgate School（小学校、ウィンチェスター）

現地ヒアリング対象者：
　田中康治（サークルフィールド社 Circle Field Associates）、南雲要輔（ホプキンスアーキテクツ Hopkins Architects）、漆原弘（ハンプシャー州 Hampshire County Council）
調査メンバー：
　三浦研、加藤悠介、大原一興、北後明彦、松原茂樹、森一彦
コーディネーター：
　小見山陽介（東京大学）

○ **2016年12月3日〜4日**
【公開研究会】「福祉転用京都会議──福祉転用が切り開く新たなデザインと価値創造」
場所：学芸出版ビル
発表者（事例発表会）
1. 北野綾乃「オフィス・商業施設を改修したこども施設」
2. 二井るり子「五感に心地よい児童デイサービス「まめべや」」
3. 藤田大輔（福井工業大学）「鷹巣児童クラブ──最小限の改修で民家空間を使いこなす」
4. 浅川巡（東京電機大学）「古民家の古材を活用した保育所「陽だまり保育園」」
5. 山田信博（札幌市立大学）「公営住宅の福祉転用──住戸を活用した高齢者グループホーム」
6. 八角隆介（東京電機大学）「団地再生と地域創生の拠点──ゆいま〜るシリーズにみるコミュニティの再形成」
7. 西野亜希子（東京大学）「中古住宅を高齢者住宅に転用した Ash House」
8. 高草大次郎「障害者施設への転用」
9. 松原茂樹「独身寮の転用」「グループホーム・就労施設併設の課題」「郊外住宅のコミュニティを支援する複合施設」「オーストラリアにおけるヘリテージ制度を活用した福祉転用事例」
10. 江文菁（佐藤総合計画）「どんな人でもふらっと立ち寄れる地域の場づくり「富山型デイサービスふらっと」」
11. 加藤悠介「荒廃した集合住宅団地をソーシャルミックスの場として再生「ParkHill」」
講演者（シンポジウム）
1. 山田あすか「福祉転用の現状とニーズ──自治体と施設運営者に対するアンケート調査より」
2. 橘弘志「福祉転用がつくる地域の文化と福祉」
3. 鈴木毅「福祉転用がつくるまちの居場所」
4. 三浦研「福祉転用の計画技術──イギリスにおける建築の計画手法に着目して」
5. 吉村英祐、北後明彦、松原茂樹「福祉転用における建築関連法規の法適合性に関する課題──主として建築基準法上の解釈について」
6. 大原一興「福祉転用に向けた仕組みづくり」

（加藤悠介）

【索引】

■英数

IoT ……………………………………21
NPO ………20, 27, 46, 48, 64, 68, 76,
　　　　　　　　　77, 94, 110, 121, 140
QOL ……………………………………21

■あ

アーケード ………………………31, 112
愛着 ………………………48, 50, 74, 98
アイデンティティー ………………128
アウトリーチ ……………………………88
上がり框 …………………………28, 50
明るい空間 ……………………………25
空き家・空きビル ……10, 19, 31, 78, 79
空き家活用法 …………………………120
空き家実態調査 ………………………90
空き家条例 ……………………………142
空き家データベース …………………91
空家等対策の促進に関する特別措置法 …19
空き家バンク ………………20, 91, 139
アクセシビリティ ………………54, 131
アクセス ………25, 38, 54, 62, 68, 94, 138
アクセス面 ……………………………25
新しい仕事 ……………………………32
アフォーダブル住宅 ……116, 117, 119
アフォーダブルハウジング …………125
アプローチ …………………38, 126, 133
アンケート …………………52, 79, 92
安全性 ……10, 21, 38, 58, 64, 82, 83, 85, 106

■い

イギリス …………100, 116, 120, 136
維持管理 …………………20, 46, 66, 89
一建物一用途 ………………3, 10, 116
イニシャルコスト ……………………44
居場所 ……24, 25, 31, 48, 56, 66, 68, 72, 76,
　　　　　89, 96, 98, 99, 100, 108, 111, 139
違反建築物 ………………………10, 87
移民 ………………………116, 130
医療福祉拠点 …………………………50
インクルーシブ ………109, 139, 142
インクルーシブ理念 …………………132
インテリア …………………………42, 139
インフォーマル ……18, 138, 141, 142

■う

運営検討委員会 ………………………70

■え

エイジングインプレイス …95, 123, 128
エレベーター…26, 54, 70, 86, 114, 131, 134, 135
エントランス ………………29, 58, 114

■お

大きな空間 ………………………24, 98
オーストラリア ………………………123
オープンなプロセス …………………139
落ち着ける空間 ………………………34
オフィスビル …………………38, 40
温泉 ………………………78, 96, 110

■か

介護保険法 ………………………14, 66
介護予防・日常生活支援総合事業 ……12
改修費用 …………………20, 26, 134
改築 …………………26, 84, 104, 113
快適性 …………………10, 58, 108

■き

会話の適正距離 ………………………24
学童保育 ………………………………34
学童保育施設 …………………………38
学童保育所 ………………………40, 80
確認申請 ………………82, 113, 116
確認済証 ……………………………87
火災安全性 …………………………124
価値向上 …………………………136, 140
価値創造 ……………………………76
活用意向調査 …………………………92
家庭的な雰囲気 …………………52, 66
可動間仕切り …………………21, 40, 64
通い ……………………………………31
通いのサービス ………………………24
烏山住宅8号棟 ………………………113
感覚刺激 ……………………………29
換気 ………………54, 56, 58, 124, 129
環境からの刺激 ………………………29
感染症対策 ……………………………72
緩和 ………38, 54, 82, 85, 87, 117, 124, 142

■き

キーパーソン …………………………18
寄宿舎 ………15, 44, 60, 85, 86, 117, 142
基準などの緩和措置 …………………82
規制緩和 ……………………………142
既存資源 ……………………………90
既存ストック ……………………113, 116
既存不適格 ………54, 87, 116, 118
喫茶スペース …………………25, 78
規範的圧力 …………………………107
規範の変容 …………………………100
旧耐震基準 …………………………113
協議 ……………14, 95, 118, 133, 140
協議体 ………………………………12
共助(共創) …………………………76. 77
行政 ………10, 20, 27, 42, 48, 70, 77,
　　　　　89, 118, 131, 133, 140
共生型福祉施設 ………………………68
共生ケア ……………………………66
共生社会 …………………………11, 138
共同住宅 ………15, 54, 85, 117, 134, 142
共同体 ………………………………107
共有意識 ……………………………141
共有価値の創造 ………………………88
共有資源 …………………………138, 141
共有体験 ……………………………107
居住ニーズ …………………………26, 54
居住の場 …………………………62, 110
拠点施設 ……………………………91
近隣住民の反対 ………………………87

■く

空間計画 …………………………17, 140
空間構成 …………………34, 94, 139
空間デザイン …………………………74
空間の価値 …………………………24
暗い空間 ……………………………24
グリーンカーテン ……………………36
グループ住宅 …………………………31
グループホーム ……31, 46, 52, 62, 84, 85,
　　　　　　　　　86, 87, 96, 133
車いす …28, 52, 56, 58, 110, 111, 112, 118, 133
車いす利用 …………………56, 125, 126

■け

ケア…31, 46, 58, 99, 100, 118, 120, 138, 140, 141

■こ

ケア拠点 …………11, 31, 138, 139, 140
ケアと地域の接点 ……………………31
ケアニーズ ……………………………10
継続居住システム ……………………95
継続的運用 ……………………………21
結節点 ………………………………13
検査済証 …………………17, 87, 113
原状復帰 ………19, 20, 29, 46, 60, 64
建設コスト …………………………114
減築 ………………………11, 26, 85
建築遺産保護 …………………………129
建築確認 …………………18, 84, 85
建築基準法 …………14, 17, 23, 40, 60, 82,
　　　　　　　84, 106, 117, 141, 142
建築再生 ……………………………74
建築士 ………………………10, 17, 18
建築審査会 …………………………106
建築物移動等円滑化基準 ……………16
建ぺい率 ……………………………26

■こ

合意形成 …………………………119, 140
公営住宅 …………………………52, 119
公営住宅法 …………………………86
構造安全性 …………………………124
構造の補強 …………………………54
公的支援 ……………………………27
交流スペース …………………………42
交流の場 …………………………110, 114
高齢者住宅 ………………54, 120, 134
高齢者デイサービス ……………68, 78
互助 …………………………12, 138, 141
コスト ……26, 29, 58, 80, 87, 117, 135, 139
子育て ……………40, 42, 44, 76, 79, 92
戸建住宅 …………………………85, 122
戸建住宅地 …………………………90
ごちゃまぜ ……………………………98
こども園 ……………………34, 36, 38
個別学習ブース ………………………68
コミュニティ ………10, 13, 30, 31, 42,
　　　　　　　94, 107, 127, 138
コミュニティカフェ ……18, 70, 93, 94
コミュニティケア ……98, 100, 101, 120, 123
コミュニティスペース ……50, 92, 93, 94
コミュニティづくり ………………101, 131
コミュニティレストラン ……………68
古民家 …………29, 34, 102, 104, 106
小屋組 ………………………………106

■さ

サードプレイス ………………………111
サービス付き高齢者向け住宅 …26, 27, 31, 50, 54
採光 ………21, 24, 38, 40, 50, 58, 64, 134
採光条件 …………………………21, 24
採光上有効な開口部 …………………38
採光面積 ……………………………21
在宅支援サービス ……………………123
在宅重視 ……………………………123
座敷 ………………………104, 106
サテライト型住居 ……………………31
さまざまな感覚 ………………………29

■し

仕上げ ………………28, 64, 113
シェアオフィス ………………………42
シェアハウス ………19, 42, 44, 74, 85, 87, 88,
　　　　　　　92, 93, 117, 118, 138, 140

索引　145

死角 ･･･････････････････25, 29
事業計画 ･･･････18, 27, 48, 113, 121, 140
事業採算 ･･････････････････････139
事業の理念 ･･････････････････10, 18
仕事の場 ･･･････････････････････32
自主事業 ･･･････････････････････70
施設や福祉への関心 ･･････････････30
持続的経営 ･････････････････････32
自治会 ･･･････････12, 66, 77, 88, 89
自治体 ･･･12, 14, 36, 38, 66, 79, 84, 120, 133
実践者 ･･･････････････････111, 141
室の大きさ ･････････････････････21
しつらえ ･･･････････････28, 66 104
自動火災報知設備 ････････････････85
指導訓練室 ･････････････････････56
児童発達支援センター ･･･････････27, 64
児童福祉施設等 ･･････14, 15, 86, 117
児童福祉法 ････････････14, 64, 66
自閉症児 ･･･････････････････････66
社会貢献 ･･･････････････････････60
社会参加 ･･･････････････････12, 141
社会的居場所 ･･･････････････････99
社会的価値 ･･････････････････89, 140
社会的弱者 ･････････････････109, 138
社会的包括 ････････････････････119
社会福祉法 ･････････････････････72
社会福祉6法 ･･･････････････････77
集合住宅 ･･････11, 26, 31, 54, 56, 87,
　　　　　　　　110, 118, 134, 135
住戸計画 ･･･････････････････････54
住戸バリエーション ･･････････････26
住宅街 ･･･････････････････25, 88, 141
住宅確保弱者 ･･････････････････44, 45
住宅協同組合 ･･･････････････････134
住宅セーフティネット法 ･････････116
集団規定 ･･･････････････････････14
重度心身障害児 ･･････････････29, 56
重度(の)心身障害者 ･･･････28, 58, 98
住民協定 ･･･････････････････････90
住民参加 ･･･････････････････70, 140
住民の主体的な活動 ･･････････････91
集落 ･･･････････････････････25, 107
就労支援 ･･･････････････78, 110, 141
就労支援の場 ･･････････････････30, 62
就労の場 ････････14, 62, 68, 72, 110
主体的 ･･･････････････17, 77, 109, 110
主要構造部 ･････････････････････85
障害児 ･･･････････････13, 56, 66, 68
障害者グループホーム ･･･27, 28, 60, 85
障害者総合支援法 ･･････････14, 62, 66
小規模多機能型居宅介護 ･･････21, 95
小規模多機能施設 ･･････････････31, 46
小規模保育 ････････････････････36, 68
小規模保育拠点 ･････････････････38
小規模保育所 ･･････････････････68, 87
昇降補助設備 ･･･････････････････21
商店街 ･･･････････25, 31, 42, 46, 90, 112
情報公開 ･･････････････････････136
消防署 ･･････････････14, 79, 82, 131
消防法 ･･････14, 15, 17, 23, 79, 82, 84, 85, 106
消防用設備 ･････････････11, 15, 27, 82, 85
条例 ･･････････････････17, 84, 106
所室配置 ･･･････････････････････21
所有者 ･･･10, 11, 19, 20, 34, 46, 93, 120, 139
シングルマザー ････････････････44, 45
新耐震設計基準 ･････････････････113
親密な関係 ･････････････････････24
信用金庫 ･････････････････････46, 140

■す
スウェーデン ･･･････････････････133
スーパー銭湯 ･･･････････････････70
スクラップアンドビルド ･･･････88, 113
ステークホルダー ･･････････････77, 140
ストックの有効活用 ･･････････････87
スヌーズレン ･･･････････････25, 29, 56
スプリンクラー ･･･････････15, 27, 46, 85
住まいのサービス ･･･････････････24
住み続ける ････････････････････133
住み慣れた地域 ･････････････････76, 138
スロープ ･･････････････････････15, 46

■せ
生活介護 ･････････････････････29, 58
生活困窮者自立支援法 ･･･････････13
生活支援コーディネーター ････････12
生活支援ハウス ･････････････････72
生活者 ･･･････････24, 32, 109, 141
生活弱者 ･･････････････････････132
生活の記憶 ･････････････････････46
生活文化 ･･････････････････････142
精神障害者 ･････13, 68, 72, 129, 130, 131
制度の谷間 ･････････････････････13
セーフティネット ･･････････････131, 132
設置基準 ･･････････14, 21, 26, 38, 56, 138
設備壁 ･････････････････････････54
設備(の)更新 ･････････････26, 46, 54
専門家 ･･･････････31, 95, 116, 139
専門家のサポート ･･････････････････82

■そ
総合計画 ･･･････････････････････12
総合戦略 ･･･････････････････････13
増築 ･･････11, 26, 54, 68, 70, 84, 122, 124, 130
ソーシャルインクルージョン ････123, 128
ソーシャルサポート ･････････････123
ソーシャルミックス ････････････119, 139
ソーシャルワーカー ･････････････120
SOHOアトリエ ･････････････････48

■た
大学 ･･･････････64, 70, 77, 90, 113
耐火建築物 ･････････････････････44
耐火性 ････････････････････････106
待機児童解消 ･･････････････････36, 38
待機児童対策 ･･･････････････････87
耐震壁 ････････････････････････25, 26
耐震構造 ････････････････････38, 40
耐震診断 ･･････････････････････113
耐震性 ･････････････････････106, 114
耐震促進法 ････････････････････113
耐震補強 ････････････27, 54, 74, 113
託児所 ･････････････････････････42
宅幼老所 ･･･････････････････････68
宅老所 ････････････････････････46, 108
多世代 ･･･････････････････････30, 31
多世代共生 ･････････････････････26
多世代交流 ･････････････････････90
建物所有者 ･････････17, 18, 48, 89, 140
田の字プラン ･･･････････････････34
多様な関係性 ･･･････････････････10
多様な空間 ･････････････････････24
誰もが気軽に利用できる ･･････････48
単位空間 ･･････････････････････22
段差 ･･･････････21, 28, 42, 50, 91, 139
単体規定 ･･･････････････････････14
団地 ･･･････50, 52, 54, 70, 88, 118

■ち
地域移行 ････････････････52, 62, 96
地域(の)課題 ･･･････････････････88, 91
地域活性化 ･････････････････････93
地域活性化制度 ･････････････････76
地域共生施設 ･･････････････････142
地域共生(社会) ･･･12, 77, 78, 101, 142
地域居住 ････････････････････125, 129
地域拠点 ･･････････････････････106
地域貢献 ･･･････････････････93, 106
地域交流施設 ･･･････････････････91
地域交流スペース ･･････････････29, 48
地域コミュニティ ････12, 50, 78, 102, 121, 127
地域再生 ･･････････････････････102
地域再生法 ････････････････････86
地域(の)資源 ･････11, 12, 18, 25, 48, 95, 101,
　　　　　　　　107, 108, 109, 140
地域社会 ･･･････････････77, 109, 132
地域住民 ･･･････13, 17, 18, 20, 25, 48, 52, 58, 68,
　　　　　70, 78, 82, 94, 96, 104, 106, 122,
　　　　　　　　129, 132, 139, 140
地域住民の参加 ･･････････18, 101, 139
地域住民の理解 ････････････････82
地域生活 ････････････････････72, 77
地域との接点 ･･･････････････････19
地域との連携 ･･････････････････30, 121
地域ニーズ ････････････････････46, 76
地域に住み続ける ･･････････12, 13, 18, 141
地域に「開いて」 ･･･････････････28
地域に開かれた空間デザイン ･･･････11
地域の価値 ･････････････76, 95, 140
地域の交流拠点 ･････････････････40
地域の資産 ････････････････････128
地域の集会所 ･･･････････････････46
地域の住文化 ･･････････････････141
地域の特性 ･････････････････････12
地域の福祉拠点 ･････････････････52
地域の文化資源 ････････････････106
地域の文脈 ･････････････････････90
地域の拠り所 ･･･････････････････48
地域福祉計画 ･･･････････････････12
地域(の)文化 ･･･････････76, 108, 112
地域文化の継承 ････････････････102
地域包括ケア ･･････31, 76, 79, 100, 142
地域包括ケアシステム ･･･12, 30, 50, 76, 138
地域マネジメント ･･････････････31, 142
地域力の向上 ･･･････････････････70
小さな空間 ･････････････････････24, 58
小さな文化 ･････････････107, 111, 141
知的障害者 ･････････････････････62
知的障害者グループホーム ････････28
地方創生 ･･･････････････････････13
町内会 ････････････31, 89, 90, 94, 96
賃貸 ･･････20, 29, 34, 40, 46, 60, 88
賃料設定 ･･････････････････････89

■つ
通所支援 ･･･････････････････････56
通風 ･･･････････････38, 40, 50, 58
通風採光 ･･･････････････････････21
つなぎ役 ･･･････････････････････20

■て
DIY型賃貸契約 ･････････････････20
定期借地権 ･････････････････････60
定期借家 ･･･････････････････････20
デイサービス ･･･････48, 70, 77, 88, 96
低所得 ････････････････････････123
低所得者 ･･･････27, 52, 86, 116, 119, 130

データベース ……………………20, 139
適度なつながり ……………………29
適度に地域とつながる ……………30
手摺り ………………………50, 52
鉄骨造 ………………………58, 68
テニュアブラインド ………………119
天井走行リフト ……………………28
天井高 ………………………24, 40
転用推進(促進) ………………80, 86

■と
登録有形文化財 ……………………104
独自サービス ……………………13
特殊建築物 ………………84, 117
特別な住居 ………………133, 135
都市計画法 ………………14, 84
土間 ………………46, 104, 106
泊まり ………………………31, 123
富山型デイサービス ………12, 66

■な
ナーシングホーム …………118, 127
内装制限 ………………15, 16, 82
内装変更 ………………26, 128
ナナメの関係 ……………………99
慣れ親しんだ環境 ……………29

■に
日常生活の支援 ………………13, 77
二方向避難 ………………22, 40, 68
二方向避難路 ……………………40
ニュータウン ………………31, 77, 87
認可外保育施設 ……………………42
認可保育所 ………………38, 40, 42
人間的居場所 ……………………99
認知症カフェ ………………30, 48
認知症高齢者 …13, 52, 66, 87, 98, 126, 133, 138
認知症高齢者グループホーム …19, 25, 72, 117, 126, 127
認定こども園 ………………40, 85

■は
パーティション ………………29, 64
排煙設備 ………………………118
排煙の緩和 ……………………86
廃校 ………………………64, 126
柱割 ………………………106
『場』創り ……………………24
発達障害児 ……………………29
発達につまづきを持つ子どもたち …29, 64
パブリックコメント ………………116
バリアフリー ……16, 54, 56, 62, 72, 92, 116, 118, 140
バリアフリー改修 ………26, 50, 80
バリアフリー観光センター ………111
バリアフリー法 ………14, 16, 84
バルコニー ………………50, 54, 116
反対運動 ………………………66, 87
ハンモック ……………………29, 56
汎用性 ………………54, 130, 132

■ひ
非常用照明 ……………………44
避難距離 ………………………118
避難経路 ………………………54, 82
避難施設 ………………………15
ビルディングタイプ ………11, 118, 132

■ふ
フィンランド ……………………129
福祉アソシエーション ……………100
福祉関係制度 ……………………76
福祉拠点 ………………………77, 109
福祉計画 ………………………18
福祉サービスの設置基準 …………17
福祉事業者 ……10, 17, 18, 19, 26, 30, 88
福祉施設 ……12, 15, 46, 48, 79, 82, 96, 109, 138
福祉転用 ……10, 17, 19, 24, 26, 28, 30, 32, 76, 79, 80, 84, 89, 101, 106, 108, 110, 112, 138
福祉のまちづくり条例 ………14, 16
福祉法 ………………………14
福祉用途 ……21, 44, 48, 79, 108, 109
普通に暮らす ………………62, 100
普通の住宅 ………………60, 132
普通の民家 ……………………60
物理的バリア …………………11, 28
不動産 ……44, 46, 74, 88, 128, 136, 139
不動産(事)業者 …10, 11, 17, 18, 20, 27, 38
不動産市場 ………………19, 89
プライバシー ……23, 25, 56, 89, 108, 131
プライマリケア …………………120
プラットフォーム ……77, 90, 95, 106
プロポーザル ……………95, 140
分園 ………………………36
文化的実践 ………………109, 141
文化の継承 ……………………81
分散型 ………………………50, 94

■へ
ヘリテージ制度 …………………124

■ほ
保育園 ………36, 38, 102, 104, 118
保育施設 ……14, 36, 40, 102
保育所 ……14, 38, 40, 80, 85
保育スペース ……………………68
防音 ………………………36
防火 ………………………129, 140
放課後等デイサービス …56, 64, 68
防火上主要な間仕切壁 ……………85
防火設備 ………………38, 40
防火対策 ………………………85
包括的な連携 ……………………13
包摂 ………………………110, 131
法適合 ………………………84
補強壁 ………………………54
補助金 ……27, 66, 68, 70, 77, 82, 83, 89, 138
補助制度 ……………………32
骨太方針2016 …………………12
ボランティア ……12, 25, 48, 70, 121

■ま
間仕切り壁 ………………44, 64
まち経営 ………………………140
まちづくり ……11, 31, 58, 87, 90, 140, 142
まちづくり拠点 …………………94
まちづくりセンター ………………91
街並みの維持 ……………………13
まちの居場所 ………………96, 100
まちの活性化 …………………102
まちの持続的な経営 ………………32
マッチング ……………77, 88, 140
マッチングシステム ……11, 20, 139
マネジメント ………………31, 77
マルシェ ………………………68

■み
水回り ……21, 28, 38, 50, 56, 58, 83, 134
民泊 ………………………19

■む
夢喰夢叶 ………………………110

■も
燃え代設計 ……………………104
木造賃貸アパート ………………48
目的外使用 ……………………86
モデル事業 ……27, 52, 54, 78, 87

■や
やわらかく仕切る ………………29

■ゆ
有効採光面積 …………………36
床下配管スペース ………………21
床暖房 ………………………26, 46
ユニバーサルデザイン ……………110

■よ
容積率 ………………………60, 86
容積率の緩和 …………………86
用途地域 ………………14, 86
用途変更 ……16, 44, 82, 84, 85, 86, 113, 117, 118, 124, 133, 136, 141, 142
余暇の場 ………………………112
四間取り ………………………104
寄り合い所 ……………………48

■ら
ライフサイクルコスト ……………89
ライフステージ ………………42

■り
立地制限 ………………14, 86
立地適正化計画 ……………13
立地の価値 …………………25
リノベーション ……20, 32, 48, 74, 78, 108, 118, 130
リハビリテーションホーム …129, 131
リファイニング建築 ………………113
利用者グループの小規模化 ………23
量的規制 ………………………14
利用の構想力 …………………24, 62
隣地境界 ………………21, 40

■れ
レストラン ……………30, 68, 108, 135

■ろ
廊下幅 ……………22, 52, 54, 118
老人福祉法 ……………………14, 77
ロールスクリーン ………………36
ロンドン ………………………136

■わ
ワークシェア ………………78, 96, 98
ワークショップ …18, 42, 70, 88, 89, 91, 92

おわりに

　本書は2012年秋に出版した「空き家・空きビルの福祉転用」の発展形ですが、この5年でめまぐるしいほど社会状況や地域社会が変化しました。少子高齢化や人口減少が進むなか、移住や定住、地域活性化に代表されるように地域への関心が高まっています。また空き家、リノベーション、転用（コンバージョン）といった用語が一般に広く用いられるようにもなりました。それらとともに，地域資源の既存建物を利用する福祉転用の重要性はますます増大したと考えています。誰にとっても「幸せなまち」としての地域で過ごしていくために、福祉転用は有益な手段です。ただその福祉転用は、今までとは異なる新しいタイプの福祉施設への転用である必要性を含んでます。

　福祉転用は、始まりは地域のなかの小さな動きであるかもしれませんが、時間の経過とともに地域の中での役割は大きなものになっていくと我々は信じています。本書で紹介する事例には開設後数年の時間を経過している福祉転用の事例もありますが、それらはいまや地域にとって必要不可欠な存在になっています。そういった点で、福祉転用は単に既存建物を福祉施設に転用するだけでなく、地域そのもののリノベーションあるいは転用につながる可能性があり、二重の意味が生じてきました。

　本書では、都市部や郊外住宅地、農村部まで多様な地域にある、多種多様な既存建物から福祉転用された事例を取り上げ、動機・経緯・課題・地域への効果・予算を紹介しました。また福祉転用を実現するための10のステップや10のアドバイスを示しました。今後、福祉転用の企画・設計・運営にかかわる建築関係者（設計事務所、工務店など）や福祉事業者だけでなく、地域をなんとかしたいと考えている住民にとっても、本書がその一助になればこの上なく喜ばしいことです。

　最後になりましたが、本書に協力していただいた福祉施設や設計事務所等関係者の皆様に心から感謝を申し上げます。なにより皆様がそれぞれの地域の課題に真摯に向き合う姿勢に敬意を表します。皆様が取り組まれている活動から多くの示唆を得たことが出版に結びついています。また出版に際し、前田裕資様（学芸出版社）、村角洋一様（村角洋一デザイン事務所）には多くの時間を割いて丁寧に編集をしていただき感謝を申し上げます。なお出版は、文部科学省科学研究費基盤研究(B)「地域資源の利活用マネジメントにむけた福祉転用計画システムの構築に関する実証的研究」（課題番号26289213）により実施しました。

研究グループ幹事一同

松原茂樹（大阪大学）

加藤悠介（金城学院大学）

山田あすか（東京電機大学）

松田雄二（東京大学）

【編著者略歴】

◆森 一彦（もり かずひこ）
大阪市立大学大学院生活科学研究科教授。
1956年岐阜県生まれ。1982年豊橋技術科学大学大学院建設工学専攻修了。一級建築士、博士（工学）。1999年大阪市立大学大学院生活科学研究科助教授、2004年より現職。著書に『Aging in Place 超高齢社会の居住デザイン』（編著、学芸出版社）、『空き家・空きビルの福祉転用—地域資源のコンバージョン』（共著、学芸出版社）ほか。人間環境学会賞、日本都市住宅学会賞業績賞、大阪市立大学優秀教育賞など受賞。
専門：建築計画、福祉環境デザイン学。

◆加藤悠介（かとう ゆうすけ）
金城学院大学生活環境学部環境デザイン学科准教授。
1979年生まれ。大阪市立大学大学院生活科学研究科博士課程単位取得退学。一級建築士、博士（学術）。豊田工業高等専門学校助教などを経て、2015年より現職。著書に『実践事例から読み解くサービス付き高齢者向け住宅』（共著、中央法規）、『利用者本位の建築デザイン—事例でわかる住宅・地域施設・病院・学校』（共著、彰国社）、『空き家・空きビルの福祉転用』（共著）など。
専門：建築計画、福祉環境学

◆松原茂樹（まつばら しげき）
大阪大学大学院工学研究科地球総合工学専攻准教授。
1976年生まれ。大阪大学大学院博士後期課程修了。博士（工学）、一級建築士。2006年より現職。著書に『まちの居場所』（共著、東洋書店）、『利用者本位の建築デザイン』（共著）、『空き家・空きビルの福祉転用』（共著）など。
専門：建築計画、環境行動学

◆山田あすか（やまだ あすか）
東京電機大学未来科学部建築学科准教授。
東京都立大学大学院工学研究科建築学専攻博士課程修了、博士（工学）、一級建築士。2006年立命館大学理工学部建築都市デザイン学科講師、2009年より現職。著書に『建築設計テキスト 高齢者施設／保育施設』（共著、彰国社）、『こどもの環境づくり事典』（共著、青弓社）、『空き家・空きビルの福祉転用』（共著）など。
専門：建築計画、環境行動学

◆松田雄二（まつだ ゆうじ）
東京大学大学院工学系研究科建築学専攻准教授。
1977年生まれ。東京大学大学院工学系研究科建築学専攻博士課程修了。一級建築士、博士（工学）。2008年東京理科大学理工学部建築学科助教、2012年お茶の水女子大学大学院准教授、2015年より現職。著書に『利用者本位の建築デザイン』（共著）、『空き家・空きビルの福祉転用』（共著）など。
専門：建築計画学

【著者略歴】

◆藤田大輔（ふじた だいすけ）
福井工業大学環境情報学部デザイン学科講師。
1975年生まれ。東海大学大学院工学研究科博士前期課程修了。修士（工学）。著書に『設計に活かす建築計画』（共著、学芸出版社）、『建築設計テキスト 保育施設』（共著、彰国社）、『空き家・空きビルの福祉転用』（共著）、設計作品に「木もれ陽保育園」「ささべ認定こども園」（いずれも協働）など。
専門：建築計画、子どもの遊び環境

◆北野綾乃（きたの あやの）
株式会社岡村製作所。
東京電機大学大学院未来科学研究科建築学専攻博士前期課程修了、修士（工学）、二級建築士。2017年より現職。
専門：建築計画

◆秋山怜史（あきやま さとし）
一級建築士事務所秋山立花代表。
1981年茨城県東海村生まれ。東京都立大学工学部建築学科卒業。一級建築士。2008年より現職。2014年より横浜国立大学非常勤講師。2015年〜2016年神奈川県地方創生推進会議委員。「社会と人生に新しい選択肢を提案する」ことを理念とし、建築設計とともに、社会に選択肢を増やしていく活動を行う。
専門：建築意匠設計

◆八角隆介（はっかく りゅうすけ）
東京電機大学大学院未来科学研究科建築学専攻博士前期課程在学。
2016年東京電機大学未来科学部建築学科卒業。
専門：建築計画

◆山田信博（やまだ のぶひろ）
札幌市立大学デザイン研究科准教授。
大阪市立大学大学院生活科学研究科後期博士課程修了、一級建築士、博士（学術）。2014年度日本建築学会奨励賞受賞。藤の家建築設計事務所勤務後、山田信博建築設計事務所設立。
専門：建築計画学

◆古澤大輔（ふるさわ だいすけ）
建築家。
1976年東京都生まれ。2000年東京都立大学建築学科卒業。2002年同大学院修了後、メジロスタジオ設立。2013年メジロスタジオをリライトデベロップメント（現・リライト_D）へ組織改編。2013年より日本大学理工学部専任助教。主な作品に2014年「中央線高架下プロジェクト」、2011年「アーツ千代田3331」。2012年日本建築学会作品選奨、2011年SDレビュー朝倉賞など受賞。

◆二井るり子（にい るりこ）
株式会社二井清治建築研究所副所長。
1957年生まれ。奈良女子大学大学院人間文化研究科博士後期課程社会生活環境学専攻修了。博士（生活環境学）。1982年大阪府上級行政職、1991年よりプラネットワーク代表、2008年より現職。著書に『知的障害のある人のためのバリアフリーデザイン』（共著、彰国社）、『医療福祉施設のインテリアデザイン』（共著、彰国社）など。
専門：福祉施設の建築計画

◆高草大次郎（たかくさ だいじろう）
一級建築士事務所ar-co.代表。
1972年生まれ。大阪大学工学部建築工学科卒。2000年高草大次郎建築設計事務所設立。2015年一級建築士事務所ar-co.に改組。障害者デーセンター「モモの家」、障害者グループホーム「ことのは」でグッドデザイン賞受賞。数多くの福祉施設を設計。
専門：障害者、高齢者のための福祉施設の設計

◆江 文菁（こう ぶんせい）
株式会社佐藤総合計画設計室所属。
2014年東京大学大学院工学系研究科建築学専攻博士課程修了。博士（工学）。日本学術振興会特別研究員を経て、2015年より現職。著書に『利用者本位の建築デザイン』（共著）など。

◆吉村英祐（よしむら ひでまさ）
大阪工業大学工学部建築学科教授。
1955年生まれ。1980年大阪大学大学院博士前期課程修了。一級建築士、博士（工学）。小河建築設計事務所を経て1983年大阪大学助手、1993年同助教授、2007年より現職。2007年日本建築学会賞（論文）受賞。著書に『建築計画1・2』（共著、鹿島出版会）、『建築計画基礎』（共著、学芸出版社）ほか多数。
専門：建築人間工学、建築安全計画

◆安藤勝信（あんどう かつのぶ）
株式会社アンディート代表取締役。
1975年東京都世田谷区生まれ。ファイナンシャルプランナー。家族の不動産事業を継承し㈱アンディートを設立。所有者として古い建物を新しい価値に再生し、住まい手の愛着や地域のつながりを育んでいる。築30年の木賃を福祉×リノベーションで再生した「タガヤセ大蔵プロジェクト」（世田谷らしい空き家等地域貢献活用モデル事業）など。千葉県いすみ市との二地域居住を実践中。
専門：不動産＆プロパティマネジメント

◆大原一興（おおはら かずおき）
横浜国立大学大学院都市イノベーション研究院教授。
1958年生まれ。東京大学大学院工学系研究科博士課程単位取得退学。一級建築士、工学博士。著書に『生活視点の高齢者施設』（編著、中央法規）、『居住福祉学』（分担、有斐閣）、『住みつなぎのススメ』（共著、萌文社）など。
専門：建築計画・都市計画、居住環境老年学、博物館学

◆横手義洋（よこて よしひろ）
東京電機大学未来科学部建築学科教授。
1970年生まれ。東京大学大学院工学系研究科博士課程修了。博士（工学）。2002年東京大学助手、2011年より現職。著書に『イタリア建築の中世主義』（単著、中央公論美術出版）、『近代建築史』（共著、市ヶ谷出版）など。
専門：建築史

◆橘 弘志（たちばな ひろし）
実践女子大学生活科学部教授。
1965年生まれ。東京大学大学院工学系研究科博士課程中途退学。一級建築士、博士（工学）。1995年早稲田大学人間科学部助手、1998年千葉大学工学部助手、2002年実践女子大学生活科学部助教授、2011年より現職。著書に『こどもの環境づくり事典』（共著）、『まちの居場所』（共著）など
専門：環境行動論、福祉住環境論

◆三浦 研（みうら けん）
京都大学大学院工学研究科建築学専攻教授。
1970年生まれ。博士（工学）。1997年日本学術振興会特別研究員、1998年京都大学大学院工学研究科助手、2005年大阪市立大学准教授、2013年同教授、2016年より現職。2004年日本建築学会奨励賞、2012年住総研研究選奨を受賞。編著に『小規模多機能ホーム読本』（ミネルヴァ書房）、『空き家・空きビルの福祉転用』（共著）など。
専門：建築計画

◆西野亜希子（にしの あきこ）
東京大学高齢社会総合研究機構特任助教。
2010年東京大学大学院工学系研究科建築学専攻博士課程修了。博士（工学）。2010年東京大学大学院工学系研究科建築学専攻特任研究員、2014年より現職。2016年日本建築学会奨励賞を受賞。著書に『東大がつくった高齢社会の教科書』（共著、東京大学出版会）『利用者本位の建築デザイン』（共著）。
専門：建築計画、住宅改修

◆厳 爽（やん しゅあん）
宮城学院女子大学生活科学部教授。
1970年生まれ、東京大学大学院工学系研究科建築学専攻博士後期課程修了、博士（工学）。2003年宮城学院女子大学准教授、2011年より現職。著書に『建築のサプリメント』（共著、彰国社）、『建築大百科』（共著、朝倉書店）、『空き家・空きビルの福祉転用』（共著）など
専門：医療福祉施設の建築計画、環境行動学

【コラム執筆者略歴】
◇松村秀一（東京大学大学院工学系研究科建築学専攻教授）
◇宮部浩幸（SPEAC/近畿大学建築学部建築学科准教授）
◇青木 茂（青木茂建築工房代表）
◇田中康治（CFA代表取締役社長）

福祉転用による建築・地域のリノベーション
─成功事例で読みとく企画・設計・運営

2018 年 3 月 20 日　第 1 版第 1 刷発行

編著者　森一彦・加藤悠介・松原茂樹・山田あすか・松田雄二

発行者　前田裕資

発行所　株式会社学芸出版社
　　　　京都市下京区木津屋橋通西洞院東入
　　　　〒 600-8216　電話 075-343-0811
　　　　http://www.gakugei-pub.jp/
　　　　E-mail info@gakugei-pub.jp

印　刷　イチダ写真製版

製　本　新生製本

装　丁　KOTO DESIGN Inc. 山本剛史

編集協力　村角洋一デザイン事務所

©森一彦 他　2018
ISBN978-4-7615-3238-3　　　　　　　　　　　　Printed in Japan

JCOPY 〈㈳出版者著作権管理機構委託出版物〉
　本書の無断複写（電子化を含む）は著作権法上での例外を除き禁じられています。複写される場合は、その
つど事前に、㈳出版者著作権管理機構（電話 03 - 3513 - 6969、FAX 03 - 3513 - 6979、e-mail: info@jcopy. or. jp)
の許諾を得てください。
　また本書を代行業者等の第三者に依頼してスキャンやデジタル化することは、たとえ個人や家庭内での利用
でも著作権法違反です。

好評既刊

空き家・空きビルの福祉転用　地域資源のコンバージョン
日本建築学会 編　　　　　　　　　　　　　　　B5判・168頁・定価 本体 3800円＋税

転用の制度、技術、運営の実際をこの一冊に

CREATIVE LOCAL　エリアリノベーション海外編
馬場正尊・中江 研・加藤優一 編著　　　　　　　四六判・256頁・定価 本体 2200円＋税

地方都市の衰退をクリエイティブに再生する

エリアリノベーション　変化の構造とローカライズ
馬場正尊＋OpenA 編著・嶋田洋平 他 著　　　　　四六判・256頁・定価 本体 2200円＋税

6都市の先駆者が語る、街を変える方法論

リノベーションまちづくり　不動産事業でまちを再生する方法
清水義次 著　　　　　　　　　　　　　　　　　A5判・208頁・定価 本体 2500円＋税

補助金頼みではない自立型まちづくりの全貌

みんなのリノベーション　中古住宅の見方、買い方、暮らし方
中谷ノボル＋アートアンドクラフト 著　　　　　　A5判・176頁・定価 本体 1800円＋税

スタイルのある改装で自分らしく暮らす知恵

空き家の手帖　放っておかないための考え方・使い方
六原まちづくり委員会・ぽむ企画 著　　　　　　　A5判・92頁・定価 本体 1000円＋税

片付け・相続・耐震・お金の話と活用の実例

モクチンメソッド　都市を変える木賃アパート改修戦略
モクチン企画・連勇太朗・川瀬英嗣 著　　　　　　A5判・192頁・定価 本体 2200円＋税

木賃が変わる、生活が変わる、まちを変える

ワールド・カフェから始める地域コミュニティづくり　実践ガイド
香取一昭・大川 恒 著　　　　　　　　　　　　　四六判・200頁・定価 本体 2000円＋税

自ら始める地域コミュニティづくりの第一歩

知的障害者施設　計画と改修の手引き
砂山憲一 著　　　　　　　　　　　　　　　　　B5判・160頁・定価 本体 3500円＋税

増築・改修に役立つ柔軟な計画と設計の要諦

福祉医療建築の連携による　高齢者・障害者のための住居改善
馬場昌子・福祉医療建築の連携による住居改善研究会 著　B5変判・160頁・定価 本体 2800円＋税

在宅生活を支えるバリアフリーの快居づくり